Sensing
bookstore

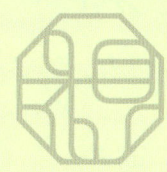
想书坊
THINKING HOUSE

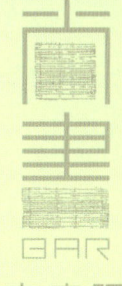

ME LIBRARY
概念書吧

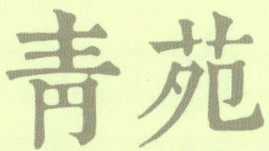
青苑

SLOW TIME
慢書房

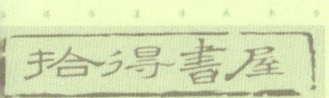

WANBOOK STORE

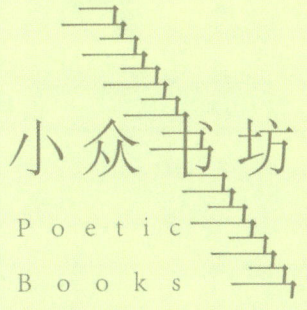
小众书坊
Poetic
Books

ZM - BOOK
Sincere Reliable Quality

遇見書店
MEETBOOK

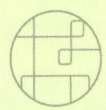
藍月亮書店
BLUE MOON BOOK

遇见理想生活

给书店以生命，给生命以书。
向书店致敬，向书店人致敬！

# 書見

致敬版

书店活着，不容易！

雅倩 主编

The Bookseller's Point of View

从城市的流动中再拾附近

金城出版社 GOLD WALL PRESS　西苑出版社

中国·北京

图书在版编目（CIP）数据

书见：致敬版 / 雅倩主编. --北京：金城出版社有限公司，2025. 5. -- ISBN 978-7-5155-2717-8

Ⅰ . G239.23

中国国家版本馆CIP数据核字第20248GC179号

## 书见：致敬版

| 主　　编 | 雅　倩 |
|---|---|
| 策划编辑 | 雷燕青 |
| 责任编辑 | 王培培 |
| 责任校对 | 李凯丽 |
| 责任印制 | 李仕杰 |
| 开　　本 | 880毫米×1230毫米　1/32 |
| 印　　张 | 10.75 |
| 字　　数 | 260千字 |
| 版　　次 | 2025年5月第1版 |
| 印　　次 | 2025年5月第1次印刷 |
| 印　　刷 | 鑫艺佳利（天津）印刷有限公司 |
| 书　　号 | ISBN 978-7-5155-2717-8 |
| 定　　价 | 88.00元 |

| 出版发行 | 金城出版社有限公司　北京市朝阳区利泽东二路3号　100102 |
|---|---|
| 发 行 部 | (010) 84254364 |
| 编 辑 部 | (010) 61842768 |
| 总 编 室 | (010) 64228516 |
| 网　　址 | http://www.jccb.com.cn |
| 电子邮箱 | jinchengchuban@163.com |
| 法律顾问 | 北京植德律师事务所　（电话）18911105819 |

# 序一 以书为业

田原

《书店之美》系列主编
原本一生（北京）商业有限公司创始人
原西西弗书店董事 副总经理

存在即合理，但是看见了存在，不等于就理解了合理。

在网络图书销售已经占据超过80%市场的当下，实体书店命运多舛。回想2005年，号称"全球最大繁体中文书店"的诚品信义旗舰店刚刚开业，我巡游店中，赏心悦目，欣然往返，一切都如在眼前……然而，2023年12月，却传来了其黯然熄灯的消息。

在"实体书店不能发家致富""活着就是胜利"基本成为共识的时候，为什么依然有书店人前仆后继，一个又一个青春新锐的实体书店在这条颠簸崎岖的小路上破土发芽，倔强地钻出头来探究这个世界。

实体书店对每一个创办人的意义和价值何在？书店到底有什么魔力在魅惑众生，尽管一路坎坷，总有人会一眼天涯，奔赴山海？！

在《书见：致敬版》中，店主们怀着参差错落的初心，行走在书店这条林中小路上，证明在熙熙攘攘的世间，升官发财并非唯一的荣耀，人生还有其他志业可以点燃此心，照耀自己。

我也在回想，为何此生会以书为业。

也许要追溯到原生家庭,在父亲的小书柜里,从《唐诗三百首》里认识了盛唐的诗人们,在游国恩的《中国文学史》里认识了楚辞、汉赋、诗歌、赋、骈体文……在《中国通史》里浏览了夏商周、春秋战国秦两汉、三国两晋南北朝、隋唐五代、宋元明清,《水浒传》里简单粗暴的打打杀杀,《岳飞传》里慷慨热血的精忠报国,《西游记》里来头蹊跷的神仙妖怪,还有怎么也看不明白的《红楼梦》。

人与书的相逢,我在吸纳他们的时候,他们也在渗透着我。所谓传承,大概就是远古祖先的精魂借助我们的躯体又复活一次。命运之神也许在那时候就已经降临,在我未来的道路插上了路标!

然而,世界上没有一条路只有鲜花没有泥泞。爱读书和开书店也是两件事。每一个怀揣梦想的人,在开书店之前扪心自问:我开书店,到底为了什么?

理想和情怀,在心中是无价的,但在现实中是有价的。我们开店的初衷是利己还是利他?

利己的书店,承载着我们对于书店的个人想象,把想象一一落地,让它活在世人面前,书店就是我们生命绽放的烟火,是我们内心显化的风景。即便没有掌声,甚至遭逢不利,你依然可以坦然地去感受和体验人生中勇敢实践梦想的美好时光,哪怕留下的只是梦想的碎片,它在未来的岁月里依然可以熠熠生辉。为自己的理想奋斗过,人生无悔。

利他的书店,就要用温暖的心体贴读者,用自己的知识、劳动、热情、爱心与每一个读者的期待相遇,从自己脚下的泥泞中坚韧不拔地生长出来，努力地开花结果，把芬芳和果实分享给他人；即便书店有种种实非我愿的遗憾和隐忍，也信守自己的承诺，实践自己的责任，接受现实世界的不完美。

把这个问题想清楚了，看透彻了，无论输赢都有心理预期，在行动中不走样、不变形、不动摇，无论成败都可以勇敢坚定，得失不计，成败两安。

如果想不清楚，就会左右徘徊，反复纠结，不纯粹的行动是没有穿透力的，容易陷入想要、又要、还要的多目标混乱中。结果就是，你的道路曲折坎坷，你的内心纠结拧巴，既没有服务社会、服务大众从而生存下去，也没有体验到无怨无悔实践理想的飞扬快意。

无论以什么样的初心走上开书店的道路，其实都是我们寻找自己、发现自己、创造自己的方式，书店不过是承载生命之旅的航船，你可以飞流直下、乘风破浪，可以弃舟登岸、不带走一片浪花，也可以从流飘荡、任意东西、随遇而安。在生命的长河中，你我都是过客，我们且行且珍惜。

在 2025 年的春天，祝福我们每一个以书为业的人，与书为伴，安定此心！

## 序二 一个人的图书王国

顾晓光

图书馆学博士
书店爱好者
著有《旅行之阅 阅读之美》

2024年春节前,我来到英国海伊(Hay-on-Wye),这个位于威尔士的小镇属于我们自嘲中所说的十八线小镇。

小镇虽然仅有千余人,却拥有20多家书店,自称为世界上第一个书镇(Book Town)。这个特色使得海伊小镇成为书店业中的一个传奇,被爱书人士亲切地称为"旧书王国"。海伊小镇以书店为核心,成功地带动了旅游业的发展,吸引了来自世界各地的游客和书籍爱好者。

从一个寂寂无名的小镇,成为每年几十万游客的目的地,要归功于理查德·布斯(1938—2019,Richard Booth)。他牛津大学毕业后,开设了镇上的第一家二手书店,并带动了其他人的加入。此后,布斯遍寻各地二手书,1977年愚人节宣布小镇要独立,并自诩为"海伊国国王",让海伊一夜之间闻名英伦。这个有意无意的举动吸引了世界各地的爱书人前来打卡,海伊文学节也从此诞生。2004年,英国女王授予理查德·布斯大英帝国员佐勋章(MBE),对他为发展英国旅游业所做出的贡献给予高度认可。

身处其中,不由感慨这里真是一个书天堂。书

序二 一个人的图书王国

店的体量有大有小，但各有特色，二手书占有较大的比例。在游客稀少的冬季，想象每年春夏之交的文学节，那是爱书人的"伍斯托克"。

海伊小镇的成功不仅仅在于书店数量，更在于其如何利用这一特色创建独特的文化氛围和旅游体验，使之成为一个文化和旅游的目的地。书镇的成功，带动了欧美一些小镇的效仿。海伊小镇模式及欧美其他国家书镇的陆续出现，证明了文化和旅游可以相辅相成，共同促进地方经济和社会文化发展。通过聚焦于特定的文化背景，小镇不仅保留了独特性，还找到了在全球化背景下的新生路。这对于我们的文旅融合发展有很强的借鉴意义。

通过图书这个商品，布斯用一己之力令一个小镇脱胎换骨，在最不可能的地方，以热情和坚持创造出了意想不到的成就和影响。理查德·布斯在自传《我的书城王国》（*My Kingdom of*

Books，1999）中回顾了自己的书业生涯。理查德·布斯与传统教育的冲突和个人成长的轨迹，展现了一个对社会和文化有深刻见解的个体，是如何通过对书籍的热爱和独特的视角影响并改变周围世界的。

通过布斯的经历，我们看到了一个人如何能够超越教育和社会的预设框架，通过个人努力和对文化的热爱，为社会带来积极的变化和贡献。理查德·布斯对书店的热爱，不仅在海伊镇创造了一个文化中心，而且也促进了全球对二手书和文化阅读的兴趣，呈现个体如何能够通过创业实现个人理想和社会价值的融合。

当我翻开《书见：致敬版》样稿后，看到了一个个中国独立书店从业者的书城王国，有些书城可能仅有百平方米左右，却蕴含着足够有趣的故事和宽广的精神世界。和《书见》前三季一样，这本书给予了我这个书店爱好者心底里最平凡的感动，用这篇小文向书店从业者致以最朴素的敬意，希望他们在自己的书店王国中睥睨天下，在精神家园里涤荡尘埃。

## 序二 试图用"气质"解构书店

——张照《中国独立书店访谈录》导演

听雅倩说要为《书见：致敬版》写序时，我是诚惶诚恐的。我只是做导演和剪辑工作的影像工作者，对于出版和书店行业，说一知半解可能都是自夸。我和伙伴们只是做了一个搜朴纪录片实验室，有幸拍摄了两季《中国独立书店访谈录》，因此走入很多书店的台前幕后，把不敢说多爱阅读的我和身边很多朋友变成了"爱书的人"。那么，我就壮起胆子写一点。

最近正在攻克的一期影片，是围绕一家处在困境中的书店。我们围绕着它拍了很久，更多的是这家书店应对困境的各种行为：搬家、直播等，每次我们想进一步深入访谈，都被老板延后："最近实在是太忙了，一点儿其他精力都没有。"于是，拖了半年，依旧只有"行为"，没有"正式访谈"。

思来想去，我们打算就以这样的忙碌解构这期影片——困境、面对困境，如此往复，这就是这家书店当下的独有气质。这样的气质很可能会被一次正式的访谈干扰，所以想不如放下执念，试着突破以往的影像。

前几日，在解构另一家书店的素材，设想如

何针对书店进行接下去的拍摄。突然意识到，我可能摸到了一些"阅读"书店的窍门，唰唰地在白纸上写下"书店的气质"，以及囊括的几个方向后，觉得系统"阅读"书店的方式，似乎在做了快两季的书店访谈录之后，才渗透进了我的身体里。

我想，用纪录片视角"阅读"一家书店，要解决的核心问题就是：这家书店独特的气质在哪里？我试图解构，大致列了几个方向，同大家探讨。

**1. 店主其人**

店主与书店，是不可分割的关系。

例如，就个人对于刺鱼书店和旁观书社的观感而言，如果说刺鱼是一个锋芒毕露、崇尚爱与自由的寸头青年人，旁观书社就有点像一个历经世事、静下心来观鸟观花研究史学的成熟女性。

对于这两家书店气质的感受，分别和两家书店的店主性格与选书态度较为契合。

除此之外，家庭关系、邻里关系、员工关系，都会成为有趣的书店的气质元素。例如，红书店，老板从结婚前的叛逆摇滚青年，摇身一变成了女儿奴，从此书店每天只营业四个小时。

**2. 地域气质**

一家书店，为什么要坐立于此？

例如，福建泉州的芥子书屋，坐落于泉州有名的西街，算是泉州面向世界的文化名片。从装修、选址到选品，都具有闽南的在地气质。书店里有一个专门的"姐子专柜",摆放女性作品。为何在泉州适合讨论女性专题呢?店主彬彬给了一个有力的回答:或许保留传统文化越好的地方,就会越保守。因此,我们才要给女性一个独立的空间,例如泉州。

### 3. 特殊的经营方式

为了让实体书店在当下依旧不落下风,还有很多人用不同的方式经营,让书店活络起来。

例如,集大成者——不贵书店,大打折扣但配合良好的选品,加上店主王老板的 7 部手机维持微信客户、数个微信朋友圈,以及在小红书每天发布书店日记,小店每年流水超过 500 万元。

### 4. 搞活动,但是独特的活动

书店能参加的活动并不是少数,但活动的内容如何,是否和书店本身的气质相契合,的确是一件难事。这可能和特殊的时间段、书店参加活动的选品有关。例如,我们记录的刺鱼书店,在营业困难时期的亮马河摆摊自救、集体读诗《呐喊》等活动,和其本身自带的叛逆感比较相符。

更具文青属性的码字人书店,举办的戏剧活动则是老板亲自参与编导,配合书店的文艺类书籍,使每场戏剧活动让读者身临其境。

### 5. 基础条件:书店本身

最后,就是选址、装修、选书等基础条件,虽说是入门砖,

但也是最难做到独特的。

可能是选书的垂类不同，例如只做艺术书籍的佳作书局，只做旧书的学人书店、豆瓣书店；可能某一品类比较突出，例如学术氛围浓郁的万圣书园；等等。

以上只是粗浅的分类，我还需要不断地探索，还有很多有趣的细节可以组成书店气质的碎片。

例如，模范书局，某个小房间依旧保留着创始人姜寻逝去前的模样。或许模范书局会超脱姜寻，但妻子邢娜的这个决定，也许希望模范书局的某种抓不住的气质里始终保留着姜寻依稀可辨的长发模样。

气质是书店的语言，通过每一个物件、每一次行为同读者交流，已经超越了仅仅是"卖书"的范畴。我和搜朴所做的事，试图用影像这种镜头语言略微展现书店气质，如果能体现一点点就非常知足了。

# 前言

## 雅倩

或许，当初连我自己也没有想到，《书见》系列可以延续六年，做到如今的第四本书。

在《书见：致敬版》中，从诞生于1987年的老牌书店晓风书屋，再到20世纪90年代中生代书店，以及21世纪以后登场的新锐书店等，我们借以回望独立书店的发展脉络。

更巧的是，1987也是我出生的年份。所以，《书见：致敬版》中每家书店经历的历史变迁，我们每个人的共同的公众记忆，仿佛也是我成长的注脚。站在38年后的书店前，回望实体书店的发展之路，最令人难以忘怀的还是那些充满温情的私人记忆，属于每一家书店、每一位书店人的独家回忆。

之所以把这本命名为致敬版，我的初衷正是怀着一颗赤诚的心，向每一位书店前辈致敬。在本书中，你可以看到前两季中的一些书店，经过几年裂变之后的模样。如果你也是前两季的读者，再看到这些文字的时候，就仿佛一位多年未见的老友向你娓娓道来，在你们分开的这段时间里发生的新的故事。

我是幸运的，有幸可以和这么多书店人相识，

以及由此带来的种种和书籍产生的联结。只要有书在，走到哪里我也不会感到孤单。就在今年，我又决定离开生活了7年的城市，正如7年前离开上一个城市那样决绝。

至今还没有找到一个归属之地，或许，正是因为拥有很多因书结缘的远方朋友，其实我生活在哪里并不那么重要。所以，我更喜欢这种旅居的生活。

能够完成《书见：致敬版》，要感谢每一家书店及书店人的支持，感谢金城出版社，以及读者朋友对《书见》前三季提出的宝贵意见和建议。

现在，我非常期待《书见》系列下一本的诞生，就像期待自己的下一座城市。

# 目录

1. 为书一生
   **许志强** | 晓风书屋创始人　　　　　　　　001

2. 青苑书店的前世今生
   **万国英** | 青苑书店创始人　　　　　　　　011

3. 一家书店与一座城市的30年
   **黄仕忠** | 学而优书店创始人之一　　　　　027

4. 我的书店人生
   **唐力生** | 众目书房主理人　　　　　　　　039

5. 走出去,守下去
   **口述:石　头** | 先行书店主理人　　**整理:庞诗韵**　055

6. 28年编织书店风景
   **口述:徐智勇** | 龙媒书店创始人　　**整理:吴含**　065

7. 喜阅在左　孤读在右
   **王　忠** | 左边右边书店创始人　　　　　　077

8. 阅读改变城市
   **魏红建** | 万邦书店创始人　　　　　　　　087

9. 纯真年代书吧——生命的礼物
   **朱锦绣** | 纯真年代书吧创始人　　　　　　099

1

### 10. 书山有路徐徐行
**康海燕　郑永宏** ｜ 枫林晚书店创始人　　　　113

### 11. 蓝月亮，一间有温度的书店
**李　英** ｜ 蓝月亮书店创始人　　　　131

### 12. 书店，生命中的DNA
**鲁宁馨** ｜ 唐宁书店创始人　　　　141

### 13. 书店改变了什么
**陈　桂** ｜ 尚书吧主理人　　　　151

### 14. 远行与回归——再次审视岁月
**杨　兆** ｜ 拾得书屋创始人　　　　161

### 15. 偏安一隅的清寂
**李向华　赵向前** ｜ 想像书店创始人　　　　169

### 16. 是谁传下这行业，黄昏里挂起一盏灯
**罗　奇** ｜ MeLibrary&小茶書園创始人　　　　183

### 17. 我想将实体书店进行到底
**蜗　牛** ｜ 乐开书店创始人　　　　195

### 18. 像路灯一样的书店
**鹿茸哥** ｜ 慢书房主理人　　　　209

### 19. 一个I人书店主的自我修养
**小　白** ｜ 海豚阿德书店创始人　　　　221

20. 在生活
    程 磊 ｜ 境自在书店创始人　　　　　　　　　　229

21. 试着赞美这个残缺的世界
    刘二囍 ｜ 1200bookshop创始人　　　　　　　　241

22. 留神人间
    胡俊峰 ｜ 留神书店创始人　　　　　　　　　　257

23. 遇见回归
    媛 卉 ｜ 遇见书店创始人　　　　　　　　　　269

24. 耕云种月，游目骋怀
    云 朵 ｜ 停云书房创始人　　　　　　　　　　279

25. 因为有很多读书的人，还有很多不读书的人
    彭明榜 ｜ 小众书坊创始人　　　　　　　　　　291

26. 这家书店里真的有光
    小 新 ｜ 想书坊创始人　　　　　　　　　　　307

后记　实体书店如何提供情绪价值
    飏 帆 ｜ 书业观察者　　　　　　　　　　　　320

书店按开业时间排序，信息更新至2025年3月28日

摄影：庄宏

# 1 为书一生

**许志强** 晓风书屋创始人

如今，晓风书屋即将迈进自己的第 38 个年头，并不像人类的 38 岁，正值壮年。作为一家书店，它已经变得有些衰老，甚至有些步履蹒跚。它偏安于漳州古城的一隅，像曾经的每个日子一样，等候每一位读者的到来。

回想晓风的曾经，似乎 22 岁的自己还在眼前。在那个物资相对匮乏的年代，阅读是青年人最重要的娱乐与社交方式。20 世纪 80 年代初期，得益于改革开放的春风，人文思想读物出版盛极一时，犹如春风拂面；但漳州城小人稀，信息闭塞，难以吹拂到，购买学术思想性的书通常需要邮购，或者花两三个小时坐车到厦门新华书店购买。开书店的初衷虽有为稻粱谋的成分，但更多是年轻气盛的情怀与理想。

父亲资助了书店的第一笔启动资金，同时在朋友们群策群力帮助下，我和弟弟许星开始了书店的创业之路。

1987 年 8 月 28 日，晓风书屋在漳州市区瑞金路 32 号挂牌开业。"晓风"取意于"拂晓之风"，"晓"又有"晓得知识"之义，因此"晓风"也是知识之风。

年轻总是无畏的，晓风的开业宣传文案都是我的创意，请朋友用蜡版刻印、油墨印刷出来的，一个大大的镂空的"书"字上面，用小字写着：你喜欢书吗？除此之外，只写了书店的地址、电话。接下来便是精准投放，发动同学和朋友一起骑车满漳州城张贴广告传单，还找到在邮电局工作的同学，偷偷把那些自费订阅《读书》《诗刊》《人民文学》杂志订户的地址誊抄出来，贴邮票给他们邮寄书店即将开业的广告传单。

当时的晓风书屋面积只有 10 平方米左右，没有做任何装修，仅有一面墙的三个书架，外加门口平铺的书摊，和几千本书而已。开业没几天，书架上的书几乎被一扫而空，实在始料未及。

在大部分出版社尚未改制的当时，仅有三联出版社和上海人民出版社等少数出版社愿意为私营书店供货，晓风最早的一批书都是在三联现款进的，那时候还是邮局汇款，与出版社的联系全靠手写书信。记得中华书局的老发行张振相先生写得一手好字，偶尔还用毛笔写信。我因为字写得拿不出手，曾经请漳州图书馆馆长张大伟帮我代笔，因此颇得出版社的好感和信任。

书店生逢其时，小城的读书风气兴盛，一本艰涩难懂的《存在与虚无》居然可以卖出两三百本，这是晓风的幸运，也是漳州爱书人的幸运。之后，晓风有幸邀请过李泽厚、刘再复、周国平、陈丹青、白岩松、张晓风、余光中、林清玄等学者和作家，来到晓风书屋和读者们分享交流。

当时专卖人文、思想、学术图书的书店，在全国凤毛麟角。晓风开业之后，不少厦门大学的老师慕名而来买书。那时候，厦门到漳州要乘坐两个多小时的小巴。

1994 年，在厦门大学台湾研究院文学研究所徐学老师的帮助下，晓风书屋开到了厦大一条街。从此，晓风书屋便与厦门大学结下了不解之缘。不久前，因为机缘巧合，我在成都参加了一场

摄影：庄宏

摄影：杨晖

摄影：庄宏

摄影：杨晖

摄影：庄宏

由厦门大学四川校友会主办的读书会。没想到，在场的朋友们都还记得晓风书屋，感念于读书年代晓风的陪伴。

在1986年至2010年间，厦大一条街位于厦大校门和南普陀山门之间。虽说算不上历经沧桑的老街，却是几代厦大人永远的回忆。除了晓风书屋，还有厦大出版社书店、邮局书报亭、晓窗书店、文心阁、建筑书店、阳光书坊、演武书店、青年书店等专卖学术类书籍的书店。当时的厦大一条街大概算是闽南书店最密集的街道。彼时的读者都知道"想买书，到厦大"。当年中文系的学生曾向我提起，林兴宅、俞兆平教授在上课的时候开书单，就直接指名去晓风书屋购买。

那时候的晓风书屋有一间员工休息室，小得只能容下一张办公桌、一张小沙发和两三把木凳，时常有老顾客喜欢进来和店员聊天，很多学者和晓风员工因此结下了友谊。当时的店长廖乐根曾告诉我，哈佛大学亚洲中心研究员杜维明教授每年都来厦大短期讲学，每次都会来晓风选购大量学术图书。一来二去，两人便熟络起来。后来小廖离开晓风，就开始从事学术研究的工作。

我虽不是厦大校友，但伴随着晓风这么多年在厦大旁的成长，对厦大的感情同样深厚。2010年，随着厦大一条街的拆迁，晓风书屋迁址大学路。除图书之外，保存下来的只有"九四老人"顾廷龙先生题写的"晓风书屋"牌匾以及旧店的电话号码。

2016年，晓风书屋有幸在厦大校园内开设分店——不止书店。由于各方原因，书店仅生存了三年多。至此之后，晓风虽未有机会重新进驻厦大校园，但我一直感念这些年来，晓风书屋和厦大学人的互相滋养。

从开业时起，晓风书屋定下的选书标准就是以售卖人文、社科、学术类书籍为主，一直坚持至今。书店的本质是贩售好书，拒绝不良读本，最终造福社会，但真正做到这三条的书店少之又少。因为好书往往曲高和寡，销量有限，占用资金，周转期长。在开始做书店的很多年里，可以说晓风无可取代，因为有些书只有在晓风才能买到。但是，荣耀总是与沉重的负担相伴。那些拥有晓风特色的书籍，印数大多不超过3000册，因而进价很高，往往几年才卖出一两本。占用了太多的空间与资金，却很难带来现实的利益。

1997年，晓风书屋进驻福州，开启了仓山师大店。这家店开在福建师范大学的对面，深受师生欢迎，福州城区的爱书人也闻风而至。其中还有一段小插曲，初到福州时，晓风在办理营业执照时遇到阻碍，还是通过福建师大中文系孙绍振教授帮忙才申请到经营许可证。后来，晓风又陆续开了屏山店和大学城店两家分店。

大概从一开始，晓风书屋就不太像一桩生意。早在书吧的概念出现以前，老顾客们就可以享受在屏山店二楼沙发上看书的待遇，遇到相熟的店员，还可以泡上一壶茶，一起聊聊东西方哲学。

晓风书屋的几代店员都很有书生味。尽管店里的工作人员一直在变动，但他们对顾客的热情和对书的尊重却从未改变。他们会认真记下读者需要但没能买到的书，耐心地与其交流。尤其值得骄傲的是，晓风的店员们，有的去了大学深造，有的成为编辑，还有的在晓风邂逅了人生的伴侣。在晓风福州店里，曾住着

一位普通店员，白天认真看店，晚上利用闲暇时间读遍好书，最终成为北大哲学系的一分子。他们与晓风互相影响，相互成就。

店员们在晓风工作的最大乐趣，便是每天可以接触许多不同的爱书人，领略读书人和善的品格，分享他们的快乐。三三两两的同道，挑上几本自己感兴趣的书，坐在书店的茶座、沙发上翻阅，看累了品杯茶，交流各自买书、读书、藏书的心得，从书里的世界聊到书外的世界，聊到投机处，书屋里不时传出轻快的笑声，这是晓风的日常风景。

2008年，我离开福建，移居北京工作和生活。晓风书屋交由许星打理。晓风的状况举步维艰，从鼎盛时在福建开设19家分店，到目前仅存漳州和厦门两家店。这两家店都是依靠许星做企业来补贴。如果单纯从商业角度考量，晓风并不是一个成功的范例。但至今晓风还在坚持的理由，就是想为这座古城留下一脉书香。支撑我们继续把书店开下去的，是晓风树立起来的品牌，也是很多老读者对它的喜爱。

近些年，晓风因房租、运营成本等原因，在漳州城内多次辗转搬迁。2021年7月，晓风书屋迁回漳州古城青年路，紧邻汪春源故居、林氏宗祠（比干庙）、嘉济庙遗址等文物景点。漳州古城是历史建筑、传统文化集中的老城区。旧时的青年路古街商业，并没有商肆的喧嚣与华丽，是一派井然有序、安详怡然的景象。令人欣慰的是，如今落脚在古城的晓风书屋，还是读者们口中的那个"老地方"。

"种树乐培佳子弟，拥书权拜小诸侯。"

回首往昔，我大半生的记忆都与书店有关，关于书和书店的

那些人、那些事，塑造了现在的我。晓风在它的历史里，更多时候是一家除了书籍一无所有的书店。

在我过往的人生中，是书籍给了我最大的慰藉。

为书一生，收获真理，比收获财富更重要。

**晓风书屋**

- 首店开业时间：1987年8月28日
- 书店格言：推广学术，服务学人
- 漳州店地址：福建省漳州市芗城区古城青年路112号
- 厦门店地址：福建省厦门市思明区大学路162-116号
- 微信公众号：晓风书屋

2 青苑书店的前世今生

**万国英** 青苑书店创始人

## 青苑书店的前世今生

每个独立书店人创办书店的原因，具体来说可能有很多，但归根到底，都源于一颗爱书人的初心。

20世纪90年代初大学毕业以后，我在南昌一家青年报社工作。那是我的青春时代，也是纸媒的黄金时代。尤其是青年报社，有着一种由文学青年、启蒙情怀等交织起来的浓郁的读书氛围。身处其中，买书藏书，读书谈书，深埋在我心底的那颗爱书的种子，更是一点一点地生长，无法抑制。对于自己与图书将来要建构起的亲密关系，一天天变得清晰、明朗。恰好在那个人生最曼妙的时期，遇见了后来成为我先生的王建明——当时他与报社合作小小的图书项目。那时，社会还习惯于以"书商"（一个带有商业味道的称呼），来定义像他这样的群体，还没有人意识到民营书商对于当下时代文化参与和精神建构的重要性。

就这样，时代的氛围与个人的际遇，让我的人生从此开始了与青苑耳鬓厮磨、甘苦与共、痛并快乐的32年，直到今天——看样子，会一直这么走下去。

走过32年，青苑书店由当年的夫妻店，发展到一家拥有近50名员工的民营书企：有一家2000多平方米前店后仓的配送中

心，供给与支撑着江西 200 多家地市县书店；有一家面积 312 平方米的零售店，店面曾经三迁其址，最早在江西师范大学老校区门口，再搬到南昌旧书一条街文教路的路口，直到现在迁到南昌知名楼盘金域名都的一楼。

正如一位老读者，当年的出版人，如今南昌大学教授张国功先生在一篇文章中所说："青苑曾经三迁。虽说一直围绕在彭家桥、师大一地，但十余年间，青苑离大学校园越来越远，离闹市大街越来越远，直到遁入生活小区。这种撤退的路径，几乎就是当下文化生存的缩影。"

像大多数名字一样，"青苑"这个店名介于可解与不可解、可说与不可说之间。青色的书苑？青涩的书苑？青春的书苑？清纯的书苑？理解有很多，或者是一种自我期许，或者是一种自我暗示。总之，请大家记住她就好了。对于我来说，我更在乎的是，怎么样通过自己一点一点地努力与坚持，来经营她、呵护她，让她变得成熟、有内涵、可持续，让她赢得社会的礼遇与尊重。

## 书店与城市文化

说到底，独立书店是城市文化的细胞。

青苑所在的南昌，是一个典型的内陆二线城市。但在 20 世纪 90 年代，南昌一度是中国独立书店崛起、民营书店发展的先行者与样板城市。以席殊 3S 书店为代表的民营书店，将民营书业搞得风生水起。40 岁以上的读书人，大多记得当年的席殊书屋及其在全国刮起的书业旋风。书业终究是脆弱的行业，文化的扩张很快遭遇到商业的重创与时代的阻击。席殊书屋很快从莽撞地出征全国到大面积退守，如今只剩下南昌一家店面维持着残局，保存着"席殊书店"的记忆。出师未捷身先死，这种猝不及防的结局，难免令普天下读书人、爱书人唏嘘长叹。

不管如何，作为同城与同行，除了对书业黄金时代的一缕回想与感伤，仍然要向席殊先生致以敬意——学术大家云集的讲演，至今仍为人所乐道的《好书》内刊，风起云涌的加盟店，等等。至少，当年的席殊书屋，以一种前所未有的勇气探索了民营书业、独立书店在一个商业时代的多种可能性，也开始了以书店文化激活城市人文生活、通过图书塑造城市美好生活的历程。这，一直给我与青苑很多思考与启迪。

简单地回顾，大概从十年前开始，当文化产业、网购、虚拟经济、城市扩张、碎片化阅读等新潮的东西开始越来越深度地影响我们的阅读生活时，青苑一方面以稳健的商业理性赢得自己的生存空间，另一方面又在时代性的剧变中，不断地追问自己的存在价值，开始认真地考虑如何建立书店与南昌这座城市的有机关联，慢慢地学会参与建构城市的文化生活。可以说，这是青苑的文化自觉。

近年来，青苑举办了200多场公益性的书友会。嘉宾年长者如95岁的学者刘世南先生，年幼者如青春年少的小鹏；有全国各地的读者、学者，甚至还有海外远道而来的爱书者；涉及的论题更是林林总总，胜义纷呈，既有学理性、知识性、学院式的探

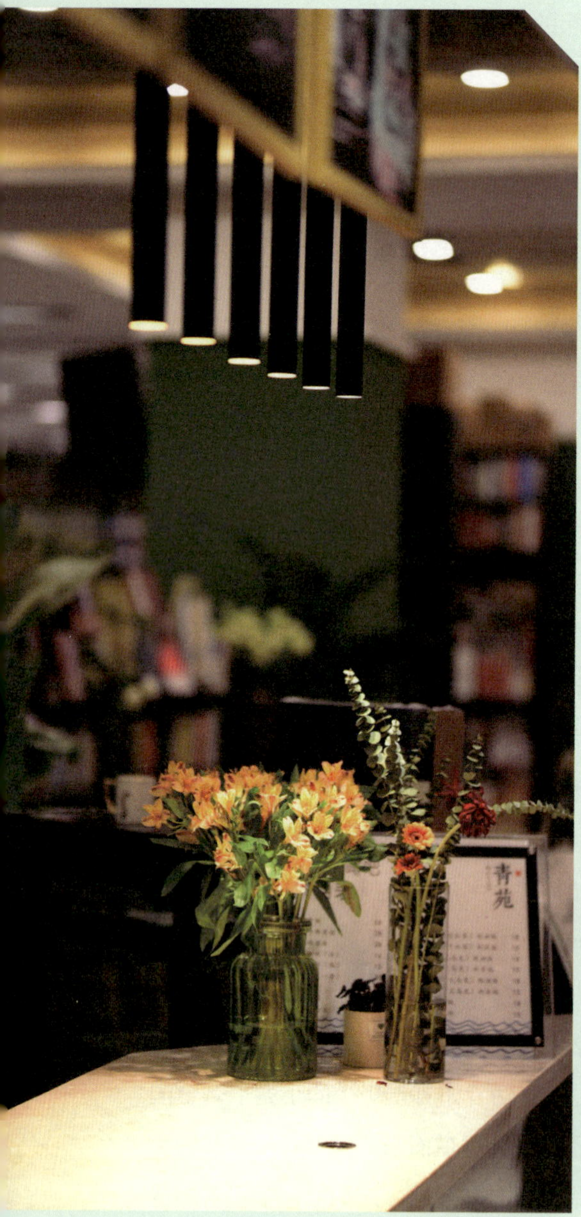
青苑

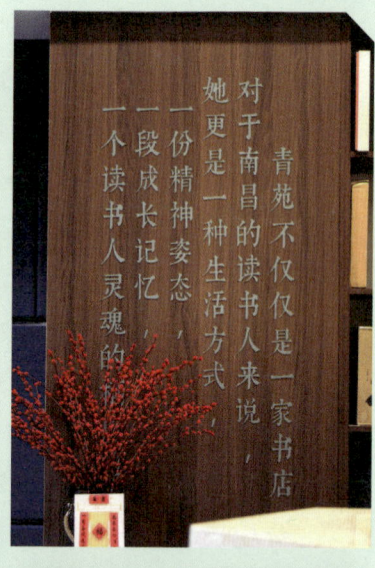

青苑不仅仅是一家书店
对于南昌的读书人来说，
她更是一种生活方式，
一份精神姿态，
一段成长记忆，
一个读书人灵魂的

青苑

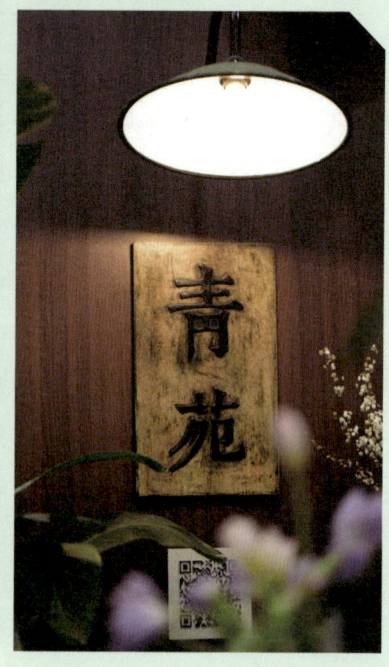

讨，也表达了公共性、社会性、当下性的关怀。在南昌，毫不夸张地说，青苑书友会这些活动，比诸多大学高校的活动还要丰富、还要出色。尤其值得说明的是，青苑将每期讲座的活动进行录制，现场直播，发布网络，供更多的书友分享交流，建构起了一个资源丰富的文化学术交流空间。

　　青苑结合江西本土的文化资源，打造了景德镇陶瓷系列、海昏侯、八大山人和南昌老照片等特色文化品牌。我们还创办了以江右文化为中心的内部刊物《豫章》，邀请出版社编辑、大学教师等担任责任编辑。杂志为季刊，大16开，8个印张，以"特辑""故实""旧事""乡土""故纸""图志""文津""雅艺""市井""书林"等栏目，大量刊发以江右文化、书业为主题的精美文章，以此整合江右文化资源，讲好江右故事，为南昌的读书人提供观察乡土的资料与平台。

　　不少媒体与书友，善意地把青苑称为南昌的文化地标。或许，我们还远远没有达到这一承载人文思想的高度。但是，在人文精神碎片化的今天，青苑一直在自觉地进行着从纯粹的商业经营提升为"书店+文化"的城市公共空间的悄然转身。青苑身在民间，但我们从来没有放弃社会责任。我们相信，每一次努力地付出，都会润物无声地发生一些变化。

### 独立书店的坚持

　　2017年酷热的夏天，青苑闭门数月，进行了书店历史最大的装修。重生之际，店门重新开启，青苑以一种完全不同的新面貌呈现在读者面前。风格设计定位在 20 世纪 80 年代的基调，但并不是生搬硬套的拿来主义。我们既考虑了那个理想主义时代的朦胧映像，也兼顾了现实主义对商业的要求，当然更包括当代人的实际需求等。书店整体设计在略旧的格调上偏向文艺风，舍去了以往理性的硬风格。在书店设计中，我们更注重的是书店与顾客的对话，包含着一切以人为本的思想与态度。

例如，书架的垂直弧形设计，就是为了尽可能地让顾客在一个高度看清楚上中下三层的书籍。为了实现这一目的，所有的书架都按照角度用钢材焊接而成，包括所有反重力的设计细节，虽然不能直观一眼所见，但隐藏的细节就是为了不动声色、浑然天成地让读者更好更方便地寻找书籍。在平面设计上，为了配合偏文艺风格的样貌，使用了极简的后现代主义设计风格，利用我们读书时勾画重点的蓝色钢笔水，组合出变幻无穷的无限制曲线，并大胆尝试了大块青花瓷立体雕刻瓷板做招牌，非常好地融入整体设计。在外部设计方案上，我们刻意营造一个生机勃勃的绿色世界，也希望我们的读者与青苑的绿色一并成长一并繁茂。同时，我们将书店的升级重点放在了营造舒适的环境，比如适宜读者坐姿曲度的座椅、沙发等，打造一种私家书房的舒畅氛围。

"却顾所来径，苍苍横翠微。"为什么重新回到 20 世纪 80 年代？在如今这个时代，扎根书店本土，做好有价值的服务非常重要。在青苑书店 32 年的经营中，我们和读者的心牢牢地拴在了一起。当下的读者选择书店的眼光越来越挑剔，之前我和刘苏里

等书店老友小聚，发现我们对于 20 世纪 80 年代的感情还是一样纯粹。所以从这一主题出发，为我的老读者们重新进行了店内设计升级，怀旧且不缺乏时尚元素。除了老读者，我也一直在考虑该如何服务年轻一代。接下来，我准备进行儿童书店的拓展，目前正在洽谈中。我的标准仍然是保质不求量，做出有深度、有品质的书店。这也正是青苑书店的竞争力。

青苑书店，尽管只有一家实体店，但其实我们的团队扶持了200多家书店。虽然没有冠以"青苑"的牌子，但这些在综合体里的书店，配书、分类等工作，实际都是我们青苑书店的员工在做。另外，我们的中盘会给这些书店进行图书批发等，还会对这些书店进行培训指导，提供书架设计等硬件服务。而我之所以升级改造青苑书店，目的也是想打造一个标杆，制造出一套标准化的东西来指导他们。

曾经到成都参加一次独立书店同仁的活动，主题非常美好，叫作"老城市中的书香留长"。让书香源远流长，是每一个读书人、爱书人的梦想。但在一个市场化的时代，高调的文化情怀需要低调踏实的商业理性来变现与践行。独立书店的明天在哪里？"是谁传下这行业，黄昏里挂起一盏灯？"这些年，历经2010年前后书店大规模的倒闭寒潮，再到书店联盟悲情万分地发起"保卫书店，守望理想"，再经过文化民生利好政策下的回暖，到今天的默默转型与积极探索，关于书店的冷暖悲欢、兴衰浮沉，业界与学术界有着太多的讨论。独立书店人在文化情怀之外，更加注重商业理性与经营智慧的积累与提升。

"书店+"，多元化经营，跨界混营，提供文化体验与服务，参与城市文化公共空间建构……种种探索，我们一直在路上，没有也不会有一劳永逸的终极答案。方生方死，像这个时代的大多数行业一样，独立书店仍然在经历着转型的阵痛期。真正的文化建设者，应该理性地看待时代和市场做出的淘汰与选择，从中突围，在创造中享受快乐。

我是一个地地道道的南昌人，对于美好的城市生活来说，独立书店永远承担着一份责任与担当。即使在电子文化阅读时代，实体书店仍然是人民群众不可缺少的文化活动空间，引导城市人文阅读，推动南昌的精神文化发展。希望有一天，文化人能够由衷地说："南昌是一个不错的地方，至少，有个青苑书店。"

### 坐以待毙，还是起而自救？

书业是脆弱的行业。创立32年，青苑一直在面临着挑战，商业的、技术的、不可抗力的……但真正构成严峻考验的，是2020年到2022年的惊心动魄，令人不堪回首。

2020年初，往日繁华熙攘的城市瞬间失去了生机。书店此前的常态猝然被打断，所有的规划和畅想都戛然而止，书店的营业时间随时波动变化。

根据《2019—2020中国实体书店产业报告》统计，2020年全国各民营、国营连锁书店销售额比去年同期下降85%至95%，有些书店甚至资金流断裂，不得不裁员，甚至关门停业。参与抽样调查的1021家实体书店中，至少926家暂停营业，占比高达90.7%。

悲凉之雾，被于书林。青苑仅2020年一季度，退货就高达1000多万元，前所未有。

是坐以待毙，还是起而自救？

我们是企业，不仅要让书店努力地生存下去，更要养活50多名员工，让他们和各自的家庭都能平安地度过这次危机。我们必须行动起来，有所作为。

2020年1月31日，我们在微信公众号上推出"我是青苑书店，请不要让我冻毙于风雪"的特别策划，号召我们的读者和会员充值办卡，以此盘活现金流，让书店挺过严冬。这个想法，并不是我们的"原创"，而是热心读者向我们建议的。在我们看来，鼓动大家以充值办卡的方式为书店加油续命，多少有些收割情怀的味道。这种策略不到万不得已，我们是不会轻易采用的。但在最困难的那段时间里，不断地有读者向我们提出建议。最后，我们终于做了决断，希望集众人之力，为书店解困纾难。

活动推出之后，应者如云，非常出乎我们的意料。有的读者给我们后台留言，有的读者给我们来电；有的读者自己办了会员卡，还动员身边的家人、朋友也来办卡。还有的老会员，看到消息后，一下就充值好几千元。大家的义举令我们非常感动，再一次真切地感受到了读者对我们发自肺腑的关爱。大家都希望书店能永远开下去，而不是冻毙于风雪。

救助是双向奔赴的。2月11日，我们推出了一个特别的致敬活动：以书店的名义，向所有医护工作者赠送一张阅读金卡，并且永久有效。有人说，这样的活动过于苍白了。其实不然，中国有句古诗"投我以木桃，报之以琼瑶"，还有一句古诗"感君千金意，惭无倾城色"，说的是人应该知恩图报，应该永远铭记那些在我们困危之际施以援手的人。

2020年2月19日，青苑书店发出微信公众号推文《要有光，要有希望，要有书店》，带着一丝倔强地宣告：我们是书店，我们不仅仅只是书店，我们要努力走过至暗时刻，走向春天。不是为了我们自己，而是为了给予我们勇气、信念和力量的人们。

青苑书店的读者朋友、摄影师杨浩，专门为书店拍摄了一组照片，主题就是《书店之光》。作品非常特别，每张照片的大部分画面都是黑暗的，只有一小块地方可以看到图像，或是一本书，或是书店里的一盏台灯，或是一个小笔记本，或是正在伏案读书的人，或是闭店之前没有来得及整理的工作台……看到黑暗，我们内心是压抑的；但看到黑暗中的那一点光

亮,又让我们看到了希望。

2月20日,青苑参加了由广西师范大学出版社发起的"燃灯计划"行动。当晚8点,全国150多家书店同步进行了一场线上讲座,嘉宾是著名作家、鲁迅文学奖获得者李浩。在书店群里有200多位读者,大家踊跃发言,交流了很多心得体会。

在按下暂停键的特殊时期,嘉宾与读者线上分享交流的声音,似乎让我们暂时忘记了生活中的慌乱与不安。这是一场别开生面的书友会。之所以说"别开生面",是因为:过去我们的书友会都在线下;而这场书友会,是在线上。过去,我们的书友大多局限于本城本地;而现在,我们的书友除了本城本地,还来自五湖四海,来自看不见的网络世界。这次活动是我们第一次尝试线上模式,拓展了我们组织活动的视野,提供了非常难得的经验范本。

自2月20日第一场线上书友会之后,我们又与深圳书城、广西师范大学出版社、新京报社、北京大学出版社、中华书局等出版机构一起,参与组织了多场线上书友会。可以说,2020年2月20日,是"青苑线上书友会"这个阅读品牌真正按下启动键的日子。

三年时间,备受煎熬,但也考验着我们对书业与生活的信心。其间,我们进行了300多期读书会活动,平均每周4场活动,冯天瑜、顾湘、陆大鹏、罗新、杨天石、梁鸿、周云蓬、吴钩、李银河、何怀宏、王笛、张天翼、余世存、张悦然、张抗抗、刘心武、邱华栋等众多知名学者、作家都是我们的座上宾,为广大读者们带来了一场又一场文化盛宴。

经营压力巨大，书店前景不明，甚至"生死未卜"，我们为什么还要组织这么多线上活动？一直以来，无论是热心读者，还是在我们书店内部，都存在着这样的疑惑。有人说，线上书友会就像线上课程一样，效果大打折扣，又不能很好地转化为消费，为什么还要做这种"赔钱赚吆喝"的事情呢？

"赔钱赚吆喝"！我看到了这个词。是的，您说得没错，我们就是想"赔钱赚吆喝"！想用一个看起来并不怎么能真正帮到书店的办法，告诉所有的人，我们还在，我们一直都在，我们始终在坚持。

开书店从来就不是赚钱发财的最好选择。开书店得有一颗对文化的敬畏之心，得有一颗对知识的执着之心，得有一颗对读者的服务之心，唯独没有一颗对名利的追逐之心。32年前，当青苑书店迎来第一位读者的时候，是这样。32年后的今天，当我们的书店遭遇最艰难的时刻，仍旧是这样。

岁月惊心，危机四伏，往事不堪回首！三年之后，青苑书店如常地开门，迎来一位又一位读者。很长一段时间，我们经常有这样的感觉：即使书店镇日长闲，少有读者消费，但看到读者自如地出入青苑，由衷感慨：生活本身就是一种美好！对于书店来说，能活下来就是幸运的。

在今天，人们习惯谈论寒冬后的重塑，谈论书业的复苏、破局与转型。但对于三十而立的青苑来说，似乎更有特别的触动。书业实在太过脆弱了，但书业又是一种精神性的事业，她内在的韧性与坚持，她对美好生活的引领与助力，足以抗衡残酷的疫疠与精神的荒芜。

但愿所有的努力都不会白费，但愿纷扰过后梦想成真，但愿所有的苦难都能迎来新生。历经千难万劫，青苑还在，书业还在，我们期待在日常一页一页的摩挲翻读中，在一点一滴的书人书事中，重新培育书店的元气，为这座城市慢慢建构、丰富我们的书生活。

# 青苑
**始于1992**

- 开业时间：1992 年 10 月 28 日
- 书店格言：人·阅读·岁月
- 书店地址：江西省南昌市青山区洪都北大道 299 号金域名都 1-21 号
- 微信公众号：南昌市青苑书店
- 小红书：南昌青苑书店

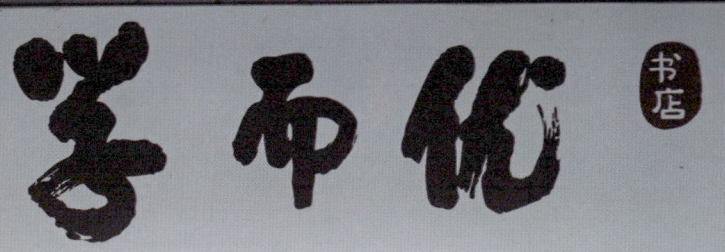

3 一家书店与一座城市的30年

黄仕忠　学而优书店创始人之一

岁月如梭，物换星移，广州学而优书店开业已经整整31年了！

三十年来家国，八千里路云月。书店的开启，始于邓小平南方谈话之后，书店的历程，伴随着30多年经济的发展，文化的变迁，时代浪潮的涌动。最初几年，它是岭南读书人的惊喜；之后十余年，作为小有名气的书店引领过潮流，被视为图书销售的风向标；近十数年，受互联网冲击，收缩战线，苦苦坚守，转化为一个文化地标，情怀寄托。当年的同道，风入松、季风书店……已经悄然隐入历史的云烟之中，只有学而优书店，依然挺立在南国，正在开启下一个30年的航程。

值此时刻，回顾30多年来的历程，往事历历，如在眼前。

1994年元月，时任花城出版社《随笔》杂志编辑的陈定方，在迁居香港的大学同学的鼓励下，注册了一家图书文化公司，在懵懂之中闯入图书批销行业。6月18日，她在新拓建的广州市图书批发市场签下了一号档口，开启了图书批销事业，而那些资深同行却说：你来迟了！

那时，北上广构成了图书的三大集散地。广东是改革开放的窗口，涌入了数千万"打工仔"，广州的图书市场，以"打工读物"销量巨大为特点，通过各市县的三四级分销商，构成一个畅通的销售网络，直达终端的书店或书摊。迅猛增多的书摊，如流

水般快速渗透每一个社区角落、路口津渡。

老板们之所以对陈定方说"你来迟了",是因为图书批发市场形成之初,处于"卖方市场",货才运到门口,还没卸完车,就被一拥而上的客户抢走了。但仅过了两三年,这种轻松的日子就成为过去,于是有了"来迟"的说法。

所谓打工读物,当时俗称"地摊读物",大多是杂志开本,封面艳丽,比较接地气。陈定方不喜欢自己的档口出现这类书籍。她从西南师范大学(今西南大学)中文系毕业,留校任教三年,又到中山大学攻读古汉语硕士学位,其间发表了多篇论文。

她从来没有想到，自己也能做生意。

　　作为一个受过高等教育，经历了读书、教书、编书的人，她最大的优势就是懂书。那时只凭一个书名，最多一个封面，就要决定是否承担该书在广东的独家经销权，并现款交付。因资金有限，她每次只能挑选几种书，幸运的是她几乎没有走过眼，因而得以快速流转。作为新来者，只用了半年多时间，她的销售额就赶上了同行。作为懂书的人，她觉得有很多书值得给读者推介。为此，她从出版社挑了许多内容很好但并不适合做批发的图书，她觉得客户一本两本地拿也很好，所以在她的档口，图书品种是同行中最多的。这一举动迎合了那些真正有个性的书店的喜好，居然带动了销售，在"淡季"不"淡"。

　　后来，我站在旁观角度回看，她的这些真正为读书人着想的做法，意义深远。一是无意中领先一步，在卖方市场向买方市场的转换阶段，率先完成了从专卖畅销书到小批量多品种的过渡。二是大量的人文社科类图书品种，不仅形成了特色，而且通过与三四级市场的互动，在互有所需的过程中筛选出适合的客户，构成一个直达终端的销售网络，进而成为人文社科类图书在广东的最佳代理商。在面向整个广东的庞大市场中，一个小小的档口，能够在某一个层次或某一类别的图书分销中占有特色，便自然有了立足之地，很快在民营书业中崭露头角。

　　与此同时，她的后发优势也日渐显露。在当时的商业大潮之中，最难得的是"信任"二字。她其实不懂做生意，但她相信诚信，同时也是这个市场中学历最高的人，先生也是大学老师。同一时期进入书业做出版的一批人，正是与她同样受过高等教育

PAPER MAY BURN BUT WORDS WILL ESCAPE
Virginia Woolf
維吉尼亞·吳爾芙
BOOKS ARE DANGEROUS!
我会知道
如何轻触
新生的花朵
因为你
教给我温柔
FROM THE LAST BOOKSTORE
Charles
Pierre
Baudelaire
書見

ShareU Bookstore

我們從未現代過
We Have Never Been Morden
ShareU Bookstore

我們從未現代過
學而優書店
ShareU Bookstore

學而優書店
學而優書
ShareU Bookstore

ShareU Bookstore

剑桥古代史
阅读是一座随身携带的避难所
中国历史年表
學而優書店
ShareU Bookstore

學而優書店
ShareU Bookstore

并有出版、记者、学者背景的人，他们都希望找到可靠的长期合作者，以减少交易成本。同时，各出版社也需要这样可信赖的代理商。处在三大图书市场之一的广州，可信任而且懂书，对人文社科类图书销售最为擅长，这让陈定方的企业迅速成为业内最优合作对象。

接着，她在广州开设了第二家批发门市，稍晚一些在深圳开设了第三家，成了广东地区人文社科类书籍的最大批销商。

然而，陈定方并不满足现状。批销毕竟以量大为宜，以大众读物为主，很多高品质的图书仍然无法进入终端。当时广州缺少一家真正的学人书店，学者购书，要借出差北京、上海的机会，才能买到自己需要的书籍。作为读书人的梦想之一，往往是开一家真正符合自己心意的书店。

1996年初，在经济大潮之中，中山大学推倒西门边上的围墙，建造二层小楼招商出租。陈定方租了其中两间，在这里创办了"学而优书店"。她的目标是做一家真正的"学人书店"，哪怕亏本，她也愿意用批发的资源来托底。

在她的预设中，这家书店主要为中山大学的老师服务，没想到，很快成为广州市高校学者的首选，并辐射到整个广东、港澳台地区，甚至新加坡、马来西亚等地，也是来穗学者的必到之地。

接着，她又在暨南大学、广东工业大学附近开设两家新店；与广州地铁合作"地铁文化快线"，在一号线的18个车站设有零售点；应邀在新建成的深圳二号候机楼开设五家分店，进驻刚搬迁的广州白云机场；在深圳富士康工业园区斥巨资设立分店，希望给有着30万年轻人的流水线增添一些人文气息。

之前，国内机场书店多被盗版书充斥，内容大多为"地摊读物"。自学而优在机场书店设立了标杆，全国机场书店的面貌焕然一新。

在这样的场域之中，一家连锁书店对于一个城市的意义更加凸显。2002年，当搬迁至新址的学而优总店开张时，《南方都市报》发表评论《十年书肆几番新》，提出一座一流的城市，应当有一流的大学、一流的出版社、一流的书店，学而优书店便是其中的书店担当："学而优之于广州，相比万圣书园之于北京，其意义显然要大得多；因为北京书肆如林，而广州只此一家学而优啊。"

事实上，一家人文书店对于一座城市的意义是多方面的。读者对于学而优的肯定，是可以找到专业甚至冷门的书，不会空手而归；而书店的意义，则是从数以十万计的书籍中，为读者选书、找书，也为好书寻找读者。在这一文化传播的链条中，学人书店有着无可取代的作用。所以，学而优并不仅仅出售图书，也在传播文化。正因如此，这家书店的历程与广东文化的传播与建设，息息相关。无数孩童、无数少年在这里开始他们的课外阅读，无数年轻学子追随着学而优成长为行业的佼佼者，让学而优真正成为广州的文化地标。

然而，世事无常，就在学而优书店蒸蒸日上的时候，迎来了互联网统领天下的时代。网商先以低折扣吸引顾客，培养读者的网购习惯，再通过无远弗届的强大物流控制了零售市场，实体书店尴尬地成了展示窗口；当网络资源越来越丰富，网络阅读形成风气之后，实体书店更是举步维艰。短短五六年，全国实体书店

学而優書店
ShareU Bookstore

我們
從未
現代過

Nous N'Avons Jamais Été Modernes
學而優書店
Since 1994

學而優書
ShareU Bookstore

出现了闭店浪潮，学而优也从鼎盛时期的 30 多家大小书店，萎缩到只保留中山大学旁的总店。与此相随的是批发业的溃退，幸好陈定方及时收手，清理了债权债务。

　　近几年，学而优一直都在坚守，也在努力转型。不再担当读者的主要购书场所，但还可以是一个沉浸式体验场所，一个休憩港湾，一个文化地标，一个历史记忆与象征。这里有很好的咖啡，舒适的桌椅，安静的环境，可供读者在此阅读、写作或办公，参加各种读书活动，聆听免费讲座，当然也可以挑选和预订自己心仪的书籍。

　　31 年，书店旁的树木已然参天，阳光透过树荫，照在学而优的玻璃门上，斑斑驳驳。临近的商铺已不知更换了多少，但学而优依然安好，正带着斑驳的历史，走向未来。

首店开业时间：1994 年 1 月 21 日

书店格言：我们从未现代过

书店地址：广东省广州市海珠区新港西路 93 号（近中山大学西门）

微信公众号：学而优书店

小红书：学而优书店

4 **我的书店人生**

唐力生　众目书房主理人

## 难忘的开店创业

我和书店结缘于 1994 年,至今已 31 年。最初是和二哥接手了一家名为"文艺书店"的租书店,面积 20 平方米,那年我刚好高中毕业。

我们书店在桂林四会路,位置很好,有许多学生和居民来店里租借当时流行的武侠小说、言情小说和日本漫画书,鼎盛时期每天的租书量达上千本。2001 年,书店迁到地段更好的太平路,面积大了很多,我也开始了独自摸索书店的经营之道。

最初,我选择做热门的书吧。开业前,一个人搭乘火车去柳州进书,看到市场上品种繁多的各类图书,我一脸茫然,不知如何挑选,最终又累又饿地拖着一麻袋书回到家时已是深夜。辛苦的付出并没有换来回报,因为准备仓促,各方面条件所限,书吧的生意一直不好,撑了大半年后,我调整了思路,用租售结合的方式替代坐阅模式,结果受到大众读者的欢迎,书店的营收也很快好转,真可谓"变则通,通则兴"。

2010 年,随着网络普及和电子书兴起,书店的租书业务受到很大冲击,此时年轻一代的学生群体,因为消费力增强和学业繁忙,更喜欢采用买书的方式,租书的群体日渐减少,为此我曾十分焦虑,也采取了多种措施,可惜效果不佳。

当时，桂林已经有了第一家独立书店——刀锋书店，它的出现让我深受震撼，原来书店还可以这么经营！意识到很多读者对书品和书店环境有了更高需求，由此我也有了开家特色书店的念头，但又谈何容易。

长年无休的书店工作让我身心疲惫，反复考虑后，我忍痛决定休业，想休整一段时间再做打算。书店休业也要解决不少棘手问题，首先是店内大量图书和物品的处置，我采取新书优价、旧书特价的销售方式，最后大部分图书都以合适的价格卖出，变现成功。

休业最大的难题是有800多位读者共计4万余元的租书卡押金还在店里，其中很多是5年前的押金，最长的有15年。我们先是张贴书店休业通告，然后我和几位店员通过各种方式联系这些老读者，为了方便大家，主要用微信和支付宝来退还押金，共退还700余位读者合计3万多元的押金，遗憾的是还有近100位读者因为电话变更，至今无法联系退还。可能是办卡时间久远，许多读者已经忘记自己的押金，对我们的主动退款很是惊讶，他们纷纷来店购书表示支持！与此同时，我与合作多年的经销商也结清了全部书款。我们花费这么多时间和精力做好收尾工作，就是要让老书店体面地正式休业，保住珍视多年的好名声。休业前，书友们对书店的支持与不舍之情令我感动不已，至今难忘，也给我再开书店增添了强烈的信心。

此时书友菱忆的到来，让新店的开业计划提前了。她中学时期就在我们书店买书，读大二时又在店里做兼职，性格开朗且爱书、懂书，很受大家喜欢。共事之后，我发现她不仅聪明有想

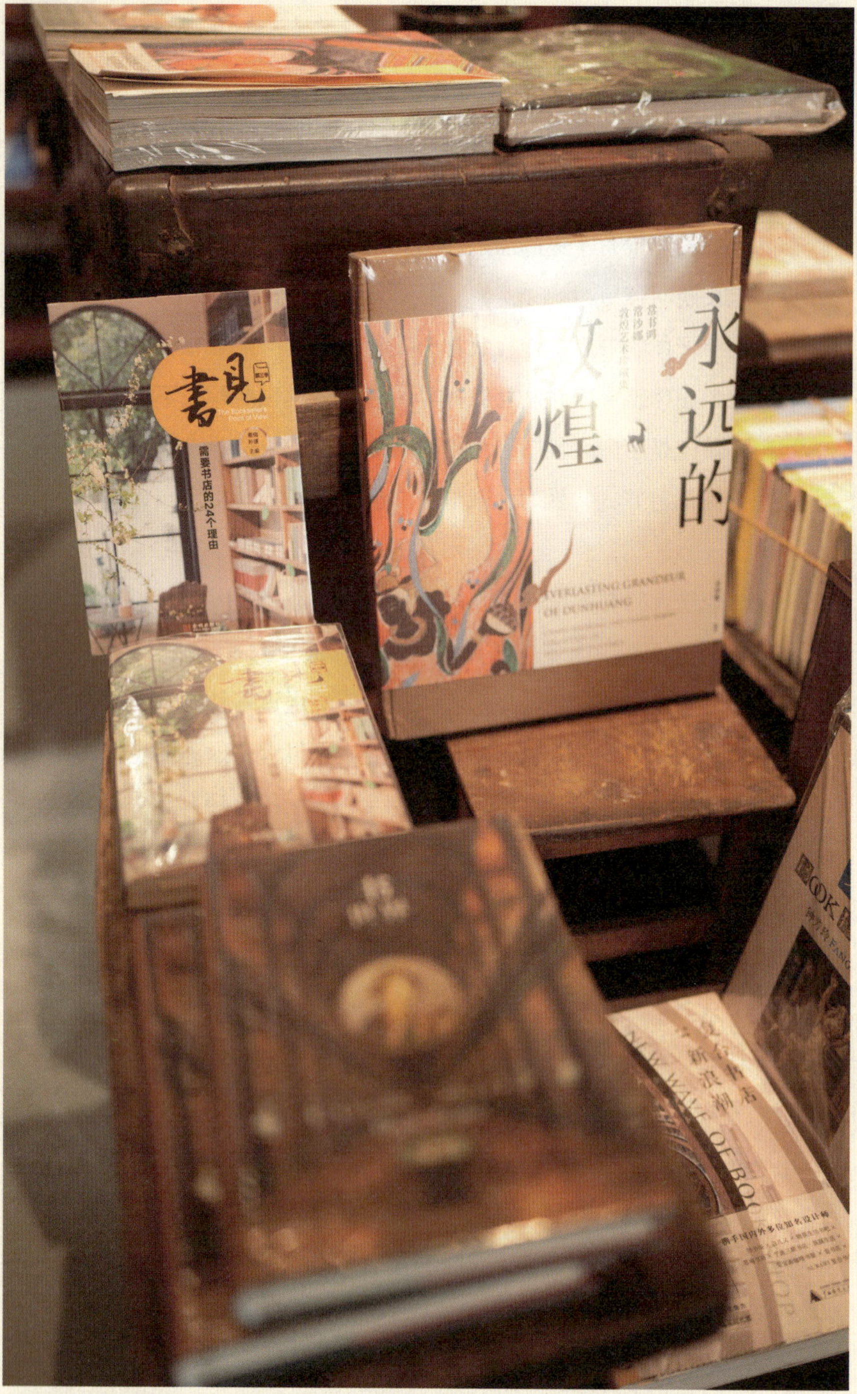
書見
需要书店的24个理由
永远的敦煌
EVERLASTING GRANDEUR OF DUNHUANG

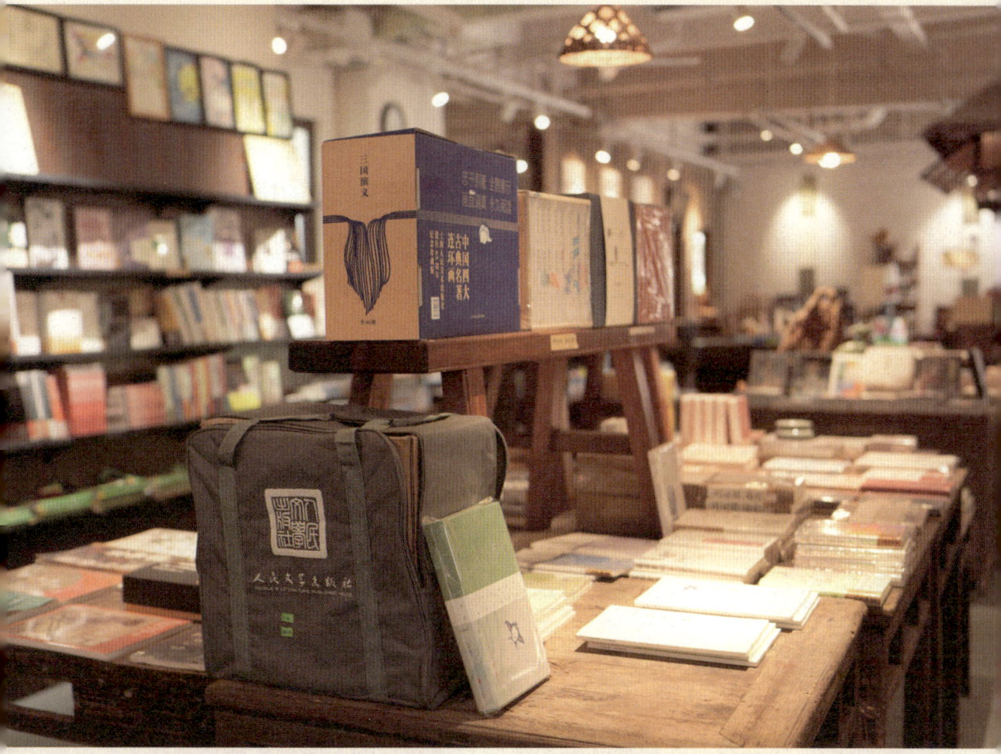
三国演义
中国四大古典名著连环画

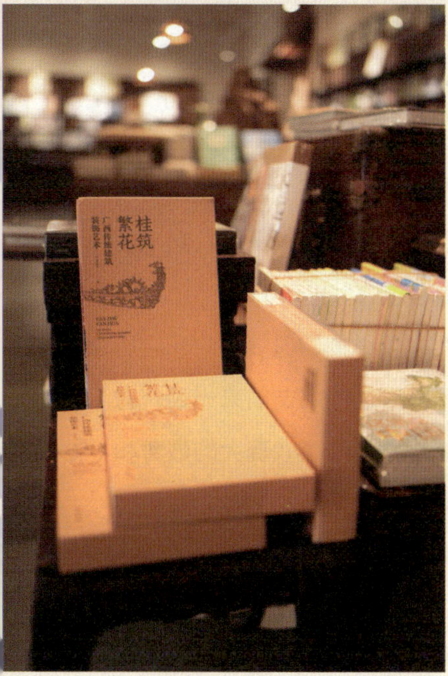
桂筑繁花

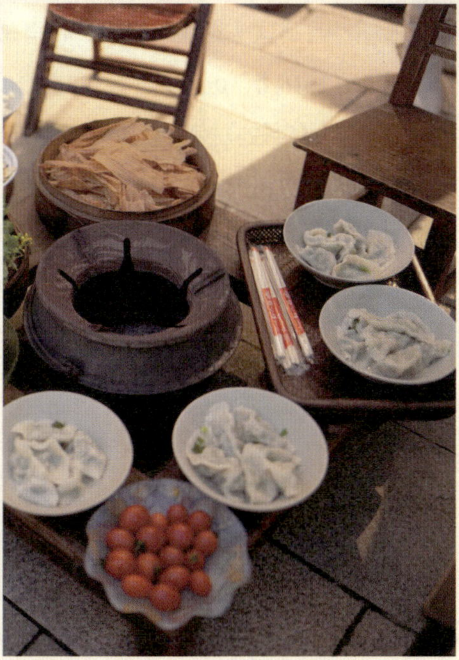

法，还具备很强的行动力，我们在书店的发展和理念上有颇多相似之处。因此，我们约定以后合作开一家有品位的特色书店。

2016年8月底，她在网上看到市区翊武路有门面出租，一起考察后，我们都很喜欢这里优美的风景和难得的安静，第二天就签订了租铺合同。新书店的筹备开始了。

## 平凡温情的众目时光

"众目"店名是我取的，众是大家，目是眼睛，是通往内心，希望这里是一处让大家看到并用内心感受到的好书店。为了确保装修质量，节省费用，我们自己购买装修材料，再请专业工人施工。店里的30个书架是好朋友吴哥和我熬了几个夜晚亲手制作的，这种简洁的斜靠式书架是我自己设计的，使用和搬运都很方便，看到这些高耸的书架，心里总是特别自豪。

2016年10月1日，100平方米的众目书房试营业。我把众目定位为独立特色书店，和老店的风格差异很大，对我们的选书、环境和服务都提出了很大的挑战。试营业不到一周，我的合伙人因为个人原因退出了书店经营，她的突然离去严重打乱了新店的经营和规划，但我不会忘记她对书店的付出和贡献。

面对成倍的压力，我曾一度动摇是否继续，但多年的开店历练令我不能轻易放弃！就在此时，不少老店的书友前来光顾，对新店给予诸多肯定和支持，这样的雪中送炭给了我莫大的鼓舞和信心。三个月的试营业挺过去了，虽然艰难却意义非凡，我更加坚定了做好书店的信念。

随着明虹、路莎、文榕、茜媛等新店员的到来，众目书房开始了平稳发展，发生了太多难忘的事情和改变。

刚开始，我对选书很困惑，但经过销售统计和与书友交谈，发现"有品位、有意思、适合大众"的图书是最受读者欢迎的，因此，我会重点关注一些知名出版社的社科图书和传统文化类书籍，亲自选出合适的好书。

"80% 大众好书 +20% 有深度的图书"是一位年长书友的建议，不仅满足了普通读者的选书需求，也大大提升了众目的品位。我们给部分好书装了定制的书套，既保护了图书，也让读者更方便翻阅。数据证明，可以翻阅的图书比塑封图书销量好很多，并且我也希望读者在选书的同时能看到内容，选到心仪的好书，当然不买看看也无妨。

众目还有个独立安静的小书房，专供有消费需求的读者使用，透亮的大玻璃窗，有园林般的静谧意境，极美。

新店伊始，我就立志长期举办读书分享会，让众目书房成为书友们分享交流的空间，而不仅仅是售卖图书的营业场所。从 2017 年 4 月至今，众目已经举办 600 多场各类主题活动，广受书友们的欢迎，参与者由最初的寥寥数人到后来的高朋满座，如此变化让我们十分感慨，备受鼓舞。

"交流分享、尊重包容"是众目分享会始终秉承的活动宗旨，多一些有质量的分享互动是我们对活动的要求和期望，希望用这样的方式让大家有更好的参与体验感。当然，我们也尊重并理解一些新来书友旁听的参与方式。众目书友的鼎力支持让众目书房的活动大放异彩，先行者的奉献精神感染了后来者，令众目书房

分享会有了更多的参与者。

与此同时，大家也从中受益良多，收获了自己的成长，后来还有几位书友不畏艰难陆续开了自己的书店，追寻自己的书店梦想。

2020年开始，众目已形成了约十个系列的主题活动。通过甄选，让一些受欢迎、有时间的书友成为常驻的嘉宾主持人，每月定期主持主题活动。除了继续坚持公益活动，我们也增添了一些收费项目，这些调整既有效提升了活动质量，形成良好的口碑，也很好地促进了书店的运营发展。

众目书房还是猫猫的乐园。有一只很聪明的灰猫是店里从小收养的，后来生了一只可爱的胖胖猫，另一只憨憨的加菲猫是被人遗弃的，还有一只三花流浪猫经常来店里觅食。它们安静、独立又可爱，和书店百搭，时常有爱猫的书友来投喂这些温暖的小家伙。我还为此写了一篇《众目与猫》的文章，记录这些特殊的小伙伴。

突如其来的疫情是众目开业以来最大的危机，来店的读者日益减少，各类活动被迫暂停，最后不得不闭店打烊。在如此艰难时刻，众目活动微信群的群主提出倡议，带头到店购书以实际行动支持书店。同时，线下的活动分享变成线上分享，虽然不能线下见面，但线上分享更增加了凝聚力。三年困难时期，我始终没有发过自己书店的求助信息，因为我觉得不需要，通过书店内部调整和自身底蕴，我们有足够的应对措施面对并渡过这些难关。

疫情，既让人很烦恼但也有益处，它给了我大量的空闲时间，反思书店存在的问题和这些年运营书店的得失，最终要开一家更有意思的新众目的念头诞生了。因为，我坚信疫情总会过去，众目还将继续前行。

机缘巧合，2020年年底，一位老书友带着外地朋友来到店里，一聊原来是兴进繁花里项目部聘请的上海招商团队，他们正在帮商场寻找优质书店入驻。因为繁花里近邻新建的桂林歌剧院，是正式挂牌的桂林文化旅游中心，对入驻书店要求很高。

他们在深入了解众目的开店经历和经营模式以后，认定众目就是他们要找的优质书店，于是积极向我们介绍繁花里项目的情况和规划，经过慎重的综合考虑，我决定再次搬家，重新启航。

## 共建多彩有趣的新众目

一年之后,我们等到了交铺。新店近 400 平方米,装修是一项费钱又费心的大工程,幸运的众目得到了一位优秀设计师薛雪的鼎力相助,她是多年的老书友,深刻理解众目的含义,薛工不辞辛苦三易装修设计图,最后亲自以手绘图呈现出了心中的理想众目,也是我们非常满意的最终设计效果。

有了好的设计还得落实到位才行,我亲自去市场购买各类装修材料,为了突显众目的质朴与温暖,我与新宇、阳师傅多次去附近村里寻了大量老木料,然后和大家一块块扛上楼,清理晾晒备用,老木料有着沧桑感的天然纹理,不用上漆也不变形,和我们的老物件十分契合,这些别人废弃的木材在众目发挥了真正的价值,充分体现了物尽其用。

书友们知道了我们的搬店计划,有不舍,更有祝福。他们来店里赠送纪念品、购书话别、拍摄记录、合影留念,留住了众目老店最后的温情,朋友圈更新的"众目·告别翊武路倒计时"真实记录了这些感人场景。

搬店是很大的挑战,这么多图书、柜子、物品等要顺利搬完还需天时地利人和。看了天气预报,只有周五没有雨,桂林的雨季就像天漏了一样,没办法,只得抓紧时间否则很麻烦。一开始,我们就想好了,图书我们自己搬过去,我不想错过这样难得的体验和仪式感。刚好书友阿浔有车,主动提出协助搬运,当天早上还来了多位书友一起帮忙搬书。人多就是力量大，有提书的，有接书上车的，大家分工合作，一捆捆图书把小车塞得满满的。小车装完，大伙还各自用电动车搭上一两捆图书，跟随装满的书车一起向新店进发。哈哈，真是一道独特的风景线。

2022年8月6日，新众目迎来了试营业，我们和书友联合举办的"了不起的众目与众书友"主题特展和"勿忘初心"主题分享会，深受大家欢迎。

新众目的定位是做多彩有趣的文化生活空间，因此设计了几处特别空间。首先，我们的目惜阁，保留了老店的模样，招牌、老书

桌、老藤椅等都来自老店，相似的陈列让老书友很是亲切，里面的老物件和老书还可以继续出售，同时提供消费与公益座位，看书、喝茶很安静，目惜阁也是分享会的主要场地。今后，我们还将积极拓展研学体验项目，让更多书友来此感受众目的魅力。

国风众喵堂，是我们众目三喵的新家，30平方米的大空间和全自动的猫猫用品让很多人羡慕不已，直呼人不如猫，这里是爱猫书友看书、聊天、亲近猫猫的最佳体验。

安静舒适的目舍空间，是我们花费最多心力打造的和风雅居，上下层榻榻米+书房+干湿分离卫生间，可以让我们真正住在书店。一扇木质老门通往店内，目舍正门外是一处独立小露台，天气好时坐在老藤椅上看书、喝茶、晒太阳，实在惬意。

说实话，新众目开业以来，经营状况不算理想，除了自身经营的原因以外，主要是经历重创后的市场经济整体不振，加上传说中的歌剧院迟迟未开业，导致附近商铺招商困难，人流量不大，有些商家已闭店歇业。面对这种严重逾期的落差，我难免有些失望，但转念一想，这不刚好留出时间让我们沉下心打造新众目吗？于是，我们围绕"生活在书店"的核心理念做了很多有益的探索。

首先，要解决好吃饭问题。书店员工很长一段时间都是各自在外面吃，直到三年前，阿猫等几位喜欢美食的书友来店里做菜，正式开启了众目食堂。随后，唐老师接管了老店的厨房，带来了膳食平衡的饮食理念。来到新众目，我和喜欢做菜的薇薇、玲霄、小琴等小伙伴实现了自给自足，从美味可口的盖浇饭、砂锅饭到热气腾腾的火锅，都是用炭火做的，新店的空间够大而且通风也好，用炭火很安全也方便，炭火不仅煮菜入味还能驱寒除湿，是应对阴雨冷天最好的法宝，所以一到下雨降温我不愁反喜，生火对我来说就是一件既好玩又有趣的乐事，书友们一进书店就能感受到暖暖的炭火味。

其次，根据书店特点和时令变化，我们推出的冬天围炉煮茶大受欢迎。我们要求读者来店提前预约，保证能用上当天的新鲜食材，这样也能避免浪费。围炉的食材多是本地特色，如糍粑、船上糕等，再加各种新鲜水果，众目围炉最大的特色是炭火盆、火盆架、小板凳以及装盘用的老物件，在旧物满满的空间里，一起围炉就像回到了小时候家的感觉，真的就是"众目围炉烤万物，大家煮茶乐生活"。总之，好好吃饭不仅能凝聚店里的人心，也极大地增加了我们与书友的缘分。

探索并开拓新众目的活动项目，始终是重中之重。近年来，书店已经举办了多场公益主题艺术展，"一鹿绘梦"油画展、"桂林话？桂林画！"原作展、"光影作画　山水为家"桂林风景老照片展、"民艺薪传"剪纸艺术作品展，都受到了广大书友的热烈欢迎。这些活动的策展人都是我们的书友，有的是公司职员，有的是设计师，还有的是大学老师，他们始终在追求自己热爱的艺术，不断地提升自我。当然，每个活动的各项布展工作都是大家共同完成的，展示期间，策展人也多次到店里与观展书友现场交流。每个主题策展的最后，我们都安排专场分享会，让策展人分享自己的创作历程和艺术心得，他们的这份赤诚与热爱，实在令人敬佩。

践行推广优秀传统文化一直是众目的担当。因此，书店每周

都设有固定的文化活动。每周一晚上是传统哲学课，这项至今持续四年共计143期的公益活动，除了疫情间暂停过，其他时间活动都是风雨无阻；每周三晚上是公益心理咨询，僖老师到店和大家一起共读有益身心成长的好书，并做心理咨询及辅导；每个周末，店里不定期举办中国雅道沙龙，这是插花师倚月发起的，邀请不同的书友来店主持分享自己擅长的领域，和大家一起沉浸体验中国优秀的传统文化，结束后大家还可围炉煮茶，其乐

融融。

新众目的成长得到了很多人的关注。广西师大出版社是2023年桂林"山水阅读"文化市集的主办方，邀请了包括众目的本地四家书店和全国30多家知名书店，参加滨江路生活美学文化市集，这是我们第一次摆摊，自然有些新奇和激动，抱着重在参与的想法我们去了。摊位不大，只选精品，我们重点挑选中国传统文化和桂林文化书籍、心理学主题书籍、宫崎骏系列以及湛老师的桂林特色文创＋集章，减法的思路和清晰的陈列吸引了众多读者的热情关注。我们在摊位前还挂了一个老铜钟，让喜欢的读者敲几下，悠扬悦耳的钟声吸引了更多人围观驻足。

第一次摆摊，多靠众萌书友帮忙支持，我们驻上海众萌的社长肉串君也千里赶来练摊，隔壁摊的小妹和我们说肉串君是位营销高手，非常厉害。为了解决志愿者吃饭大事，我们在店里做好牛肉面、三明治、紫菜饭团等方便美味的食物送过去，自己做饭确实比较麻烦，但很能体现众目的生活态度，值得。摆摊的那些天，我们安排志愿者在店里住宿，让其真正感受一回生活在书店的滋味。总的来说，参与"山水阅读"文化市集，充分展现了新众目的独特风采，邂逅了很多新老书友，今后我们还将多多参加这类有质量的市集文化活动。

2022年，我们成立了众目的官方志愿者组织——众目学社，欢迎喜爱众目的书友们加入，一起参与共建新众目。

书非借不能读也，2023年下半年我们恢复了老店的租书业务。让这项实惠、环保的传统书店业务融入新众目，焕发新生，希望有更多读者走进书店，让阅读成为日常，让文化融入生活。

## 回望

夜深人静，有时我会独坐书店，回想自己与书相伴的点滴过往。

众目书房算是桂林最早的独立书店之一。我最初开店主要是为了生计，当初的付出成就了今日的喜爱与坚持，从普通的租书店到如今的文化生活特色空间，一路走来无怨无悔，有幸得到大家的各种支持与帮助。在此，感谢并祝愿众目温情陪伴，我们一起继续成长！

有人问我：众目打算成为百年老店吗？

没想过。

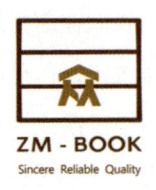

**ZM - BOOK**
Sincere Reliable Quality

开业时间：1994 年 5 月 1 日

书店格言：多彩有趣的众目书式慢生活

书店地址：广西壮族自治区桂林市七星区穿山路 6 号
兴进繁花里 1 栋 2 层 12-19 号

微信公众号：众目书房

小红书：众目書房

**众目书房照片均由众目书友 echo 拍摄**

## 5 走出去，守下去

口述：石头　先行书店主理人
整理：庞诗韵

佛山老城区垂虹路 27 号，一栋临街的老旧居民楼首层，斑驳泛黄的石米墙上，挂着一件镂空镌刻着"先行图书"的铁锈牌——先行书店。

推开素色的栅栏门，踏着石板路，走过野趣盎然的小庭院，"叉烧"（先行书店的喵老板）趴在书堆上，一副"你来与不来，我都在这里"的傲娇范。书店里一排黑框落地玻璃窗，社区的绿肺——垂虹公园尽收眼底，微风吹过，沿路的紫荆花瓣徐徐飘落窗前。

20 世纪 80 年代建成的旧楼，因为不是框架结构无法拆除，也不能重新布局，索性将错就错，利用一面面的书墙作为空间区隔，咖啡座、花房、阅读区，伴着柔和的灯光错落其中，每个小空间在开放中各自保有独立性，读者游走其中，穿廊而过，淘书之余，更添几分探幽与想象的乐趣。

有些事情不是看到了希望才去坚持，而是坚持了才会看到希望。

先行书店始建于 1995 年，作为佛山历史最长的独立书店之一，陪伴了几代人的成长。一直以来，我被问得最多的问题是：为什么开书店？因为在大众的眼中，开书店是一件很有情怀的事情。被问得多了，我也就常常回复一句话：喜欢书和开书店是两回事，别把它想象得那么浪漫。

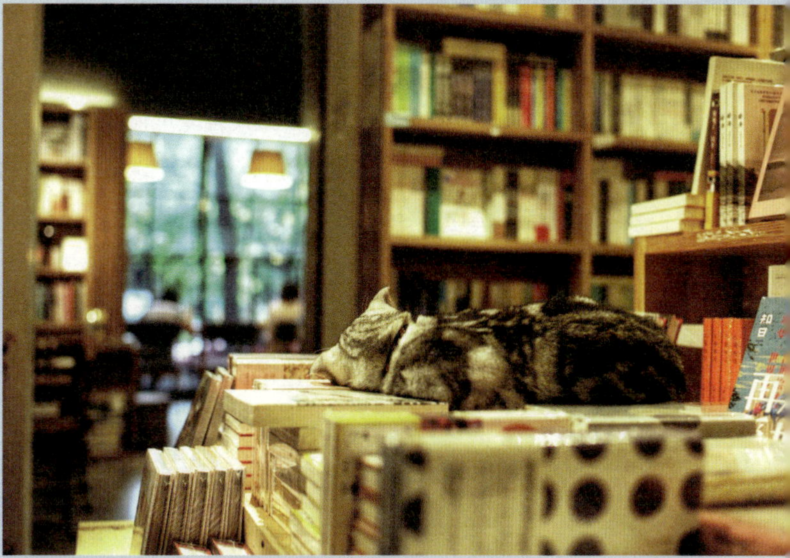

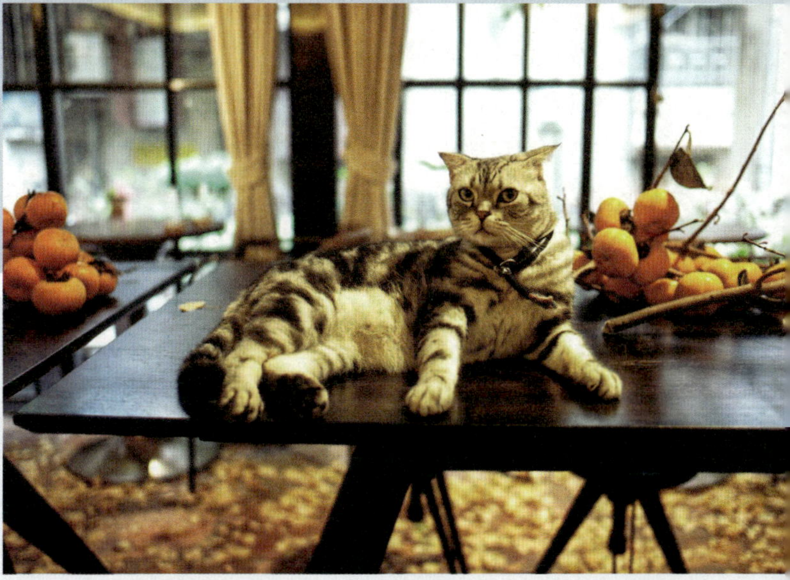

对于 20 世纪 70 年代初出生的我来说，如今早已过了不惑之年。年轻的时候，做过很多不同的职业，不断尝试各种新的角色，在这个过程中，遇见了书，鬼使神差地做起书店的行当，一做就是 20 多年。其间，几起几落，面对互联网的冲击和租金压力、人力成本等因素的巨大影响，从最初 500 多平方米的豪宅，几经搬迁，一度蜗居在 50 平方米的空间。

生意难做，家人也曾劝我转行。我也不知道为什么，反正就是从来没有想过放弃书店。我是幸运的，在最困难的时候，总能得到很多人的帮助。有些客人主动介绍业务，出谋献策，好像比我自己还要紧张，比我自己还要害怕书店歇业。读者朋友们谈起书店，总是随口而出："我们书店这样……我们书店那样……"一句"我们书店"，让内心充满了感恩和温暖。

就这样步履蹒跚地走到 2016 年，实体书店似乎有了起色，于是自筹资金，把先行书店搬到了自置物业里，也就是文中开头那栋老旧居民楼的首层。面积从以前的 100 平方米变成 160 平方米，后来租下隔壁单元扩成现在的 300 平方米。

以前的搬迁，纯粹是大店搬小店，书架、设备等还是用以前的，毫无设计的概念。而这次是从零开始，几个设计师都是先行多年的老读者。他们主动请缨，免费为先行精心设计布置，也有热心读者主动承担花园的料理工作，真的很感激他们。

先行书店能走到今天，不是我一个人的坚持，而是一群人的坚持。书店刚装修好的时候，我常常一个人在书店坐到很晚，不舍得走，喜欢，发自内心的喜欢，感觉像梦想成真一样。自己能拥有这么漂亮的书店，真的比中了 500 万彩票还要高兴。

有人说，有店，就会有人；有人，就会有故事。每天，一推开小栅栏门，这里就像小剧场一样，上演着各式各样人与书、人与人相遇的故事。

## 一家书店，改变一个社区

28年来，先行书店虽历经四度搬迁，始终不曾离开过这片社区。我在这里长大，对这里一草一树、一砖一瓦都有着很深的感情。书店的常客中不乏文化工作者，因为喜欢书店，甚至把工作室搬到了书店附近。慢慢地，围绕着书店，周边开始出现越来越多的艺术工作室、设计师工作室、花艺社、咖啡厅、艺术展览空间，以及各种各样有趣的小店。先行书店就像一条缘分的纽带，连接着社区周边的人和事。因为先行书店，社区的气质悄然发生着变化。

自先行书店以琉璃体形式立在垂虹路而后的几年，正是垂虹路名声渐躁的时候。传统和潮流在这里对冲，悠闲和创新在这里流动，很多人会把上海武康路和广州东山口的下一个"接班人"指向垂虹。但当你真真正正地站在垂虹，感受着紫荆花飘在缓慢节奏的风里，看着老人家们在公园、在路边闲逛和歇息，你会明白，温情和沉淀才是这里的主题。

脚踏实地，好好生活，才是这方水土的朋友们的第一课题。我希望，先行书店能让这片社区，继续健康地用新生代的姿态延续更多恒久不变的古老品质。

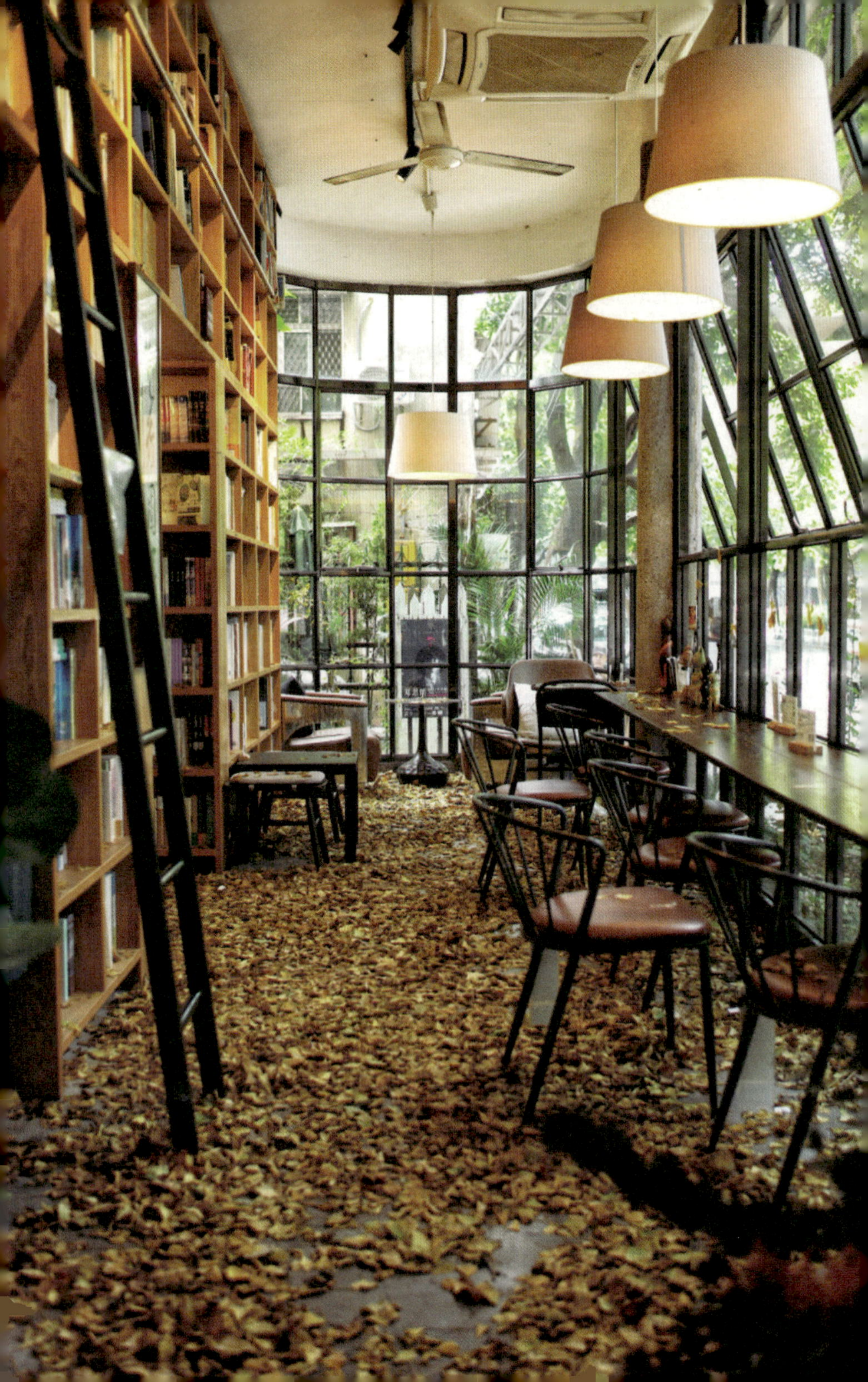

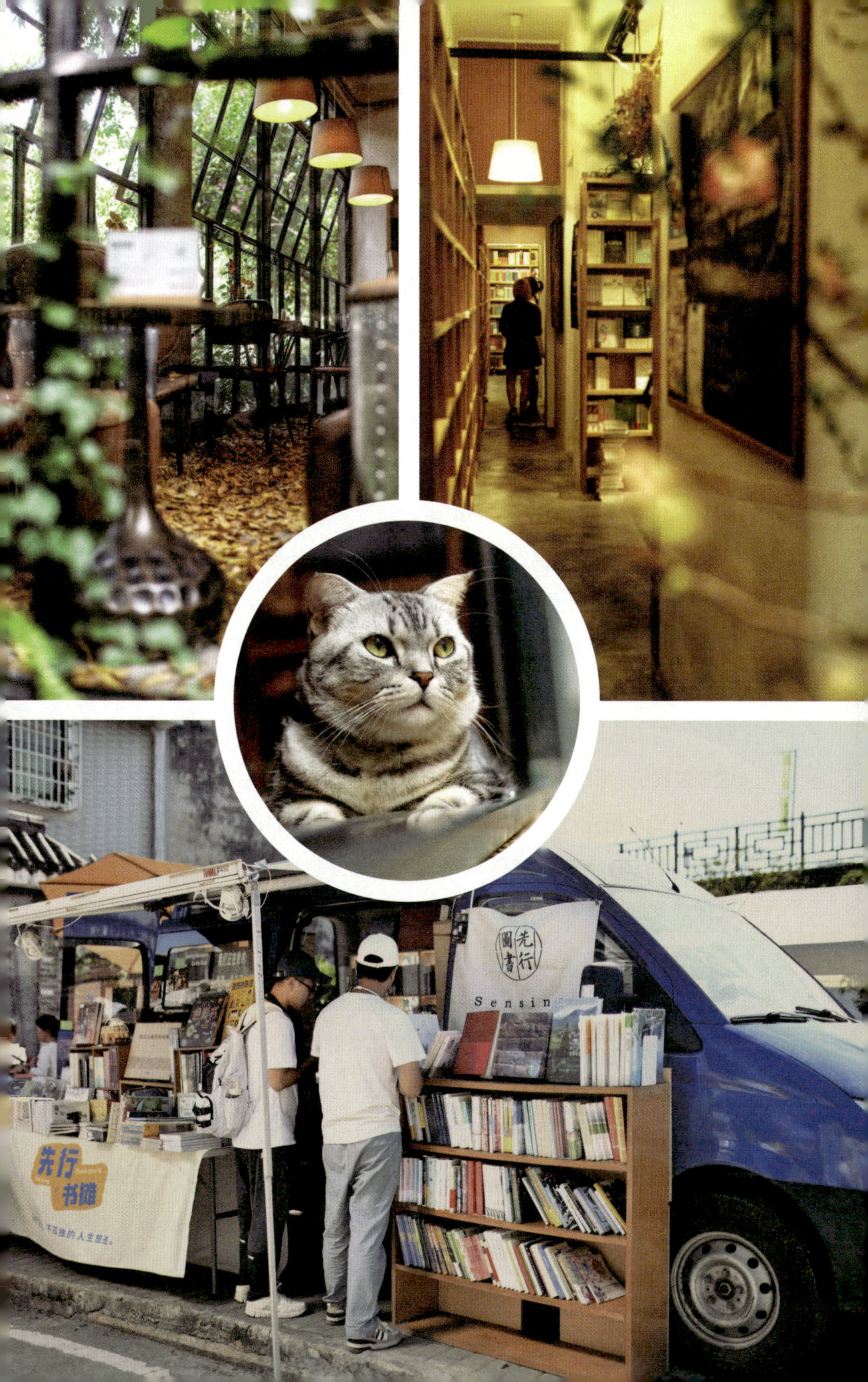
先行
书摊
Sensin

## 把书店装进商场里，把书店装进流动书车里

距离上一次在《书见》中分享书店的点滴，转眼已经过去四年。固守垂虹 20 多年的先行书店，也开始走向更远的世界。2019 年，我们在佛山南海开了第一家商场店——环宇城店，离开了恬静的旧城区，来到喧嚣的购物中心，一切就像从头再来。

租金的压力，团队小伙伴们的生计，让我不得不重新平衡书店的品位和市场需求之间的距离。完全妥协于市场的书店将是失败的书店，我努力地保留着先行特色，哪怕不赚钱，也坚持每月在店里举行各式分享会，坚持把品质新书放在 C 位。从开新店到现在，短短几年，我和小伙伴们被迫用一种过去没有的十倍速成长。商业世界运作的速度很快，无论是潮流更换的节奏，还是人和人的羁绊，与书店这种古老的行当中那种缓慢的沉淀都是不匹配的。在这个过程中，我们经历了一次又一次的阵痛，但结果总是好的。

坚持，是先行一贯的态度。开店四年，四届的换书大会，四届的黑胶 CD 市集，只要开始，我们就会想尽办法一直做下去。就像前文所说，有些事情不是看到了希望才去坚持，而是坚持了才会看到希望。

还记得开店前，我们在商场中庭开了第一场属于环宇城店的作者见面会，当时商场的顾客都非常惊艳，经过时都会说一声："哇！真的是写书的作者啊！"到现在，在南海的朋友们想参加一些文艺聚会，都会优先想到看看先行环宇城店这周有什么好活动。从零到有，到成为习惯，如果说商业世界带给了我们许多面对现实的理智，我们也给商业世界带来了许多不合理的浪漫。

不合理的浪漫不只发生在商场里，我还希望发生在更多更远的路上。读万卷书，行万里路。如果说，在万里路上能看到一个移动的书店，那该是多么有趣的事情！这几年，我尝试开启了"流动书车"的概念，把跟了我十余年的书车改装成一个小型书店，带着各式各样的书品，开到乡村去，开到创意市集去，更开到需要我们的希望小学去。书车出发的时间不定，路线也不定，一切随机，一路上，我们遇到了越来越多在社区中遇不到的书友们，从小孩子到老人家，故事的范围不断向着更大的世界延展。

在没有出发的晴朗周末，书车会停在先行垂虹店的门口限时营业。希望大家可以多来看看这个诞生不久的"先行移动城堡"！

### 为银杏叶打造一个固定节日

提到先行，现在很多人第一印象是金黄的银杏叶。每年深秋，先行都会在店内铺满银杏，已经是第十年了。

广东是个季节感不强的地方，为了觅秋，十年前，我骑车去

赏黄叶。忽然想到，家里行动不便的老人家也希望能看到一样的美景吧！我突发奇想，扫了几袋黄叶回来铺在书店里，没想到效果出奇得好！淡淡的银杏叶的味道融入书香，落叶的金黄色洒满书屋，浓浓的秋天气息扑面而来。从未见过银杏叶的小朋友甚至忍不住直接躺在书店的叶子上。接下来的九年，我们每年都坚持驱车几百里，走出广东，把秋天搬进书店，搬进佛山。就这样，"扫黄"便成了书店的传统节日了。

我觉得，先行的秋色之所以一直受到大家的喜爱，是出于佛山人那颗爱生活、爱浪漫的心。再则，这个城市还存在着很多爱书之人。因为书，让大家得以团聚，继而将原本不属于这个地方的金色达成了节日般的分享。

Sensing bookstore

首店开业时间：1995 年 7 月 16 日

书店格言：与书为友，不孤独的人生旅途

垂虹路店地址：广东省佛山市禅城区垂虹路 27 号

环宇城店地址：广东省佛山市南海区中海环宇城 2 层

岭南天地店地址：广东省佛山市禅城区祖庙街道岭南天地龙塘诗社内

微信公众号：先行书店

小红书：先行书店（垂虹路店）

## 28年编织书店风景

口述：徐智勇　龙媒书店创始人

整理：吴含

龙媒书店创立于 1997 年，记得当年发生了很多记忆深刻的事情，如香港回归、作家王小波的离世，以及电影《泰坦尼克号》在国内上映。而那时的我，刚刚离开学校，心境如白纸一般，尝试了短暂的第一份工作。离职后，我前往北京，大哥徐智明在北京创办了国内首家专门为广告从业者服务的龙之媒广告人书店。

在北京的最初半年中，大部分时间在大哥的书店帮忙，其余时间，我经常到北京的大街小巷走走看看，不知不觉我去的书店越来越多，印象最深的是风入松书店和万圣书园。这些社科文艺书店让我在工作以外，看见了书店的另一种可能，成为一个城市的文化人、爱书人的聚集地和精神家园。

在北京的这段时间，大哥建议我回秦皇岛创办一家服务于秦皇岛读书人的社科书店。自此，这个想法就开始在我心中生根发芽。有一天，我在三联书店看到钟芳玲女士的《书店风景》，书中以图文并茂的方式展示了全球各地的特色书店，满足了我对书店的憧憬。这本书让我坚定了回家乡开书店的念头。我想要创办一家服务于读书人、让秦皇岛爱书人聚集到一起的书店，能为大家提供深入阅读和各种文化体验的场所。

如今，我经营书店已有 28 年，书店早已融入了我的生活，亦可说生活即书店，书店即生活。这些年来，书籍不仅丰富了我的认知，还让我结识了众多爱书的朋友。在书店里，我不仅了解了各式各样的书，也通过书友探知了很多书之外的故事。

经营书店的初衷是一种热爱，后来则慢慢转变为一种责任。当下，我每天都在享受这种工作和生活状态，与各种各样有趣的人交往，向他们推荐适合的好书，也从他们身上汲取了很多养分。二十几年的书店生涯，与读者相伴同行，像是一场旅行，也是一段充实且愉悦成长的经历，我也从当年青涩懵懂的小徐蜕变为如今的老徐。

从1997年到2025年，龙媒书店已经陪伴了读者朋友们整整28年。书店经历了三次迁址，如今坐落于秦皇岛太阳城商业区步行街，继续为读者提供服务。不久前，一位一直以来支持我们的朋友带着她7个月大的女儿再次踏进书店，她在朋友圈写下："我是7岁时来的龙媒书店，我的女儿7个月就来龙媒了。"类似这样的故事在书店中有很多，我们相互见证了几代人的共同成长。龙媒书店像生态圈里的一棵树一样，让很多人受益的同时自己也在努力生长。

在2022年书店25周年店庆之际，与朋友们一同策划了主题活动——"树的邀约：再变成种子"。这个主题的灵感来源于马尔克斯先生的《回到种子里去》，寓意书店要再次焕发生机，如一颗新生的种子，伴随着新的梦想再度生长。虽然书店充满了温馨的回忆，但也要不断面对生活的挑战，就像一棵树要经受风雨的考验。近年来，我们一直坚持把好书带给读者，努力做好书店应该做的事，同时尝试去做更多的事情。为大家推荐好书，依然是我们的核心理念，选好书是一家独立书店最有诚意的表达。

前文提到钟芳玲女士的《书店风景》中描绘的场景,是爱书人的天堂,也是我创建书店的初心。这本书已经历了几次版本更新,从最初的轻薄平装本到如今的厚重精装本,钟芳玲女士通过寻书、访书,持续地丰富《书店风景》的内容。书中展现了许多独具特色的书店,如巴黎塞纳河畔的莎士比亚书店、旧金山的城市之光书店等。1997年,在我刚做书店的时候,这些书店形式还鲜为人知,但在今天的城市中,我们可以轻松看到它们的影子,一家好书店和真正爱书的人,是一个城市最靓丽的人文风景线。

如今,书店的经营方式正在悄然发生转变,在过去的十年间,互联网平台蓬勃发展,很多实体书店面临日益严峻的挑战。不过,借助众多新老读者朋友的坚定支持,龙媒书店得以保持原有风貌,一直守候着爱书人的一方天地。虽然龙媒书店保持平和的心态看待身边的变化,但不容忽视的是,绝大多数读者的消费方式、阅读模式已经发生了转变,这促使独立书店需要在保持传统的同时做出些许改进。

## 龙媒选书

首先,聊聊龙媒选书。对于许多人来说,选书可以通过在线平台自行挑选,或者倾听书评主播的建议做出选择。然而,对于龙媒选书来说,这只是一个方面。我想借用日本的职业选书师幅允孝的一句话:"选书师的工作就是好好挑选图书,并在各种各样的场所制造人与书相遇的机会,让人们愿意捧起书本。"

对我们来说，选择图书是日常工作的一部分。我们需要结合受众的特点，融入共情思维，深入了解书籍和读者的真实需求，同时考虑到场地和环境特点，根据内容关联性，对图书进行再次编辑，让不同书籍相互呼应，呈现出全新的表达方式。这一过程是让书籍超越书店的边界，走进更多人的生活。

在龙媒书店，每个月都会策划新的书籍展陈主题。我们挑选书架上的图书，按照主题精心陈列在最醒目的位置。我们的主题方向通常以近期读者广泛关注且感兴趣的热点为主，然后从书店的独特视角进行策划，深入探讨并延展主题的意义。我们将书籍以不同的方式相互组合，并亲自撰写相关文案，让读者可以多维度熟悉书籍，同时对陌生书籍产生阅读兴趣，引发更多思考。

2023年夏季，我们策划了一个音乐书籍展陈，因为那个夏天有许多相关音乐人的新书出版。借鉴了著名音乐人坂本龙一在北京举办的现代艺术展"观音听时"，我们精选出与音乐主题相关的书籍，如坂本龙一的《观音听时》《我还能看见多少次满月升起》、肖恩·伊根编的《大卫·鲍伊访谈录》、细野晴臣的《氛围驾驶员》、鲍勃·迪伦的《答案在风中飘》，以及中国摇滚音乐历史中的重量级书籍《红磡1994》。此外，我们还结合一些音乐赏析入门的书籍及其他有趣的读物，比如星野道夫的《魔法的语言》。

我们将书店内的背景音乐换为与音乐人相关的音乐，使读者在阅读的同时能够聆听与书籍密切关联的音乐。总之，通过这个音乐展陈，让读者更好地体验音乐与书籍的结合，在书与非书间

阅读，多维度地理解音乐艺术。

　　记得展陈第一天，那本《红磡1994》就被一位小读者买走了。这位小读者从小学就和父母一起来书店，现在已经读高中二年级了。虽然学习生活非常忙碌，但他每个月都会抽出时间来书店阅读，他喜欢推理小说和科幻类书籍。然而，当看到《红磡1994》时，他被深深吸引，以他的年纪应该对20世纪90年代的事情并不熟悉。没想到，他从小就喜欢听摇滚音乐，特别喜欢当年的"魔岩三杰"。在他下次来书店的时候，我会向他推荐最新出版的推理小说，还有那本马世芳的乐评《耳朵借我》。通过书展，读者在书店看到意想之外的书，而我们也看见了读者的另一面。

　　除了协助读者选择图书，我们也为秦皇岛本地的企业单位或艺术场所进行策划及相关书籍陈列。有一位老朋友，初来龙媒时还是学生，经常来书店看艺术类的书。后来，他离开家乡，成为专业的人像摄影师。2023年年初，他计划将自用的专业影棚改造成一个多功能的开放空间，既可用于平时工作拍摄，又能让喜欢摄影的朋友聚在一起。因此，他准备采用多元化的经营方式，规划了前院咖啡厅、简餐和后院影棚的布局。在这两个空间之间，他希望用书籍进行过渡，让来这个空间的人，除了享受咖啡和摄影之外，还能得到书籍的启发。

我们在空间初步装修完成后，进行了前期准备、中期资料收集和内容规划。最终，我们确定选择"摄影即生活"的大方向，旨在将世间万物尽收眼中，特别强调空间的包容性，展现了主理人对摄影工作的态度与专业度。

在此次策划中，我们选择的主题书籍，例如罗新教授的《有所不为的反叛者》，这本书从多个角度阐述历史，追索历史的纵深感，尝试发现和讲述不一样的历史故事。书籍与空间的理念相契合，示范了一种健康看待历史、追溯历史的态度和方法。

还有图像小说《方向》，这是一本没有任何文字的书籍，读者需要依靠自己的想象为画面（符号）赋予意义，每位读者都能从中找到独特的故事。这本书引导读者与作者之间建立深层次的联系。虽然只需短短 20 分钟便可阅读完毕，却能在读者内心留下深刻的印象。这类图书很适合在这种非书店的复合空间阅读。

我们希望这个策划能够让访客在以摄影为主题的空间里得到启发，无论是通过图像、文字还是摄影体验，都能够为他们提供与世界互动的新途径。这个策展案例也展示了书店的策划能力，不仅能为个人读者选择图书，还能为不同场所和企业单位提供书籍策划服务，以满足他们的不同需求，使书籍成为各种空间重要的组成部分。

## 龙媒书包

很多龙媒书店的老朋友，不仅自己喜欢读书，也喜欢给自己的亲朋好友送书。我们每个月都会接到一些替读者选书做礼品的订单。有一次，当同事选好书正准备包装时，突然冒出了一个想法：要不要给我们的选书服务起个名字？恰巧，一位朋友在店里，他提议叫"龙媒书包"，以一种新旧交替的形式，体会慢慢选书、慢慢包书、慢慢读书，让人们重新感受慢节奏的温度和人情味的体验。我们都觉得这个名字非常棒，一直沿用至今。

我们在"龙媒书包"推广活动中，通过线上线下同步宣传，吸引了很多读者购买"龙媒书包"。读者根据需求下单，我们按照读者需求精心挑选书籍，并使用我们设计的专属包装。读者在收到"龙媒书包"之前并不知道里面包含了哪些书，拆开包装的时候也就体验了一把阅读的"冒险"。

记得有一位读者，看到我在朋友圈分享的"龙媒书包"，直接来到书店并递给我们一张长长的清单，上面列了家庭聚会里所有孩子的姓名、性别、年龄及兴趣爱好。"每个新年，除了红包，我都会挑选几本书送给家里的孩子，希望他们从书中受益。阅读对我有很大的影响，我也希望让家里的孩子们享受读书的乐趣。以前，我总是自己挑书，今年来尝试'龙媒书包'的新服务。"因为选书效果好，得到孩子们的喜爱，这位先生连续几年在龙媒选购新年书礼。

## 书店里的生活家

自 2006 年开始，我们尝试在书店举办读书会活动，吸引了秦皇岛本地不同背景的读者参与，大家都对读书活动充满了热情。这些读者们拥有各自独特的观点和喜好，为读书会增添了更多的乐趣和选题储备。当我们讨论金庸的著作时，有的人可能会关注特定角色的故事脉络，有的人关注武功套路与人物性格，有的人关注历史场景和写作手法，等等。这种自由讨论和观点交流，能够让一本书呈现多种不同的面貌，让每位读者都能有新的角度和感悟。

随着时间的推移，慢慢地，读书会的举办逐渐增多，我们还尝试了一些有趣的主题，例如文库本"我们的口袋书"、图像小说以及每个月的龙媒选书和推荐新书，等等。我们希望读书活动可以拓宽读者的阅读边界，鼓励他们探索了解更多不同类型的书籍，从而丰富自己的阅读经验，搭建自己的知识结构。

从2016年开始，这些活动转变为以书和人为核心、推荐新的生活方式为主，被称为"书店里的生活家"。书店在过去的20多年里，接触了来自不同领域的读者，每个人都有自己的特点和职业背景。有些人之所以特别，是因为他们选择了与传统的朝九晚五工作方式不同的生活和工作节奏，始终追随自己的兴趣与热情。这些朋友各自有着令人兴奋的职场故事和生活理念，是很好的分享嘉宾资源。

"书店里的生活家"包括茶艺、红酒、黄酒、皮具、微景观、盆景、花艺等活动，以满足不同读者的兴趣和需求。这些技能活动为读者提供了更多元的文化和知识体验，帮助他们学到新的知识和技能，同时也促进了人际交往和互动。书店成了一个充满创意和创新的生活方式试验场，吸引了各类不同兴趣的读者群，构建了人与人、人与书的多元空间。

### 龙媒观影

龙媒观影是我们另一个线下活动，由书店发起、读者参与，我们经常会在线下组织一些以艺术电影和独立电影为主的观影活动，同时举办过系列纪录片影展、导演和主创人员见面会等。

第一场观影活动始于2016年《我的诗篇》，此后七年的时光，我们陆陆续续为秦皇岛的朋友们带来《四个春天》《地久天长》《坂本龙一：终曲》《掬水月在手》《棒，少年！》《一直游到

海水变蓝》等 40 余部电影作品赏析活动。

能阅读的不仅仅是书籍，还有电影和我们的生活。让好电影被更多的人看到，是龙媒观影一直坚持在做的事。

在龙媒观影的活动现场，观众会看到好电影，也能切身体会到电影文化的魅力。每次龙媒观影活动前，我们都会提前搜集与熟知推荐电影的各类相关资料，努力与导演和主创们取得联系，以书店的角度深度挖掘电影背后的故事与相关书籍，实现让书籍走出书店到有人的地方去，以书籍展陈结合观影，让观众了解电影的幕后故事，更加理解电影涵盖的文化理念。这也是龙媒观影的另一种生动展示。

### 万变不离其宗

经营龙媒书店的 20 多年，我们一直将读者的需求视为书店工作的核心。策划读书会、观影活动，邀请生活家分享，甚至走出书店，都是为了创建一个文化交流的平台，一个启发思考的场所。我们的目标并不仅仅是销售图书或播放电影，而是将书籍和影片变成灵感的源泉，激发读者朋友们的好奇心和创造力。我们致力于营造一个包容与共鸣并存的环境，一个人性化且充满温暖的书店，将书店做成一个服务于大家的生活家。

现在实体书店的业态丰富多样，但是书店的"筋骨"还是由书籍支撑，万变不离其宗，我们在做的是"把书籍的内容变活，融入生活，通过各种书与非书的内容，阅读与非阅读的形式，始终服务于读者"。

实体书店拥有向上的生命力，再变成种子的我们，正在生根发芽，努力成长。

龙媒书店
LONGMEI BOOKSTORE

开业时间：1997 年 5 月 4 日

书店格言：天马徕，从西极。天马徕，龙之媒。

书店地址：河北省秦皇岛市海港区太阳城商业中心广场银海大厦 312 室

微信公众号：秦皇岛龙媒书店

小红书：龙媒书店

# 7 喜阅在左　孤读在右

王忠　左边右边书店创始人

在这座离海洋最远的城市里,与一群对事物有长情、对生活有些任性的小伙伴,坚守一家小书店,不知不觉已经20个年头了。都说"书店是城市里不可或缺的风景",其实是人们对书店的一种情愫,阅读方式的变迁是社会发展的必然,买书现在已经可以随时随地实现,也让书店的过去与未来充满着话题。

1998年7月,刚出大学校门不久的我,开了一家没有品牌名称的书店,叫"乌鲁木齐广告人书店"。从严格意义上讲,那些年全国各地的广告人书店在以"龙之媒广告人书店"为行业领头的大势里,各地开花。当然广告人书店除了见证中国广告行业一段时期的起落与发展,也在全国书店的大体系里,以其广告人特有的"创意人文"视角,成为书店行业不可或缺的独特风景。

众所周知,书店不是一个赚钱的行业。在开始几年中,除了我和爱人晓玲一直没有雇店员。晓玲看店,我提货送书,一家一家广告公司跑,风雨无阻,一家默默无闻的小书店从诞生到成长,我们倾注最旺盛的青春和最投入的热情,除了卖书、送杂志,其间还办展览、搞讲座、开网站、设论坛……作为一家书店的生存与发展,我们从未放慢脚步。广告行业对广告人书店的认可,或许是我们最大的成就。在情感与现实的困惑里,从创业到守业的艰辛里,我们得到了磨炼,认知了坚守的价值。

从2000年13平方米的小书店,经历两次搬迁,我们还是选择将书店开在租金相对较低的写字间里。经过近10年的传统实体书店的平稳发展，2008年前后，传统广告行业随着网络时代的到来，极速变化，而作为以传播和贩卖广告专业书籍与资讯为生存根本的独立书店，尽管房租成本极低，但书店的营业额也只能勉强维持。如果还是固守自封，就算硬撑着也没有存在的意义了，现实是残酷的！

和许多独立书店同行一样，我们也经历了全国书店业的低潮，众多实体书店纷纷关门的新闻成了媒体的热点，其实那时我也曾一度考虑是否继续"前行"……就在那一年，我们又一次搬家；那一年，书店的生意有所好转，就这样，"广告人书店"又艰难地活了下来。

2015年，书店又回到了之前维持的现状，或许是自己内心对书店的感情就像父母对孩子一样，从小养到大，总希望他会越来越好，即便成绩不佳，只要能健康长大，我们就会不离不弃。也是从那时开始，我决定去掉"广告人"这三个字的专业"束缚"，虽然它从零开始陪伴我一起成就了一个书店人的梦想与坚守，但是我不愿让它这么可有可无地存在着。是时候去真正改变，或许才能有未来！

2016年，我把使用了18年的"广告人"正式改名为"左边右边"。

从正式启用"左边右边"作为书店名时，我就把自己当作一个初入书店行业的新人，用两年的时间，考虑如何重新面对过去与未来。这两年里，我参观考察了北京、广州、深圳、上海、杭州、苏州、南京、合肥、成都、青岛等地的不同类型的实体书店近百家。对这些书店的走访与学习，让我更加认识到做好一家书店，不仅是情怀的坚守，更需要不断创新与改变，才能让书店长长久久。

如果说当年开书店是因为年轻气盛，加上一些小情怀的个人喜好，经过 20 年的坚守，其间的磨砺足以让一个人变得风雨无惧了。从广告人书店到左边右边书店，我们走过了 20 年。

20 年，有幸让我成为新疆广告与设计行业的见证者与亲历者；20 年，让我有充足的时间翻阅与深读所有我感兴趣的图书，提升自己的内功；20 年，完成了"广告人"到"书店人"双重身

份的转变与认证。这两个行业就是不离我左右的全部。

第 20 年，我们迈出了第二步。在 2018 年 7 月书店 20 周年之际，我们筹备的左边右边第二家书店即将开业。

左边右边新店选址在乌鲁木齐城北新开的新世界广场二楼，在 1000 平方米的商业空间里，除了占主体的图书区域外，还有展览区、花艺区、茶艺区、咖啡区和文创区，以及特设的举行各类讲座与活动的舞台区与儿童阅读体验区。我们正在将左边右边努力打造成这座城市独具特色的复合式文化生活场所，让逛书店成为更多人的一种生活方式，这也是每一个坚守的书店人的理想

所在。

　　我们对崭新的左边右边的空间设计，按照简约加个性的设计理念，认真对待每一处细节的打造，换位体会每一位顾客的进店感受，想在钢筋水泥的城市丛林里，营造出一处温暖的书香加绿植的文艺家园。因为新疆有半年多都是冬天，所以植物是左边右边最令人惊艳的"主力队员"。书店西面有一面超长的落地窗，只要有阳光的下午，500余盆虎头虎脑的多肉与书香环抱，一屋的阳光与安静的读书人，在钢筋水泥的丛林里呈现一处令人留恋的文艺绿洲。

　　每到冬季来临，我们策划"阅来悦美　左边右边"多肉文艺植物展暨多肉植物摄影大赛，打造在冰天雪地的季节里最美、最文艺的阅读空间，吸引众多摄影爱好者拿起相机，走进左边右边，记录与感受书籍至臻与植物至美的书店特别体验！

　　除了要给客人不同的感官体验，作为一个老书店人，我们知道书店的灵魂是什么，好书店没有标准，但至少要符合我们自己

心理预期的要求。我们敬畏每一本好书，对每一本书是否可以上架，都有着严苛的选书理念。畅销书、常销书、冷门好书、个人喜好的书、独立出版物、杂志专区……这些有着左边右边的选择标准，我们常说："不怕顾客找不到他要的书，就怕一本好书不在左边右边。"除了保持我们自己的选书原则，图书上架我们也会按照全新的理念重新分类，同时，还要遵从不同读者的阅读层次和选书习惯。

左边右边一直坚持自己的选书原则，以"左边右边，只选好书"为理念，由优秀店员根据各大数据库及各自专业领域组成选书团队，除了部分按传统图书分类模式外，我们在主区设置"中国最美的书""豆瓣高分书籍""非畅销推荐""新疆本地出版物""汉声图书""文艺MOOK"，以及签名图书等专柜。左边右边把一进门的显著空间设置为主题书籍区，每季（每月）更换主题，更新美陈。

另外，书店也经常为所在的新世界广场设计制作不同主题的

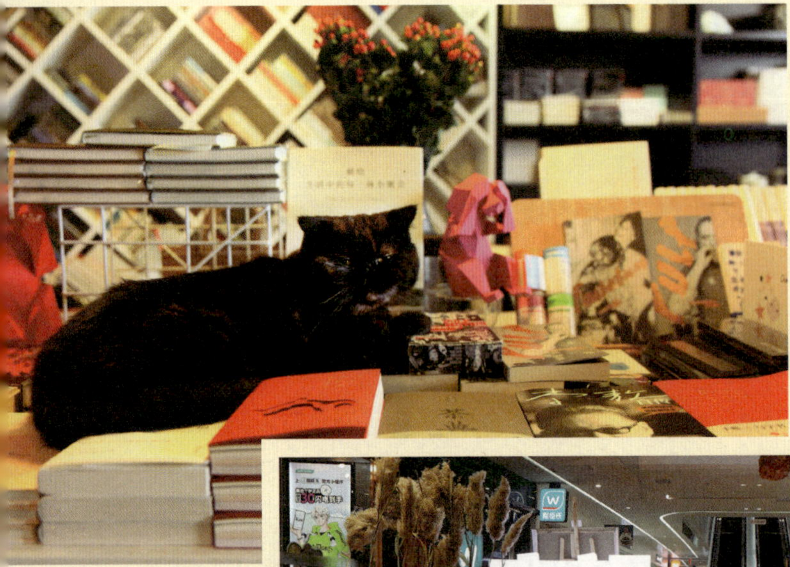

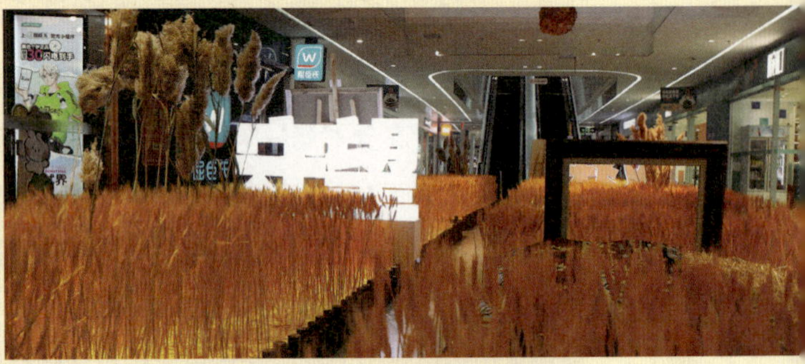

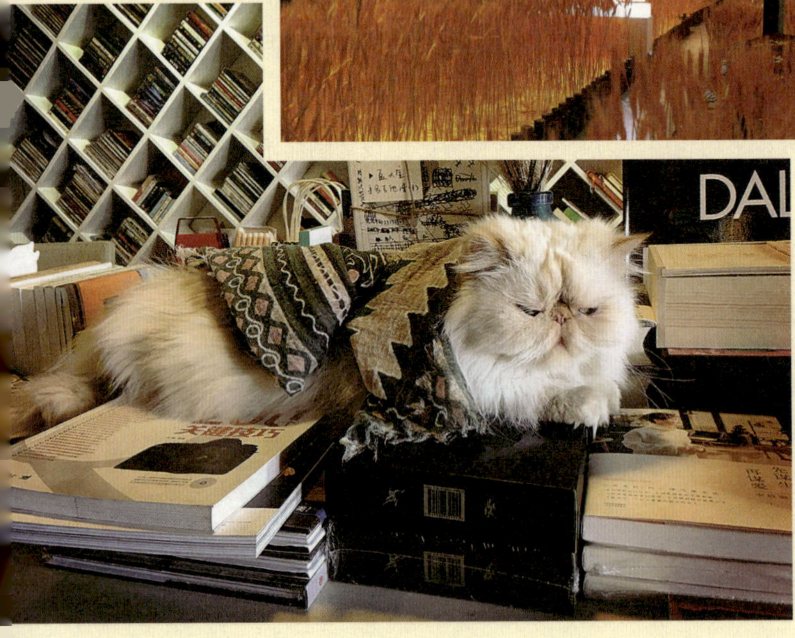
DAL
关键技巧

美陈。2023年4月，我们在商场一楼设计并执行了"读书日"主题装置，10月策划了"守望 收获"主题装置，让文化创意之美融入商业空间。

因为我对杂志情有独钟，所以书店从未对杂志失去热情。我们在书店咖啡区旁边特设专门的杂志销售区，汇集各类最新期刊，比如《读者》与《周末画报》会同时出现在杂志区。除供零售之外，左边右边创始店一直提供杂志订阅服务，至今也有20多年。

左边右边新世界店开业7年来，我们举办不同规模的各类文化活动300余场，不仅有作家签售、主题讲座，还包括各类生活和文艺类主题活动，比如小型民谣现场演出、古典吉他演奏会、钢琴演奏会，经常出现在左边右边书店的舞台上。

记得在2018年国庆节前夕，我们请来了新疆曲子剧团，在书店的舞台上表演传统戏曲，从那时起，我坚持把书店的舞台打造成左边右边的文化内核输出。

"左边右边美育沙龙"是在左边右边书店更名后开始的书店延展项目。从乐器到演唱，从书法到绘画，从舞台到展厅，从懵懂到认知，我们把音乐与美术培训和阅读空间完美结合，从培养儿童对美的启蒙与深入过程，不遗余力地尝试与调整，不拘泥于传统培训的教条和形式，创新阅读与多种文化体验的自然美学融入，形成左边右边独有的"美育沙龙"新模式。

书店做久了，总是有一种孤独感的存在，就像我一直喜欢老歌与收藏磁带一样，或许就是这份执拗与坚守，让我拥有他人感受不到的满足与"喜阅"。

"喜阅在左　孤读在右"就是在做书店 27 年的进程里，我提炼出的激励左边右边继续前行的书店宣言，希望传播给让每一位独立书店人，希望喜欢书店的朋友们都能感受到这份信仰。

对实体书店的未来，我也有很多困惑。如何让书店正常地运转，也是我每一天都在不停思考、不断尝试、努力寻找的生存之道。

从可以成为朋友的左边右边创始店，几只老猫、几棵植物，相互取暖，到标榜"创造一切可能的书店"的左边右边新世界店，我会继续守候一个"书店灵魂"的喜阅、孤读与梦想。

打开一本书，从左翻到右，再从右翻到左，认真完成你与作者的左右交流，这就是"左边右边"店名的由来。因为阅读不会消失，于是我笃信书店也不会消失。

**左边右边**
BOOKSTORE

🕐 首店开业时间：1998 年 7 月

👤 书店格言：创造一切可能的书店

🪧 创始店地址：新疆维吾尔自治区乌鲁木齐市沙依巴克区长江路 25 号
　　　　　　　新疆果业大厦 17 楼

🪧 新世界店地址：新疆维吾尔自治区乌鲁木齐市高新区长春中路 818 号
　　　　　　　　新世界广场 2 楼

💬 微信公众号：左边右边书店

📕 小红书：左边右边书店

萬邦書店
WANBOOK STORE
悦读/城市生活

8 阅读改变城市

**魏红建** 万邦书店创始人

我做了 30 多年书店，至今还不停歇，已经是书店"老人"，和我同一时间开店的，目前多半已退场了。人生是一场竞技，随时有人加入有人退出。我也被称为"前辈"了。

To be or not to be，this is a question!

是的，关键是还"活着"，还可以说。

做了 30 年书店，总有人问我，为什么做书店？

一是为了养儿子。儿子刚出生时，不想让他像儿时的我一样，缺衣少食没书读，生了就要负责。二是做书店简单，不就是找个房子，围一圈书架，立三尺柜台，卖书而已。谁承想做到后来，又要办沙龙、开讲座、煮咖啡等，复杂的程度完全超出预想。当然这是后话。三是缘于儿时强烈的阅读欲不能满足，留下了读书情结。

杜甫在《茅屋为秋风所破歌》中写下"安得广厦千万间，大庇天下寒士俱欢颜"，想必他还是有书读吧！

记得在 2000 年左右，有一本名为《读书改变命运》的书，我对这本书内容已经没有太多印象，但是这本书的主题启发了我——即书店与阅读。

于是想做一家像样的书店。什么样呢？起码要有影响力的。对标国内，当时很多地方都有这样的书店，大多在大城市。西安毕竟也是大城市，因此颇有些舍我其谁的味道了。做书店之后才

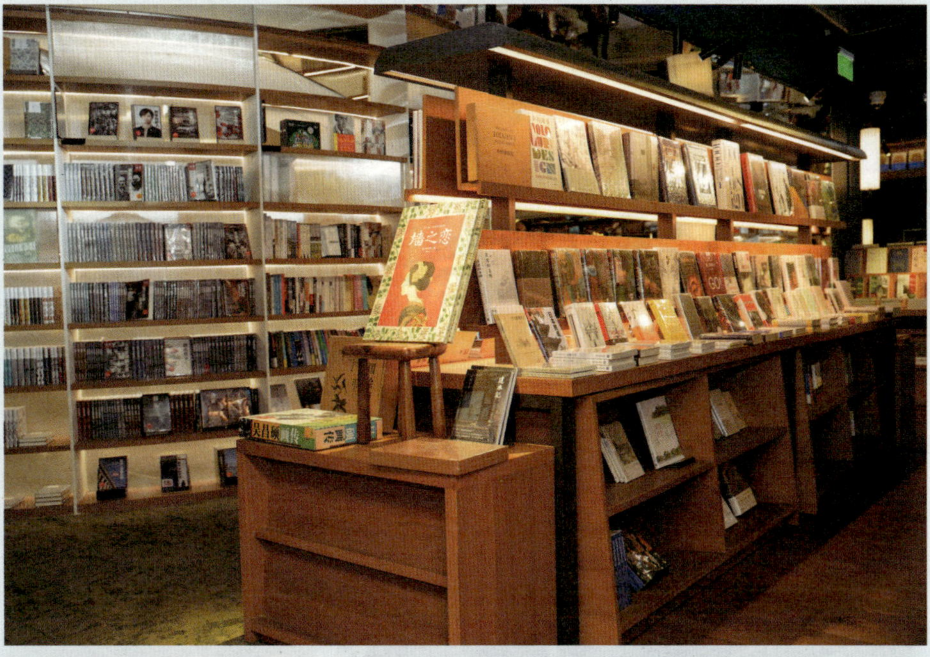
墙之恋

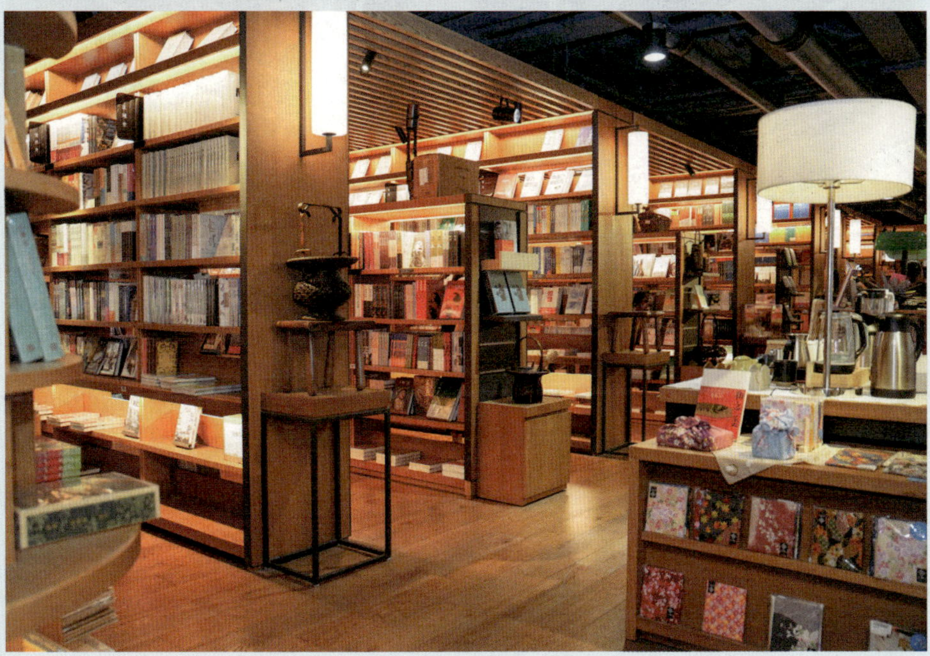

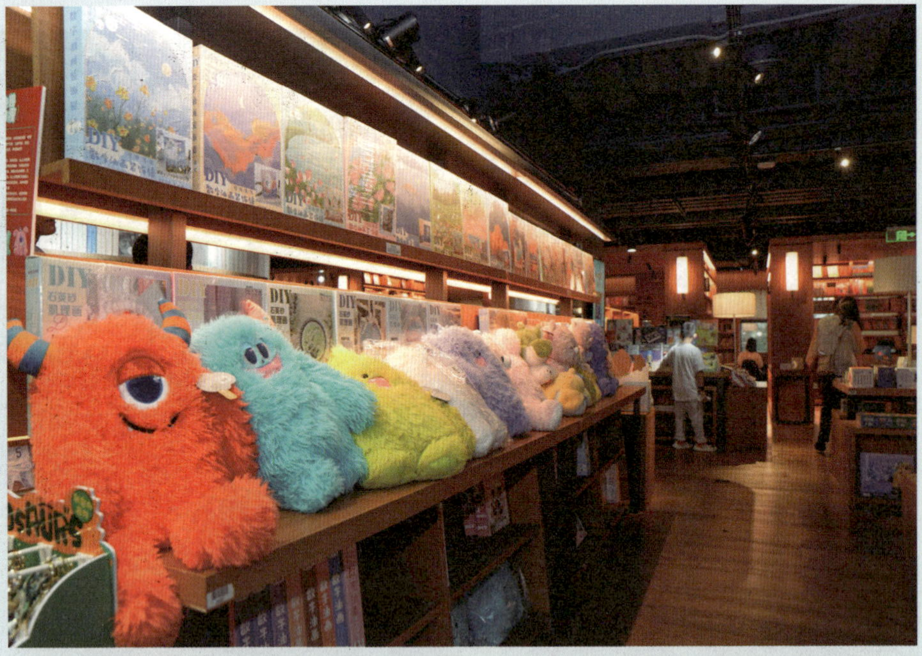
DIY

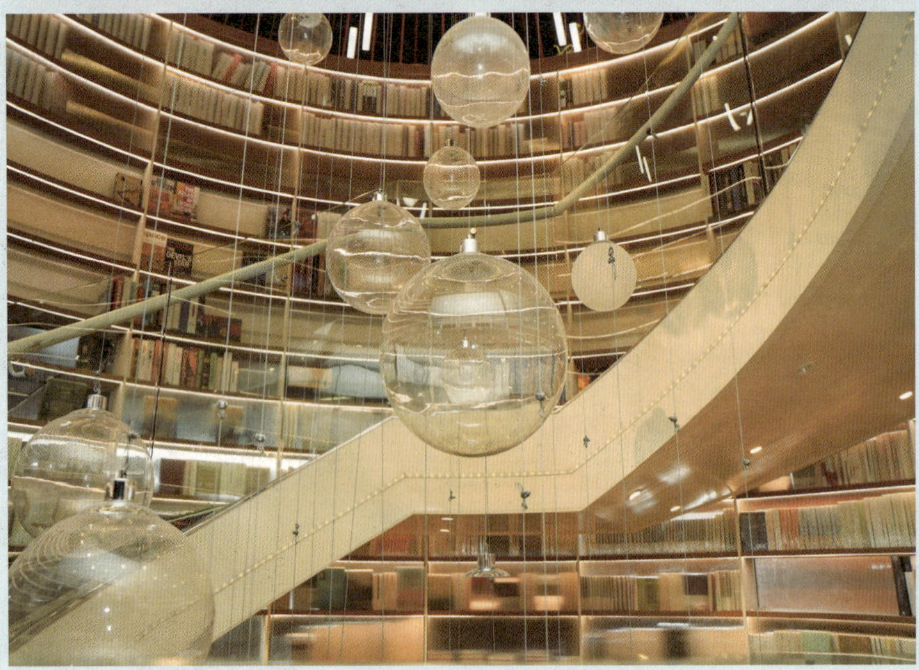

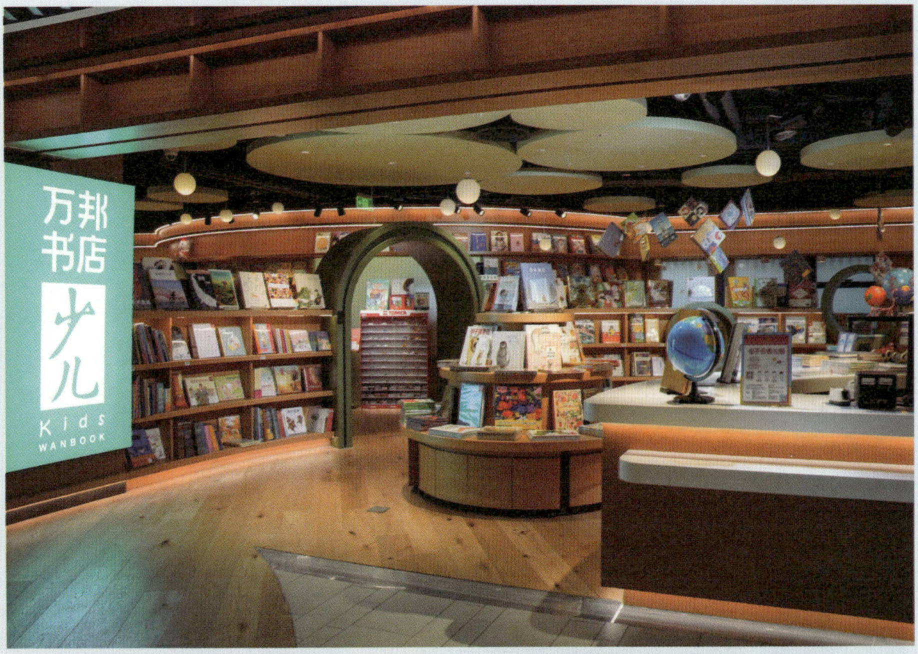
万邦
书店
少儿
Kids
WANBOOK

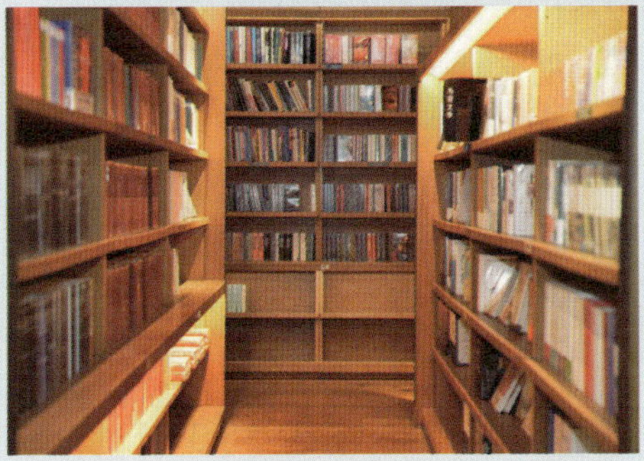

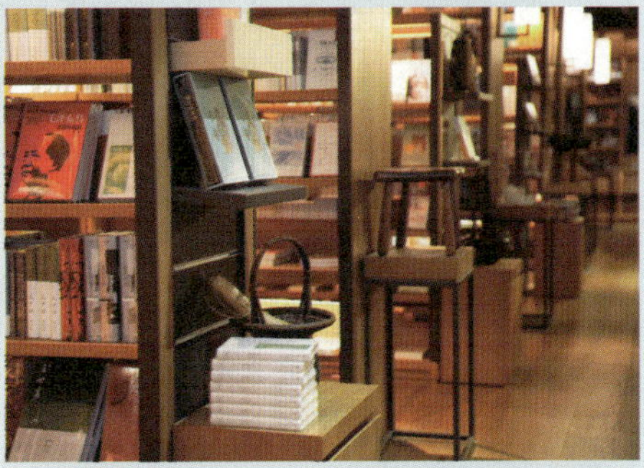

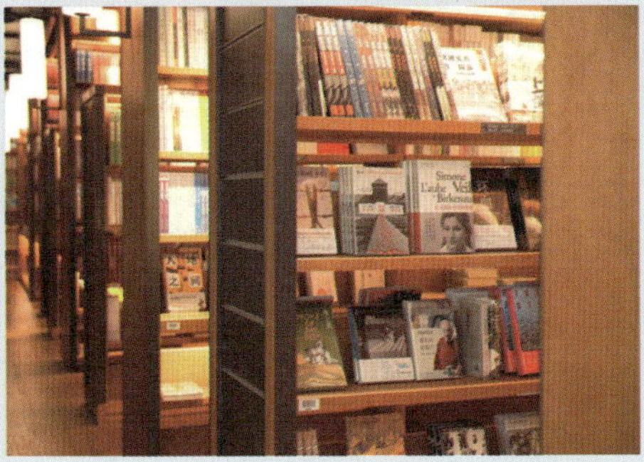

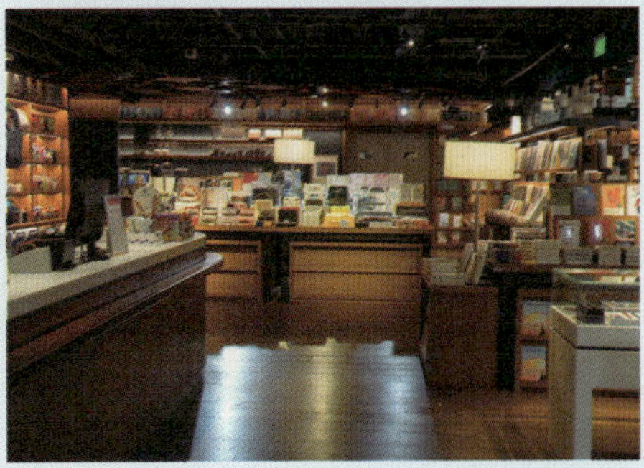

知道，太难了。

2000年5月，我看好当时在西安最繁华的商业中心——钟楼商圈，重要的是毗邻享誉西北的钟楼书店。钟楼书店是新华系，有人说我叫板，其实我哪有这心思，能做好自己就行。

这个地段是我最喜欢的，20世纪七八十年代，钟楼书店及其毗邻的钟楼报刊门市部，是我常去的地方。我在钟楼报刊门市部的原址上做书店，可能有当年在钟楼书店没钱买书偷偷蹭书看的美好记忆吧。

因此，我的书店卖书，也不仅卖书，还要普及并推广阅读。

我请了旅美教育学家黄全愈先生在西安和宝鸡的万邦书店做演讲签售活动。2000年，黄先生出版了《素质教育在美国》，引起轰动。之后，他带着儿子矿矿来西安，一个初中生，阳光大男孩，喜欢美式橄榄球；还有两个美国小朋友，一男一女，都是小学生，戴着眼镜，很顽皮的样子。

记得演讲时，黄先生讲了一个小故事：矿矿刚到美国上学，小学二年级。有一次放学回家，得意扬扬地和他说，课堂上老师给全班同学出了一道数学题"5+2=？"。同学们才伸出十个手指数数的时候，矿矿脱口而出，等于"21÷3"，然后一脸得意的样子。看到听众赞许的目光，黄先生说，这未必是好事。

2004年4月底，在小寨东路百隆广场的万邦书店开业，小寨是西安的文化中心。我请雕塑家王天任先生题写的"关中大书房"悬于店里最醒目处，从古雍州—宝鸡凤翔东湖苏东坡走过的地方，找来一块木质的老车轮，加上"关中大书房"，立在书店大门侧。小时候，我从幼儿园到中学，都是在"关中书院"旧址上度过，是不是有种缘分的暗示呢。

我加强了阅读概念的落地，增设专区书吧，即Wanbook Coffees为阅读消费区（Wanbook是万邦的英文名），位于二层一侧；更大的读者阅读区在书店的角角落落，散放了很多蒲团坐垫，每天来读书的人很多，其中一层大厅通往二层的楼梯是中心，很多人拍照留念，并进行创作，还有很多媒体报道。

后来，我还请了画家戴敦邦、作家刘墉、散文家林清玄、学者钱理群、企业家兼作家赖东进等在书店开讲座、做交流分享。

67岁的钱理群先生是偕夫人一起来的，我全程陪同。约好午后两点去酒店接他们，1点57分，我提前3分钟轻敲房门，房门立刻打开。去书店的路上，看到老先生手拿着讲义，有些吃惊。老先生说，要备课，多年的习惯了。老先生的演讲非常投入，全程两个半小时，时不时擦擦汗，现场挤满了读者。

万邦不仅邀请了很多作家、学者，更有音乐人、出版人、旅行家来书店交流，非遗传承人邰江平先生举办的凤翔年画展，摄影家秦岭先生的图书分享和摄影展，还有麻天阔先生策划的系列书法展，等等。

依稀记得2000年1月，我在北京图书订货会上看到，当当宣告成立的广告，之前还有瀛海威、8848之类，料想一种新事物渐成气候，一定会对行业有所冲击，印象颇深！

2013年，万邦和地产商合作，在售楼部开书店是我在推广阅读方面跨出的一大步，即用书店擅长的阅读概念，做图书作者与普通读者的链接，用文化氛围与读者人气加持地产商圈，活动主

青春文学
The gull sees farthest who flies
不可高声语
恐惊读书人
Love is neither true or false love is
青春文学

题的名字——"阅读改变城市"。

嘉宾史景迁先生年近八十，演讲时坐在高高的讲台而不是坐在讲台前的椅子上，两腿耷拉着前后晃动。之前听说过美国课堂很随意，可是这么大的学者如此随兴，还是有点吓着了。

在书店讲座前，陪白先勇先生漫步西安城墙，寻迹兴教寺，他说今天走在曾经汉朝的土地上，很荣幸！

2014年，林青霞的《云去云来》西安万邦书店签售会，据说这是她迄今唯一一次图书签售。当天读者太多，书店容不下，就在外面广场立了大屏幕。因为有朋友来，进不去，我出来接，结果也进不去了，只能在外面看大屏。林青霞说，如果一定要给爱你的人送礼物，就送书吧。据说当天有4000多人排队等待签名。

余光中先生来书店的时候，虽然已经87岁了，但精神矍铄。经纪人特别叮咛，活动现场不签名，但可以为主办方活动前签几本留念。我们非常珍视这次难得的机会。

随着推广阅读的概念一步步深入，书店已经不仅仅是书店了，更是一个文化交流平台。

"关中大书房"经营到第12年的时候，房东不与我们续租了，不得不于2016年1月4日正式闭店。2015年12月2日，"行脚成都"在今日头条发文《千万爱书人哭了，西安从此少了关中大书房，她曾创造西安文化传奇》："12月1日晚19:30，关中大书房举行了最后一场活动：钟芳玲新书《四季访书》分享会……适值关中大书房搬离在即，这个寄托了无数书友热爱与感动的口碑老店将在钟芳玲的到访后正式开始告别仪式。……当天共有西安本土30家媒体参加了采访活动，向一家书店致敬告别。

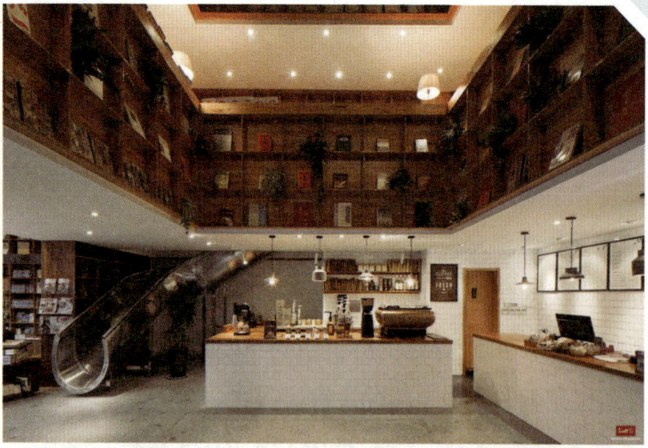

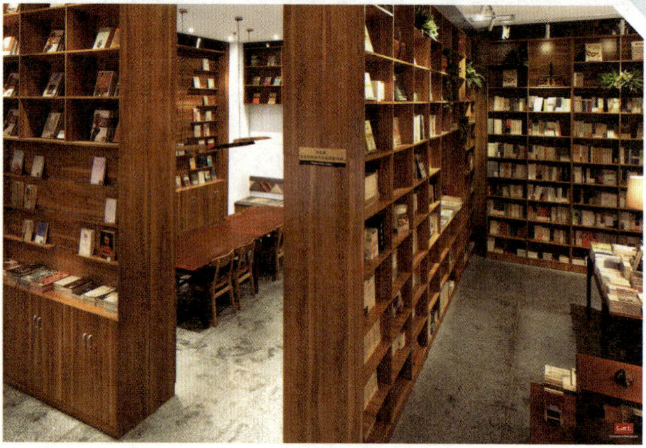

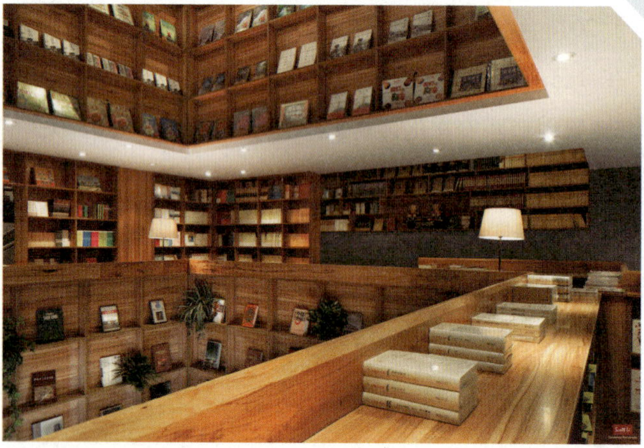

这在西安历史上是首次。"西安城记 2016 年 1 月 6 日发文《再见，"关中大书房"；再见，回不来的小寨！》："不只是城墙、钟楼是传统；50 年的学府建筑也是传统。西安，有 30 多家商场，但却只有一个'关中大书房'。"

用阅读概念做书店，可能吃力不讨好。坚持了这么多年，也没想要讨好谁，就想继续做下去吧。当时的想法是，把书店当作商业，作为商品的图书愈来愈不足维持书店的正常营收，只能依靠其阅读的属性吸引读者，做商业体的引流。于是，打造"Wanbook 阅读+"，形成一整套经营办法，把书店当作各种独立商业体的延展；创办"Wanbook 讲读会"，为读者营造有温度、有深度、有广度的读书会，建立更有意义的社会链接……

蓝海风是当时在建的商业体，位于西安北郊工业区。2018 年 12 月 22 日万邦蓝海风店开业，定位为"书店主题商业体"。商业体位于工业区的核心位置，有写字楼、酒店，而书店是其核心中的核心。甫一开业，人流如织、摩肩接踵，至今 6 年多，还被称为网红书店，应该是"Wanbook 阅读+"商业实践的典范。

蓝海风店同样请了很多嘉宾，有故宫博物院原副院长李文儒、作家贾平凹、文史专家宗明安、艺术家设计师朱赢椿、学者李开元等。

未来的商业或者社区，不应只有图书馆、美术馆、音乐厅等这样的文化体，还应该提炼其中的文化内涵，两者结合。通过我们这些年积累的经验，坚持如此运营，这正是万邦现在和未来一直要做的。

# 万邦书店
## WANBOOK STORE

🕐 首店开业时间：2000 年 5 月 1 日

👤 书店格言：在最浩瀚的文字海域中，提供细枝末节里非惯性的生活表达

🚏 蓝海风漫巷店地址：陕西省西安市未央区凤城二路 37 号蓝海风中心

🚏 陕图高新馆店地址：陕西省图书馆高新馆三楼西南角（天谷七路 899 号）

🚏 中大国际南大街店地址：陕西省西安市碑林区南大街 30 号 5F 西侧

🚏 古旧书房地址：陕西省西安市雁塔区兴善寺东街 6 号蓝溪花园 7B-012

🚏 银座店地址：陕西省宝鸡市经二路银座负一层

🚏 高新天下汇店地址：陕西省宝鸡市渭滨区高新大道天下汇商街

🚏 留坝书房地址：陕西省汉中市留坝县城关老街 34 号

🚏 秦岭无闲草·食间地址：陕西省汉中市留坝县城关老街 1 号

💬 微信公众号：万邦书店

📕 小红书：万邦书店

## 纯真年代书吧——生命的礼物

朱锦绣　纯真年代书吧创始人

## 作家余华说：锦绣生病，生出一个书吧来

天有不测之风云。

1999年1月15日，杭州最寒冷的一个冬夜，我被诊断为恶性肿瘤乙状结肠全梗阻，被紧急送进手术室。我当时就明白自己的病情，因为内科主任也在手术室，他对开刀的老院长说：这人很厉害，之前是厦门大学校长助理（注：我当时是厦大老校长田昭武院士的英文秘书），现在手术室外有百十来人等着。我知道，如果不是生死攸关，这么寒冷的冬夜不会有这么多人守着。

那年我45岁，我又一次站在人生的三岔路口。一场大病之后，有的人或者情绪低落消沉抱怨命运不公，或者洒脱些的去吃喝玩乐游山玩水享受余下的日子，而我却选择了创办一家书吧。

这大概与我们的家庭氛围有关。我的先生盛子潮，1985年从厦门大学中文系比较文学专业硕士毕业，回到家乡杭州一直在浙江省作家协会工作，后来担任浙江文学院院长，20世纪80年代从事当代文学评论，在国内已经小有名气。他喜欢喝酒，喜欢交友，我们家几乎天天高朋满座，谈笑有鸿儒。作为大学英语教师的我，很喜欢先生和朋友们这样纯粹的文人之交。

因为他的一副对联，让我感受到他的后怕和对我的眷恋。当我术后第一次化疗结束出院回到家，他告诉我在手术室外等候

时，眼前就浮现出一副对联。他写了下来，我把它放在餐桌的玻璃板下面。

上联：忆往昔，忆爱妻，从今后人生无趣
下联：思今夜，思终极，愿来世再做夫妻
横批：生死相恋

其实，这是一副挽联，但我不介意。我在乎的是我们结婚十多年，还能听到他对我真切的呼唤，我觉得即使生命就此结束，也是此生无憾了。其实我们每个人都知道生命有它的截止期，或迟或早。我同病房的另外三位病友都在那一年相继离世，我想在自己的大限之前做件有意义、有意思的事情，留给先生和孩子做个念想，留给社会我曾经的生命痕迹。

在我的先生和亲朋好友们的理解、支持、资助下，成就了今天的纯真年代书吧。

2000年9月28日，在杭州城西偏隅一角的文三西路上，一面写着"纯真年代"的旗幡在沿街的一个屋顶上挑了出来。她是那么弱小、那么稚嫩，注定要经受风霜雨雪的洗礼，注定要在物欲横流的商海里几经沉浮。可她对这个浮躁喧嚣的世界轻声地说：物质社会，我们仍向往纯真年代！

不懂市场调查、数据分析的我，只懂得将心比心——我将书吧与书店、图书馆、茶馆、咖啡馆、酒吧，甚至网吧等功能加以区别。

书吧是人们彼此走近的最好方式。不管陌生的人在哪里相

遇，他们可能不会因一杯酒的香醇、一杯咖啡的浓醇、一杯茶的清雅而滔滔不绝，但书籍不一样，书本来就是人们的谈资。对生活、对人生，人们有各自的理解与方式；对有关生活、人生的书籍，谁都可以发表自己的见解，仁者见仁智者见智，不管共鸣也好、争执也罢，都是一种思想的开放，心灵的交流。因为某一个共同的话题，人们就会话遇知己千言万语都嫌少。品着茶，喝着咖啡，读着书，与作者交流，文思相谐，书的作者永远不会拒绝你的亲近和理解；而且这里有一群与你心气相近的人——相逢何必曾相识？

不忘初心，方得始终。但是，论事容易，做事难。常常，路走远了，忘了当初为什么出发。

2000年9月25日，《钱江晚报》全文刊登了我在45周岁生日那个夜里写下的文章《好想开书吧》。那张旧报纸见证了我的心路历程。我在文章里写了为什么要做书吧，要做什么样的书吧——想融多种吧的功能于一体。在读图不读书的时代，在急功近利物欲横流的年代，这样的想法不合时宜，很"堂吉诃德"。但是，我的先生、我们的亲朋好友被我的创意打动了，打动他们的还有在实利时代升腾起的那一份理想浪漫主义气息。朋友们慷慨解囊，还不够，先生把家里唯一一套房子抵押贷款，只为圆我一个梦。

我的梦想是：以书为主要载体，通过举办各种各样的文化沙龙，为爱读书、爱文化的人群提供一个纯粹的阅读和沙龙环境，希望这个飘着书香、茶香、咖啡香的空间，弥漫书生学者的雅韵，氤氲文人墨客的情怀。

## 纸上谈兵到情怀落地

我是在"三无"（一无健康、二无经验、三无资金）情况下创办的书吧，只有一个非常简单的愿望：只要我生命尚存，只要书吧的经营能够顺利持平，我将努力不懈，一直把她办下去，成为一家百年老店，成为杭州的一个文化休闲空间。

生意惨淡的时候，有朋友建议：你是大学老师，请学生来陪聊可以刺激消费，周围那些小酒吧"有声有色"的，在商言商嘛，活下来才是硬道理。

应该何去何从？但是，我们坚守自己的初衷，不愿让书吧苟且地活着。就是这样的坚守，让我们挨过了艰难困苦的日子，让我们得以从现实的沼泽中抽拔出来，逐渐走向理想。

## 55 岁又是人生的三岔路口

2007 年年底到 2008 年夏天，杭州文三西路又开始了无休止的修路，一修就是半年，甚至一年，书吧门外雨天是泥、晴天是灰，顾客无法正常进门，但书吧的经营成本却是成倍上升（房租、员工工资、物价等），眼看着就要关门闭店。作为大学教师的我，完全可以重回讲堂，继续自己喜欢的职业，但视书吧为女儿的我，不舍 8 年多的努力——从不知书吧为何物的当年，把书吧做成文化界的朋友们喜欢的文化客厅，做成许多书友喜爱的一种生活空间。所以，我鼓起勇气给当时的市委书记写信，6 个关键词（癌症、书吧、影响、困难、求助、发展）引起了时任市委书记王国平的重视，他批示：应予支持！

2009年年初，景区应市委宣传部的要求，把纯真年代书吧作为文化品牌移址到宝石山。当时，也有朋友愿意出高价将书店转租做会所，而我的先生直接帮我拒绝了：那我们锦绣不是失业了吗？那时正逢金融危机，再借一笔钱谈何容易，但亲朋好友再次倾囊相助凑齐了资金。

我曾和儿子盛厦说：第一次开书吧，是老爸和我们的亲朋好友怕老妈癌病复发真的走了留下遗憾而宠我，但这一次的投入是我们的全部身家性命。原来的我毫无经验，现在的我积累了一定经验，但是，谁也不知道会出现什么意外。比如2003年，我们差点因为"非典"关门大吉，如果无力偿付银行贷款，唯一的房子势必会被银行没收，我们一家就会流离失所；再者，此次投入的这笔资金赚回来需要漫长的过程，万一出现意外，我和你老爸这辈子还不起这笔钱，父债子还，就是你的责任。

盛厦当时在银行实习。有天晚上，他对我说：我们同事只有40来岁，每天都说累死了想退休。我说我老妈都55岁了，还在宝石山上创业呢。他们听了可佩服你了。

听到孩子这么说，我深感欣慰。

## 要看书，先爬236级台阶

我们想挽留住大家匆匆的脚步，让大家慢下来，还想让大家爬上山，到纯真年代静下来，谈何容易！

酒好其实也怕巷深，何况不仅在深巷，还在半山腰，而且没有车可以直达。周围的朋友再次成为我先生的说客：台阶那么

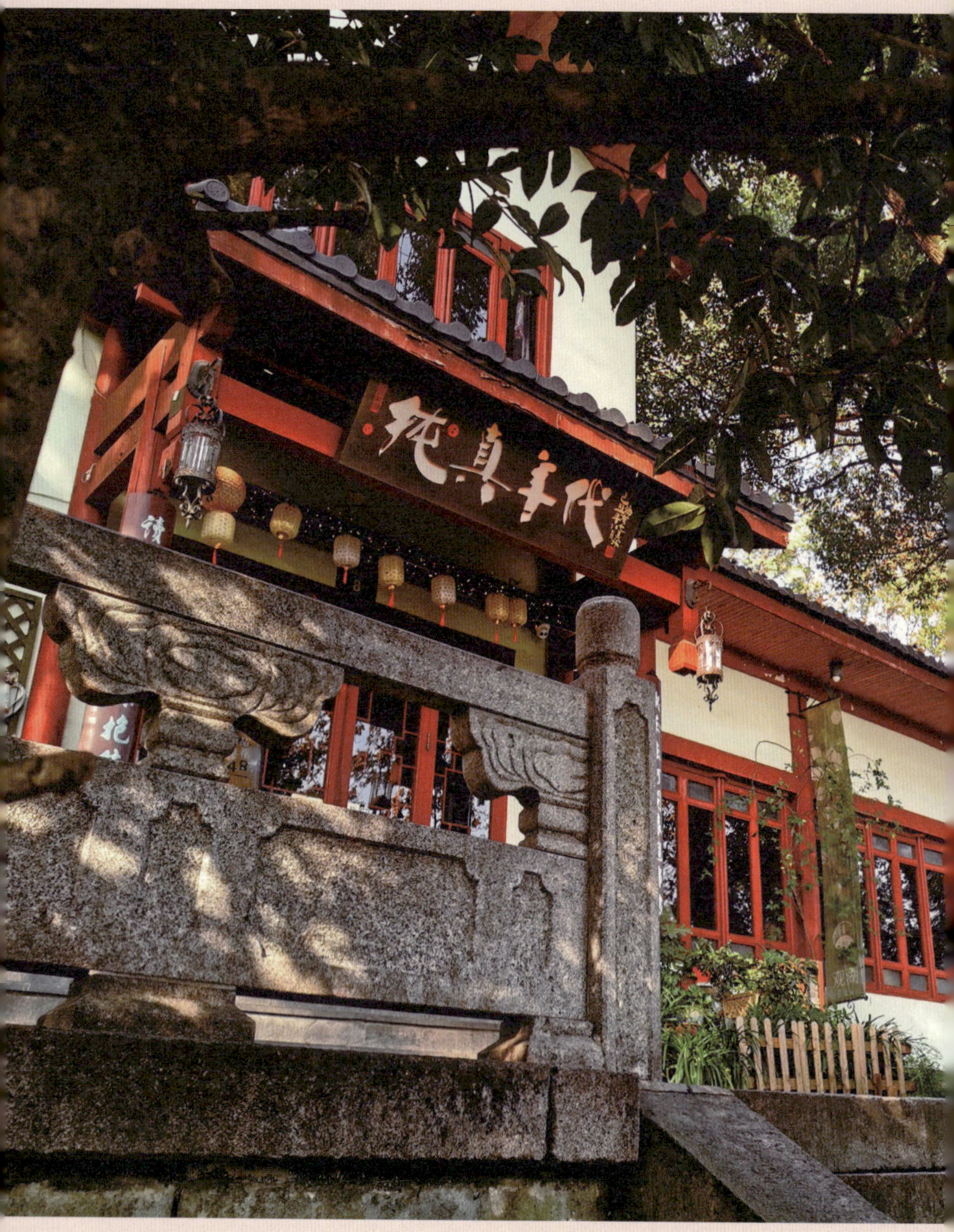
纯真年代

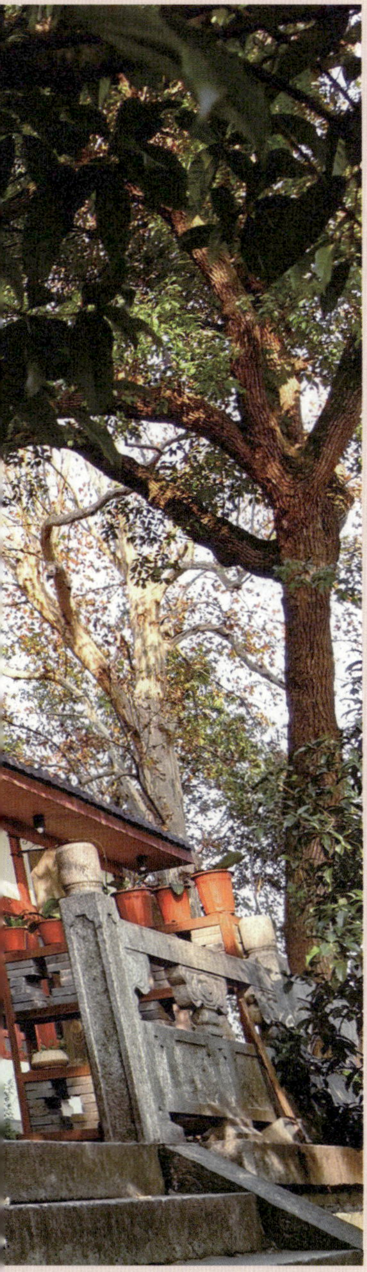

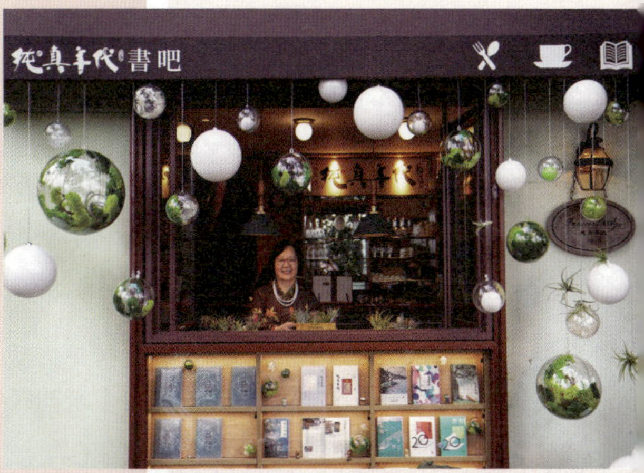
纯真年代書吧

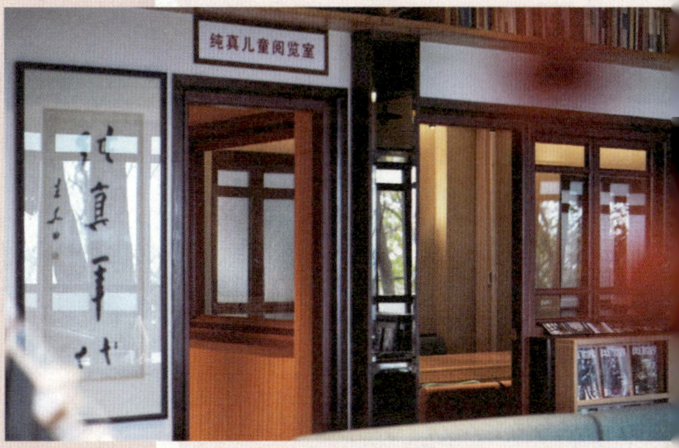
纯真儿童阅览室

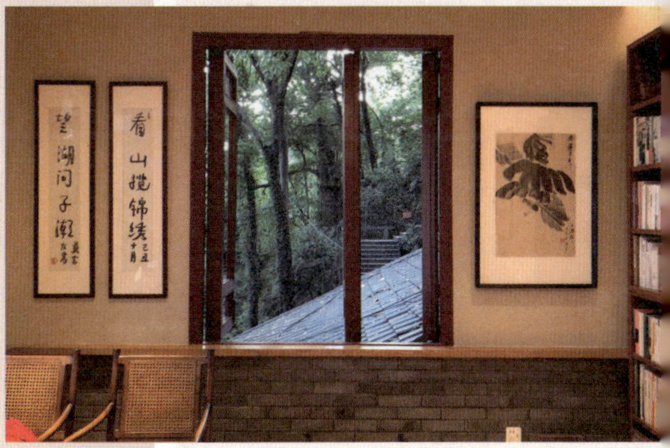

多，谁愿意爬上去？酒喝多了，摔下来怎么办？当时的我百口莫辩，但发挥了文字的力量，把宝石山的优势和劣势统统写了下来。

优势自不待言——杭州地标保俶塔的邻居、窗外西湖十景可见八景、绿树环绕天然氧吧……劣势就是这236级台阶。但是，这些台阶可以成为运动、健康、读书、休闲的理由，而且我将举办更多的文化沙龙来吸引目标顾客。

其实，比借款更难的是接下来的经营，因为书吧地处山腰，来店里的大多都是打牌、打麻将的客人，这里几十年都是他们的地盘，尽管他们的消费是书吧的主要营业收入，但是如果让他们继续占据书吧空间，一定会影响书吧的氛围和气质。我们决绝地苦口婆心地把他们劝离。至少经过一年半时间的艰难坚守，书吧才慢慢迎来了目标顾客。

我们就是通过不断地做文化沙龙吸引目标顾客。书吧高品质的公益文化沙龙，几乎涵盖每个周末的黄金时间，有的朋友觉得我们这样做不值。但是，我们明白，只有周末时间才能让书友从容地专心地来享受文化沙龙；书友从容专心地听讲座，会激发嘉宾分享的热情，从而形成更好的同频共振。

中国作协副主席张炜在他的《不践约书》分享会后曾留言：纯真年代，天下第一。这第一是纯真年代书吧窗外的风景是独一无二的；这第一是纯真年代书吧文化沙龙的品质是一流的。这样的举措，深受文化人和文学爱好者的赞许，在文化圈、媒体界、书业界都有着良好的口碑。纯真年代书吧被誉为"杭州文化地标""西湖边最美的文化客厅"，获得"杭州最具影响力阅读空间""杭州特色休闲示范点""全省实体书店示范店"等荣誉。

书吧的微信公众号不仅仅是发布活动信息的窗口，更重要的是我们花了极大的精力和心血，把每场活动的精华予以呈现，在网络上对阅读进行了更广泛的再度推广。

书吧每年一辑的文学迎新手册（由原创朗诵、沙龙采撷、书友慧言、媒体印象、锦绣微言等栏目构成），是我们当年收获的累累果实，也是献给嘉宾们和书友们的新年礼物，是存留下来的原生态的文学资料。这在全国也是绝无仅有的。

我们把原来的棋牌室设为一处文化休闲景

点，书吧的文化氛围烘托了宝石山的自然景观，宝石山的自然景观成全了书吧的文化地标，其人文环境与自然环境完美融合，充分展示了杭州开放包容与和谐优雅的精神气度。纯真年代书吧的美誉不仅仅局限于杭州，她的影响力波及全国，甚至更远。来往的文化界朋友们无不为纯真年代书吧点赞，常常有南往北来的书友，甚至外国游客慕名而来。

莫言的赠联"看山揽锦绣，望湖问子潮"是书吧的镇店之宝。看的是宝石山，望的是西子湖，而锦绣、子潮是我们夫妻俩的名字。对联道出了书吧的绝佳风景，也蕴含着文人之间的深厚情谊。

### 64 岁再次出发

已是抱第三代的年龄了，但我决定和儿子盛厦再创建一个书吧。

2018 年 9 月 24 日，18 岁的纯真年代书吧开枝散叶，首家分店入驻杭州上城杨柳郡园。让书和人发生美妙的联系，让人和社区产生美好的情愫，为街坊邻里营造亲切、温馨、富于品质感的文艺会客厅，是我们创办社区书店的初心。

杨柳郡店，前庭后院，宽敞、舒适、书香满满，我们把书吧的社区文化功能最大限度地体现出来，以此营造、影响社区的文化氛围。我们以孜孜不倦的文化热情，良好的社会影响力，丰富的软硬件条件，致力成为杭城社区文化休闲类书店业态的标杆，造福社区居民，为打造未来社区的邻里文化场景，提升精神文化生活的幸福感做出自己的贡献。

### 书二代盛厦传承"生命的礼物"

遗憾的是，2013年8月29日，我的先生盛子潮却先我离世，留下他的未了情。而我们唯一的儿子盛厦毅然决然辞去中信证券公司的工作，继承父亲的遗愿，帮助母亲管理书吧。因为他知道，纯真年代书吧是我和他的父亲互赠的生命礼物。

如今，盛厦做书吧已经是第12个年头，做书吧已然成了他的事业。盛厦吃苦耐劳、认真踏实，不唯利是图、不见钱眼开，努力发扬纯真年代书吧的优秀传统，为纯真年代书吧能继续朝着更高的文化目标前行，辛苦但快乐着！

时代在变，阅读方式也在变，但是梦想不变。让阅读成为一种生活方式，让沙龙成为一种生活品质，是我们一家人不变的心愿。纯真年代书吧，这份沉甸甸的生命礼物，是我们一家人的情感寄托，愿她带给更多人生命的温暖。

- 首店开业时间：2000 年 9 月 28 日
- 书店格言：西湖边的文化客厅
- 宝石山店地址：浙江省杭州市西湖区保俶塔前山路 8 号
- 杨柳郡店地址：浙江省杭州市上城区杨柳郡杨柳荟 18 幢
- 微信公众号：纯真年代书吧
- 小红书：纯真年代书吧

# 书山有路徐徐行

**康海燕　郑永宏**　枫林晚书店创始人

### 懵懂少年，悠悠书缘已扎根我心

我出生在浙江的农村，家境并不富裕，兄弟姐妹三个，我老大，从小便要帮助父母干农活。后来上了小学，也是一边学习一边干农活。三四年级时，我带着比我小四岁的弟弟上学。弟弟贪玩，爱到路边的小溪里摸鱼捉虾，我便坐在树荫下，掏出课本来读，四野的风呼呼地吹过耳畔，大团大团的流云相互拉扯着在湛蓝的天空游走，小溪边偶尔传来弟弟的欢笑声，那是我少年时最沉静也最美好的时光。也是在那样的清白之年，我在心中埋下一颗爱书的种子。

我的学习成绩一直非常优秀，但因为家境原因，为了尽早就业，只好选择就读中专。我考上了当时非常热门的专业——计算机应用基础。1998年毕业后，我到表哥在杭州的枫林晚书店上班，那是一份让我欣喜不已的工作。

有书读的日子过得飞快，我似乎又重拾少年时在小溪边读书的快乐，时光在指尖和书页的夹缝中悄悄游走，转眼就是几个春秋。有一天，我忽然接到了我的小学校长的电话，他希望我能返回学校，做一名计算机老师，并允诺每月2000元的工资。当时，我在书店的月薪只有800元。这无疑是一个改变人生轨迹的好机会。我跟老校长说，让我仔细考虑一下，定下来就马上回复他。

树林传来拔树的
声音，那是秋的
阳光扎墙壁■■
夜却将它吹凉。

——秋

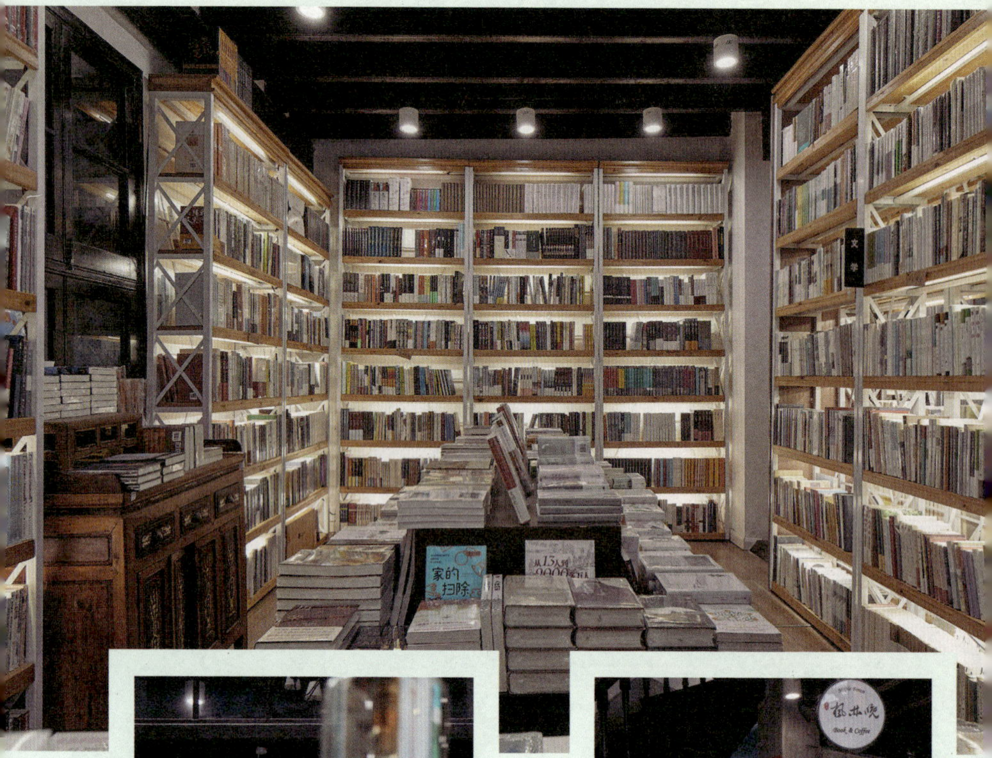
家的扫除

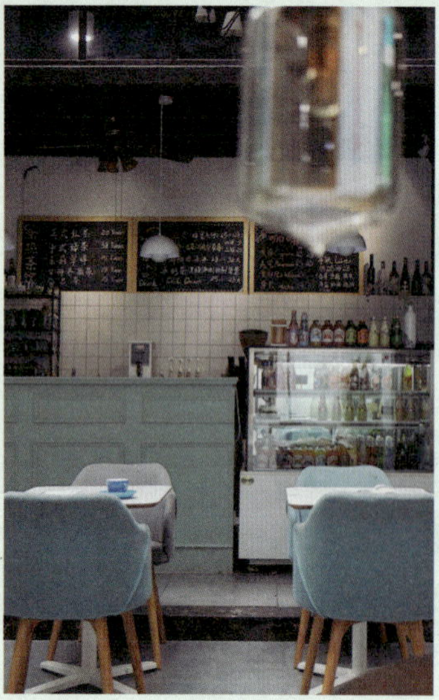

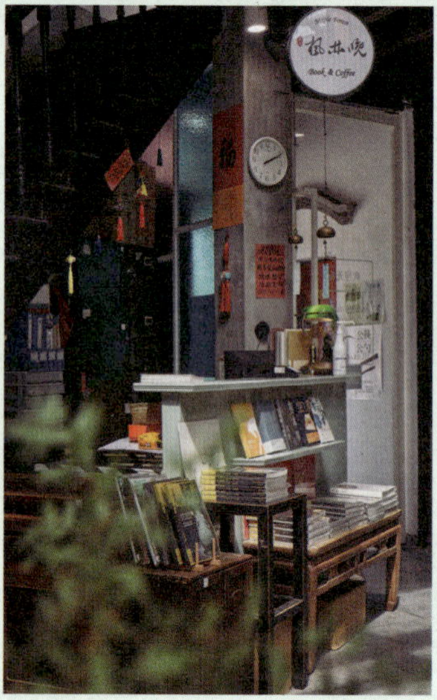
Book & Coffee

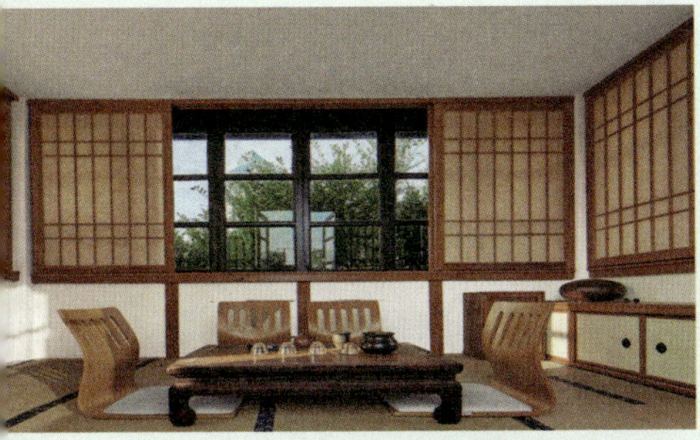
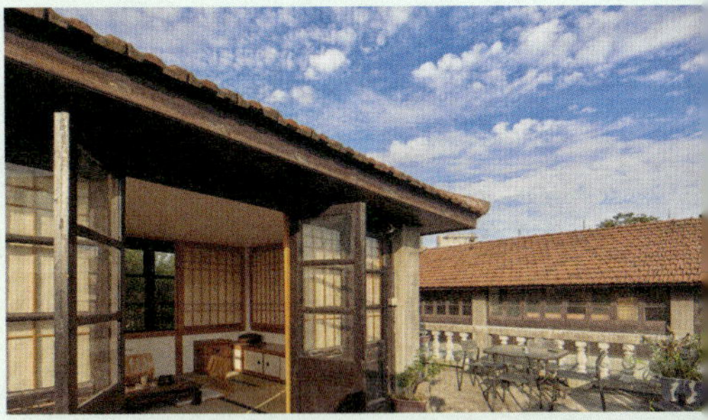
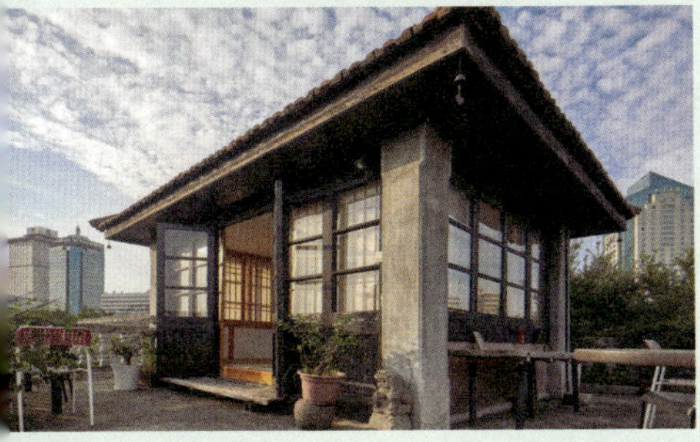
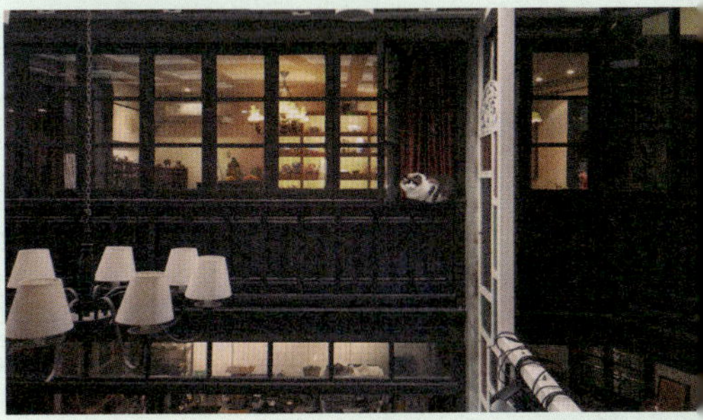
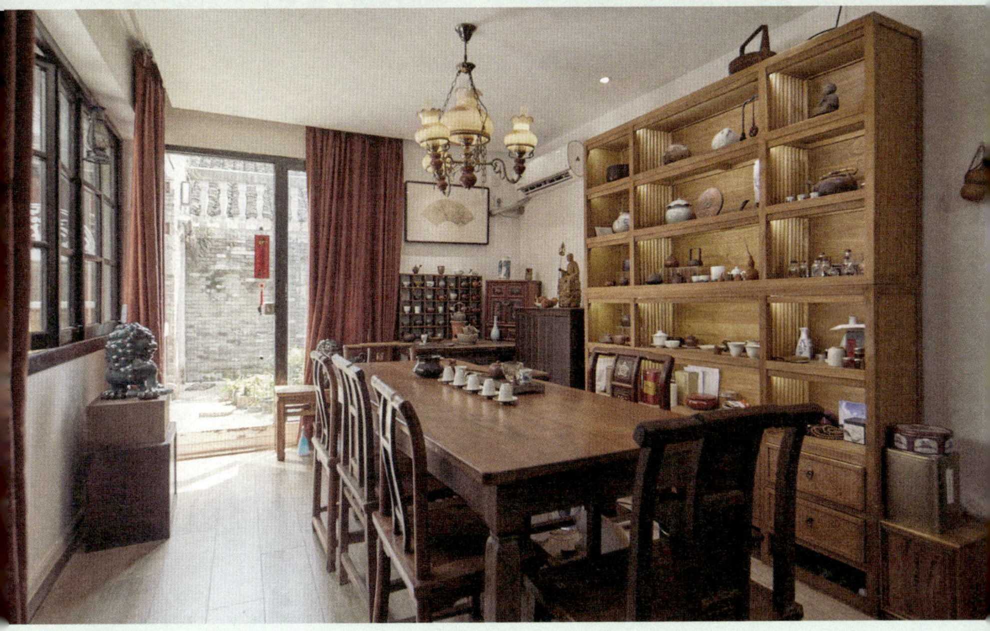

回到书店，正赶上新书到货，我撸起袖子，手脚麻利地投入拆封邮包、码堆新书的工作，一直干到黄昏。橘色的夕阳透过书店的玻璃窗，映照在书架上，店里暖暖的。人世间有很多重大决定，抉择时毫无征兆。而此时的我，就在这样一个温暖的黄昏里，心中忽然萌生一个非常坚定的念头：不回去做计算机老师了。我要在书店事业上，好好做出一番成绩。

## 枫林初创，好心人将我们留在了宁波

2001年年末，我遇到了现在的先生郑永宏。他也是个书痴，和他在一起最大的快乐便是谈论关于书的一切。那时，我俩正巧因一份工作要合作，我下班后打印浙江大学章学富老师的博士论文，然后永宏认真地帮我一一校对，共同的志趣爱好，日复一日地磨合，我们渐渐彼此倾慕，相知相爱。

2002年9月，我俩一起到宁波旅游。一下火车，我们就被这个文化底蕴深厚的城市深深吸引了。宁波市区里高楼林立，水网密布，清幽如碧，道路上的香樟树枝繁叶茂，杂花生树，全亚洲最古老的民间藏书阁天一阁，就安静地坐落在火车站旁的喧嚣里。

我和永宏竟不谋而合，要来宁波开一家枫林晚书店。2002年10月1日，仅仅一个月之后，我和永宏再次踏上开往宁波的火车。这次不再是走马观花式的游览，我们从鼓楼到东门口，接着到西门口，又一直走到体育场路。一位在宁波的同学带着我们一路讲解。

那时，鼓楼转角的黄金店铺都在招租转让，但是我俩不敢问，初来乍到的我们完全没有那样的经济实力。第二天傍晚，我们身心俱疲地坐在宁波的公交车上，在望京路从北往南行驶着，两眼望着窗外，心里不免打起了退堂鼓。就在这一瞬间，眼前闪过一排房子，就在一座公园之后，一座店面模样的房子映入眼帘——看样子还有空的店铺，我们决定去看一看。

跳下公交车，江南溽热的深秋扑面而来。我们携手而行，无数颗滚落的汗珠扑打在柏油路上，怀揣着两颗快要融化的心终于来到了西门口中宪巷。永宏与我边走边小声商议着，只听到一位戴眼镜的老伯问："你们要租店面吗？"我们停下来向老伯简单说了我们开书店的计划。老伯非常爽快，说："我这有一间店面，1500元租给你们，三月一付。"我俩一听，喜上心头，马上签了合同。老郑留在宁波，马不停蹄地开始装修事宜，我则踌躇满志地返回杭州。

书店的装修全靠我和老郑两个人完成的，搭结构，拧螺丝，做书架，把25平方米的三面书架墙全部装好。由于预算有限，其余水电、木工等，也是我俩自己动手。即便这样，书店的二楼，我们也没有经费再装修了，只是买了一架竹梯代替楼梯，一张100元的木工板作为床铺。就这样，在好心老伯的偶然相助下，在这个"港通天下，书藏古今"文脉悠悠的古都，在普通得不能再普通的城市一隅，我们的书店悄然扎根。

我们沿用了"枫林晚"作为书店名，一是想借杜牧先生这首《山行》之名，勉励自己，书店经营，如书山徐行，须步步努力攀登；二是希望能以"停车坐爱枫林晚，霜叶红于二月花"的境界自律，在沉潜中精进，越发从容。是的，枫林晚是古韵里的"书山徐行"，也是新文化的风雨长亭，在这小小的一框人生初梦里，我常常酣然入睡，醒来便是一个璀璨的黎明。

2002年10月18日，书店正式开业。为了吸引客流，我们在书店周边的小区发宣传单；顶着大太阳，骑两小时自行车到宁波大学，往学生的自行车车兜里放宣传单；甚至壮着胆子，跑到鼓楼城门口给过往的路人发宣传单。我们去了所有能去的地方。

一次偶然的机会，我在报纸上看到了《宁波日报》的读书版面，每周都有一版新书推荐，我们便主动联系报社。报社领导看到我们精心筛选的书单和书写详尽的推荐理由后，被我和永宏的认真态度打动了，最终我们幸运地得到了辅助这个版块的运营工作。能为爱书的人推荐图书，一想到这里，我就暗自欣喜。

随着读书栏目的持续推新，很多新老读者拿着报纸，给我们书店打电话。渐渐地，书店在宁波的知名度和影响力日渐上升，常常是一箱子书刚到店里，还没上架就有读者来挑选。这些老书友中，有不少是宁波隐居的藏书家。时至今日，很多上了年纪的老顾客仍喜欢到枫林晚买书，就是在那时结下的缘分。

枫林晚创业之初，我和老郑每天像上了发条似的干劲十足，精神百倍。我们深深地感念，那些在创业道路上默默帮助过我们的好心人、热心人，是他们的无私和热忱，让我们的小小梦想得以在这个浩大的城市生根发芽。也是在这个时候，我和永宏商量，要将枫林晚打造成一个有温情的城市书房：温情是枫林晚的阳光雨露，也必将是它和这个城市同呼吸共生长的纽带，我们就是要做一家"枫林晚照，人间有情"的书店。

## 苦心经营，像孟母三迁一样在迁徙中成长

为了扩大经营，我们将西门口不到 20 平方米的小阁楼店面搬到了鼓楼府桥街 100 多平方米的沿街店面。那时候，鼓楼一带既是宁波传统的文化胜地，又是有名的书店街，仅我们所在的府桥街，就有 4 家不同风格的书店。

我们每天抽身不暇地"绑"在书店里。可是年龄不饶人，双方父母看我们老不去登记结婚，一催再催。因为工作太忙，我们平时都无法休息，等到过年放假回家的时候，民政局也放假了。眼看过了 30 岁，双方父母下了最后通牒，我和老郑商量，在那一年的清明节赶回老家。

清明节民政局没有放假。我们兴奋地长舒一口气，竟异口同声地说："终于可以登记结婚了！"苦心经营书店多年，我和永宏之间早已有了心照不宣的默契，有了肝胆相照的深情，更有了同心同德的生命信条。清明节的结婚登记，更像是冥冥之中一种白头相守的贞兆。想到这里，我破涕而笑，幸福地望向永宏：以后，每年的清明节就是我们俩的结婚纪念日了！

幸福的时光总是脚步匆匆，21 世纪的第 10 个年头，电商迅速崛起，实体书店寒潮突袭，我们像是时代洪流中浮浮沉沉的小舟，刚刚扬起风帆准备启航，却不得不在汹涌的旋涡中挣扎突围，沧海一棹，万里飘摇。那时，生意越来越难做，在我们还未察觉之时，很多同行都已经敏锐地嗅到了实体书店行业的肃杀之气，纷纷关张改行，也劝我们一起另谋出路。

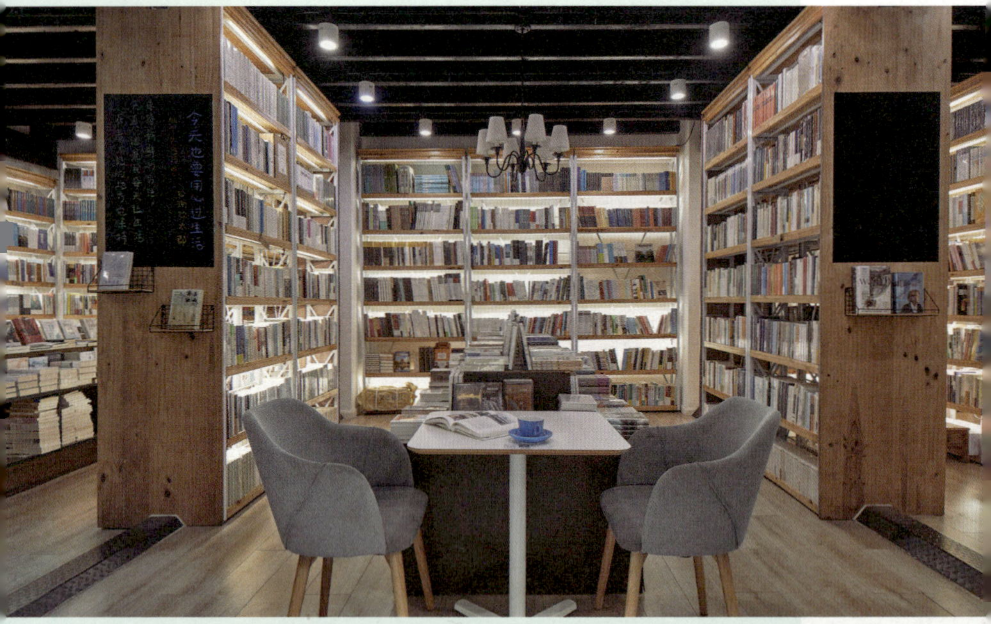
今天也要用心过生活

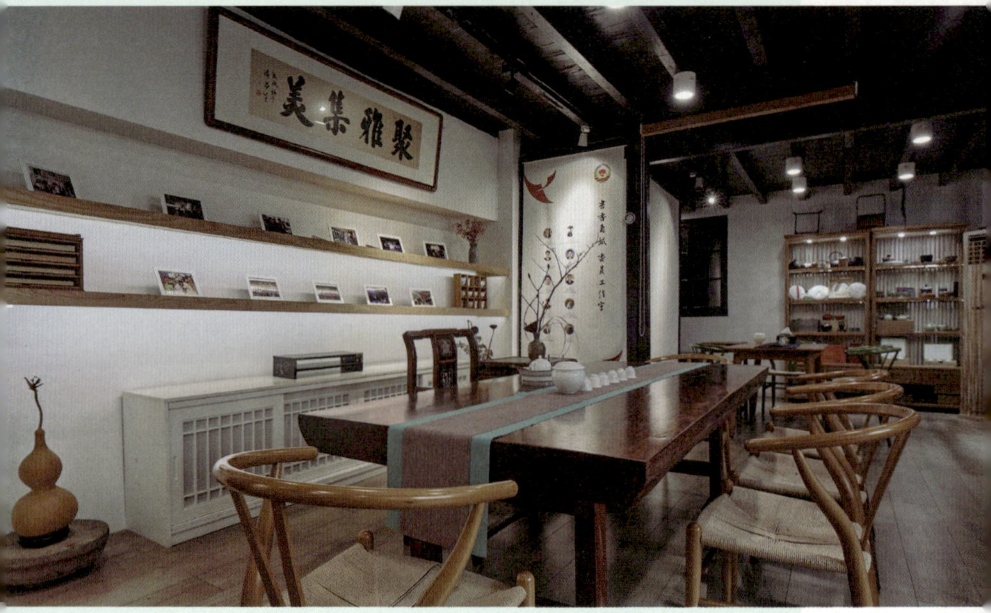
聚雅集美
书香南城 委员工作室

2011年，在书店最困难的时期，卖书所得还不够支付店面租金及出版社的书款，月月入不敷出到全年动荡亏损。2012年年初，店铺房租高涨，更是给我们的生活雪上加霜，店里一个帮手都请不到，只能靠我和永宏两个人苦苦支撑。看着书店风雨飘摇的样子，我的内心也开始动摇，想去做保险补贴家用，甚至已经通过自学参加了保险资格证考试。

但老天爷可能真的不希望我们放弃，在资格证拿到手后，我忽然发现：一个新生命即将诞生——我怀孕了。他很快有了心跳，很快在我的身体里晃动手脚。我强烈地感受到一个鲜活的生命扑面而来，也给年轻的我们带来了惊喜和冲动：想一想，要是孩子从小就能在书店里成长，在书籍的世界摸爬滚打，那该多好呀！对我和永宏而言，书店也已经变成和吃饭、睡觉一样的生活的一部分。我无法冷酷地割舍这样的生活，正如我无法不去热烈拥抱这个即将到来的生命。

寒潮面前，枫林晚由来已久的"温情"帮助我们挺了下来。由于我和永宏此前用心经营，和善而真诚地服务每一位顾客。我们赢得了稳定的顾客群体，枫林晚也有了自己的粉丝——"枫叶"，那是久经风霜、红胜春花的枫林晚的真朋友。

总有很多"枫叶"帮助我们。有一位老顾客，每个月都要来好几次，每次都挑好大一摞书，大多都是送朋友的。面对这样真心爱书的顾客，我每次都积极地记录他的需求，并和前面的书单反复对比，认真地帮他挑书、选书，日子久了，我渐渐摸准了他对书的喜好、品位和特殊要求，每次他来店里，我都能很快地帮他完成推荐。后来，老顾客夸我人好，有灵气，还开心地说：

"来枫林晚找书，就像来自己家吃饭一样，每道菜都可口。"这句话再次鼓励了我，把书店开好，光凭一腔喜爱是不够的，还得沉下心了解图书的内容，了解客户的具体需求，专业深入了，工作细致了，成绩自然也会来。

2012年年终，书店的房东忽然要回收房子，当时通知得非常急，没有给我们留下多少考虑和准备的时间。就在我们一筹莫展的时候，枫林晚的书友们知道了我们的情况，纷纷向我们伸出援手。有的帮我们联系店铺，有的帮我们打包图书，有的在媒体上发起号召，召集全城爱书人共同帮助我们。在搬迁的那一天，20多个书友自发来到书店，一双双无私的手帮助我们搬运一捆一捆、一包一包的图书，书友的接力连成了一条长龙，在鼓楼的老街上浩浩荡荡。这一幕，虽然没有留下照片，却永远留在了我的心里。

新的店铺也在鼓楼，离原来的店面不远，只是从一楼沿街挪到了二楼拐角，位置隐蔽，大大影响了书店的生意。有好多老顾客要打电话询问新店的位置，路过的书友也不像以往那么多了。

为了改变这样的局面，我们咨询了很多同行和朋友，最终决定改变原来单一的图书销售经营方式，在书店里提供咖啡、甜点，并开设了文创产品展台。为了进一步地聚拢书友和人气，同时发挥多年经营而积累的作家资源，我和永宏商量，在书店有计划地进行系列读书会活动。

万事开头难。我和老郑都没有文化活动运营经验，书店的日常经营已经填满了我们生活的全部，偶然腾出精力来仓促举办的读书活动，参加者也是寥寥数人。但我和老郑一起用心钻研，真诚地对待每一位到店分享的作家，认真地阅读他们的作品，发布细致的活动通告，通过研究往期的购书单，有针对性地对一部分读者进行电话通知。逐渐地，有书友自发地来做志愿者，帮我们策划活动，做主持人，做海报，做摄影师……枫林晚的读书活动竟慢慢地丰富起来。

永宏烧得一手好菜，有时活动结束很晚了，作家和书友们的谈兴甚浓，他便亲自下厨，在书店的阁楼里烹几道可口的小菜，再邀请作家、书友和我们这对老书虫一起入座，边吃边聊诗酒人生。

鼓楼白日的喧嚣已然散去，城市的华灯为老街笼垂着一抹静怡韵影。此情此景，我的脑中便回荡着诗人北岛那首著名的《波兰来客》：

那时我们有梦
关于文学
关于爱情
关于穿越世界的旅行
如今我们深夜饮酒
杯子碰到一起
都是梦破碎的声音

这便是后来享誉宁波城的"枫林夜宴"的雏形，也许当时懵懵懂懂的我们并没有怎样宏图巨制的构想，只是单纯地想款待作家和书友，想让思想的强音在书店的格子间里四下回响，想让一个有温情的书店，不但拥有家的体温，更应该有家的味道。几年后，我们的活动越做越好，著名作家止庵、阿乙、申赋渔等都成了枫林夜宴的座上宾。

2015年注定是很忙碌的一年。我们从年头到年尾，马不停蹄地联系出版社举办各种活动，还在人流密集的南塘老街景区开了一家以宁波本土文化为主题的分店。我和永宏都算是新宁波人，当初就是因为第一眼的缘分，才选择来这里深根成长，在这座书香古城生活了这么久，早已有了深厚的感情。推己及人，我们也想给其他路过或生活在这里的人，留下一点关于这个城市的美好印象。

2018年年初，枫林晚老店又迎来了一次搬迁。相较2012年的焦急出走，这一次的重组旗舰店，更像是一场旗帜鲜明的主动进击。15年间，书店三次搬迁，在同行纷纷搁浅、凋敝的寒潮之下，枫林晚劈波斩浪，逆势上扬。我们像孟母三迁一样，在迁徙中成长壮大。

## 书山有路，书友撑起温暖的家园

枫林晚是书友们的家，同时也是这个城市精神家园的缩影。

坐落在宁波南塘老街的枫林晚书店就是以本土文化为主题的。依托宁波深广的历史人文积淀，以及天一阁得天独厚的书楼文化，枫林晚书店联合文物保护管理机构和国内优秀设计团队，共同开发了一系列具有鲜明本土特色的文创产品。将宁波地缘文化、海派文化、书楼文化、耕读文化、梁祝爱情文化，由点及面进行有机串联，最终形成一脉相承、层层渗透的创意矩阵和产品套系，为推助本土文化贡献了自己的力量。

其中，由枫林晚主导开发，以绘制于1846年至1850年间的《宁郡地舆图》为蓝本的手绘宁波古地图，一经推出，就受到宁波市民和各地游客青睐。这样的爆款文创品，既有古风优雅，又有网红特色，兼具雅俗。枫林晚作为开发和传递本土文化的一员新兵，能有这样收获，让我倍感欣慰。

2018年1月27日，冬日的宁波细雨绵绵，寒意袭人，可我的心中却异样温暖。枫林晚（甬上枫林晚）旗舰店，同时也是枫林晚在宁波的第三家书店终于在月湖边的金汇小镇开业了。当天到场的嘉宾和亲朋好友有100多人，把这座始建于1932年的民国老宅"一言堂"挤得满满当当，书墨香混杂着新出炉的糕点香味在大厅袅袅蒸腾。

我的先生郑永宏站在主席台中央，我怀抱着我家二宝欣然地坐在人声鼎沸的书店里，回首16年的创业生涯，恍如一梦。

这座老宅子，毗邻月湖，葳蕤繁祉，静若临水照花的美人，当年它是宁波老字号——一言堂百货店老板刘延寿的私宅。一次偶然的机会，我们在查阅老报纸时得知，一言堂百货在19世纪末还是一家书店，叫作"一言堂书庄"。那时候，它不仅销售图书——经史子集、字帖画本、传奇小说、弹词曲谱、蒙学读物一应俱全，甚至连文具、兑币、换药这些业务也有涉猎。没想到一个多世纪后，我们竟然跨越时空，续上了这段缘分。老宅墙面斑驳，苍白的雕花门头和吱呀作响的木楼梯，总让人心生家园般的熨帖和安然。在梦想的道路上，我想我一直是个幸运的人。

当然，幸运还远不止这些。枫林晚的众多书友，更是书店的巨大精神财富。

93岁的方兆兴爷爷，是我们十多年的老书友。方爷爷从70岁开始学书法，每天写字、画画、教育门下弟子，每本经卷从头抄到尾，100个俯卧撑每次都能轻而易举地完成。

画黑板报的洞桥爷爷，写得一手漂亮的粉笔字。他常戴顶草帽，穿着绿色中山装，一双解放鞋，背着蛇皮袋，一周一次习惯性来书店买书，无偿帮我们出黑板报。每次洞桥爷爷从书店回家，肩上的袋子总是装得满满的。

吕维明老师讲《红楼梦》最受书友们欢迎，孩子们总是围着他，叫他吕外公。吕老师声情并茂、一字一句地给我们讲解《红楼梦》，让走进大堂的顾客和读者羡慕不已。

仇孟阳老师收集了不少明清时期的字画宣纸类书籍，身体健朗，隔三岔五地来书店挑选书籍，和我们成为无话不谈的朋友。仇老师把我俩当作他的孩子一样，经常打电话问我生意如何？身体怎样？如果我俩很长时间没去走走，一家四口好久没和他一起在门口那个小食堂聚聚了，他会捎来一封信详细问候，令我读得泪流满面。仇老师年纪越来越大，身体也一天天虚弱，但他早已规划好未来，决定把有价值的书籍和书画捐给宁波市档案馆。

有一次，蔡国黄老师和师母来书店，也不知聊到什么事情，我提及了自己的生日，结果说者无心，听者有意，这位父爱般慈祥的蔡老师每年在我的农历生日这天，都会拎着一大袋子零食来给我过生日，真的把我当作女儿一般对待。我无法表达惊喜和感激之情，每每想到这件事，便湿润了眼眶。

一路走来，我们认识了太多有趣、有心、有爱的书友，他们是枫林晚一路走来的良师益友，也是支撑我们把书店做得有声有

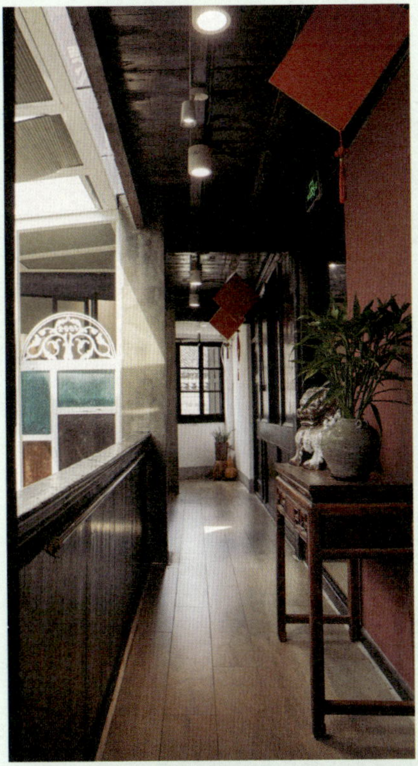
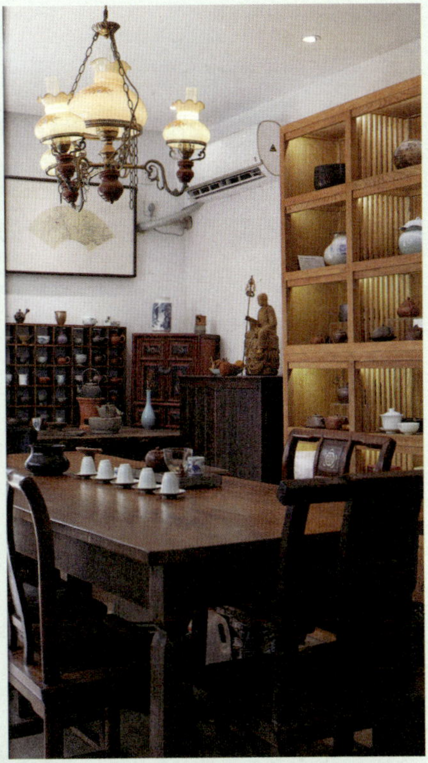
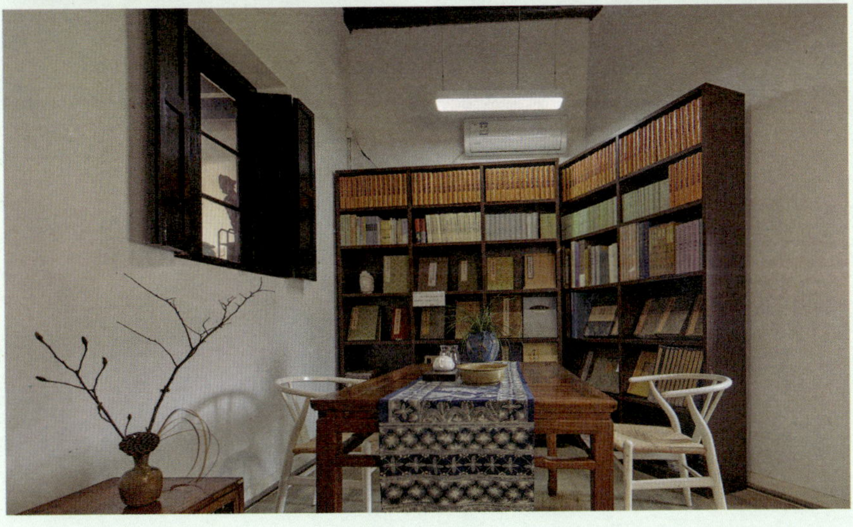

色的强大精神力量。

阿根廷著名作家博尔赫斯说过,如果有天堂,它一定是一座图书馆的模样——是啊,这座卷帙浩繁的书山,既是我们柴米生活的家园,又是我们精神长青的天堂,而我愿意在这座书山宝库中,热诚地服务书友们,做一名"风雨未还家"的樵夫,做一名"遥指杏花村"的牧童,更愿意尽情地拥抱着这"停车坐爱枫林晚,霜叶红于二月花"的诗卷人生。

甬上枫林晚

- 首店开业时间:2002 年 10 月 18 日
- 书店格言:让心灵回归纯粹而丰盈的精神家园
- 月湖店地址:浙江省宁波市海曙区金汇小镇内青石街 36 号
  (从金汇小镇地下车库 2 号或 4 号电梯上)
- 南塘店地址:浙江省宁波市海曙区南塘老街二期南塘河街 133 号
- 江北店地址:浙江省宁波市江北区环城北路西段 222 号
- 党校店地址:浙江省中共宁波市委党校 5 号楼明德楼 B 栋 1 楼
- 微信公众号:甬上枫林晚书店
- 小红书:甬上枫林晚

## 蓝月亮,一间有温度的书店

李英　蓝月亮书店创始人

王小波的《黄金时代》里有我最喜欢的一句话："那一天我21岁，在我一生的黄金时代，我有好多奢望。我想爱，想吃，还想在一瞬间变成天上半明半暗的云。"

于我而言，大学里曾有过三个梦想：开一个花店，把日子过成诗；开一家小咖啡馆，浪漫不急不躁；开一间书店，物我两忘惬意自在。

1998年7月，我从教育学院汉语言文学专业毕业，并没有成为一名教师，而是进入一家事业单位开始了我的第一份工作——会计。工作与所学专业并没有什么联系，三年后单位解体。后来，又做过酒店的审计、房产公司的行政。但我心中的梦想始终没有忘记。

失业后，一次城市间的游走，街上一间间的小书店，狭小的空间，书密密匝匝地挤在书架上，店里多是学生顾客。看着熙熙攘攘的人流，我突然一个激灵：为什么我们的县城除了新华书店没有一家像样的书店？我要做一家不一样的书店，开出我心中书店的样子！

我是"书店的孩子"，母亲是20世纪80年代供销社图书售货员，父亲更是爱书如命。儿时的闲暇时光，我都是窝在书柜的角落里啃着书长大的。跟家人商量我想开一家书店，圆大学时候的梦，父母很支持，想做就做，用心去做。带着这份家人给予的信心，我开启了我的造梦计划。

那时，大女儿一岁多，书店名就用了女儿的名字，寓意书店跟女儿一起长大，所以书店就像我的第二个孩子。我拿出所有的积蓄2.8万元，加上借的22万元，开始了我的创业梦想。

2003年仲夏，蓝月亮书店诞生了。简单的书架，零落的文学书平放在白色的书架上，没有任何经验借鉴，不懂定位，不懂销售，只有一个念头：可以泡在书堆里看喜欢的书。

我家先生最初并不支持我的选择，但我并没有考虑那么多，带着自己的梦想一股脑儿地扎了进去。

在开书店的这些年里，每个星期都去图书批发市场的各个摊位挑书、淘书。在书店里，我结识了很多学生顾客，与他们的感情最浓厚，从他们尝试地踏入书店到一有闲暇便会高频率地出入书店，和他们聊着上大学时的梦想、开这家书店的初心……不知道是哪个"点"触碰到了他们的内心，慢慢地从顾客变成了无话不聊的朋友，看着他们青春洋溢地经历中考、高考，在烈日炎炎的仲夏送他们走进各自喜爱的大学，再到踏入社会成为各行各业的白领精英、成家立业。

因为看过他们喜欢的作品，见证了他们的青春，小书虫们喜欢跟我聊聊作品里的人物、情节。慢慢地熟络之后，小书虫们只要有闲暇就喜欢泡在书店里，很多学生家长很纳闷，这么小的书店究竟有什么魔力一直吸引着他们，就算是在市区上学，周末回来的第一件事也是来书店，而不是回家。

实体书店坚守不易，但是总会有柔软温暖的感动让我觉得坚持的意义所在。人性亦如此，坚持做自己擅长的事。

开业时，书店的市场定位"剑走偏锋"，在这个县城除新华

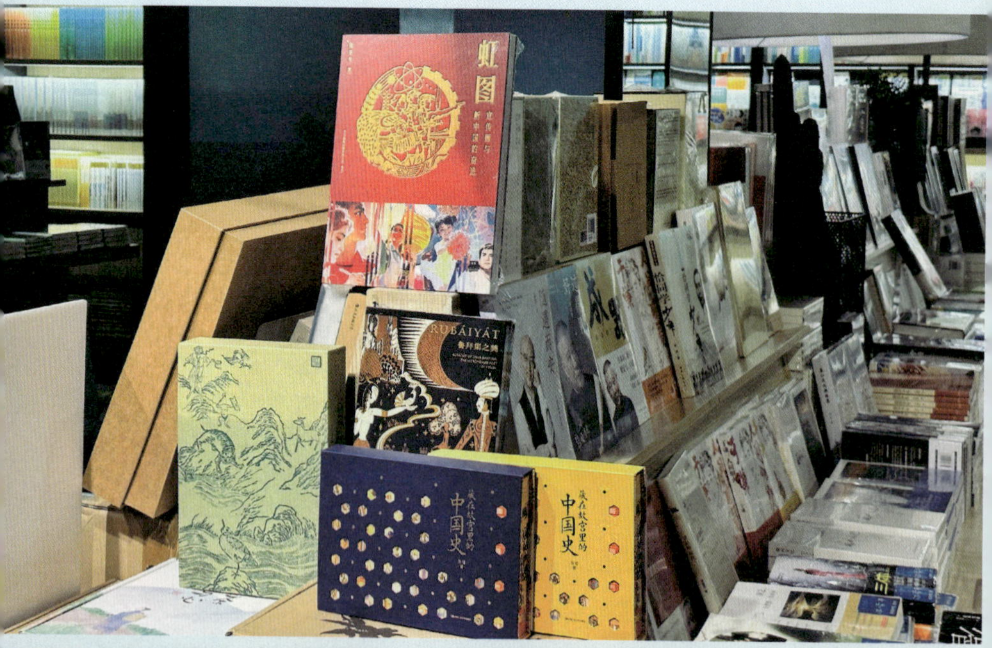
虹图
RUBÁIYÁT
鲁拜集之美
藏在故宫里的中国史
藏在故宫里的中国史

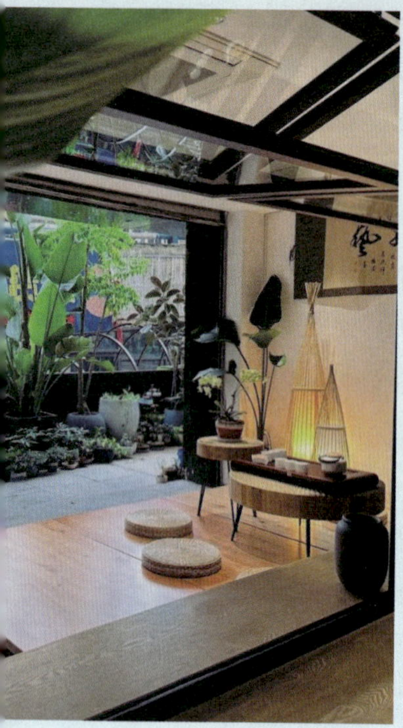

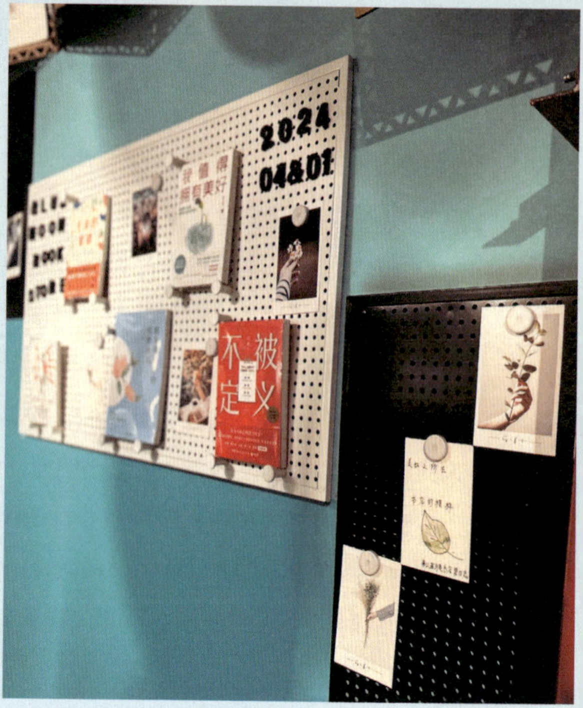
2024
04&01
不被定义

书店外的两家民营书店都是传统的教辅书店，而我打破了这个格局，书店没有任何宣传，也没做任何活动，全靠我选回来的那些书撑着场面。那时候，不知道也不懂在我们这样的五线小县城做纯文学书是根本没法生存的。但是，靠着年轻灵活，自己看店，亲近读者，他们问什么，需要什么，我就努力去帮他们找，为了让书店活下来，说出这句话好像挺无奈的。

随着年龄的增长，对很多事情的看法也在改变，兴趣爱好也在不断地改变。曾经害怕孤独，如今享受孤独。一切都在不知不觉中潜移默化，唯有阅读、运动、旅行，一直未曾改变，没有坚持地纠结，只有喜爱地执着。

阅读，是每天的日常，受到我的影响，两个女儿从小就喜欢阅读。

运动，让身体觉醒。我是一个对很多事情都充满好奇心的人，四年前我没想过我会走进健身房，三年前我没想过我会爱上健身，两年前我没想过我会喜欢晨起沿河道慢跑，更没想过我会有勇气参加人生的第一次马拉松（半马）。喜欢运动，和读书一样，好像已是生活的一部分，深深地嵌入了我的生活。我很喜欢《皮囊》里阿太说的一句话："肉体是拿来用的，又不是拿来伺候的。"我希望我的生命活得更有质量。

在旅行的时候，我常常喜欢在一个城市停留一周以上的时间，住在同一个地方，用最普通的出行方式：步行、自行车、电动车、公交或者地铁。从晨曦渐露到华灯初上，老街小巷、林野山间，喜欢亲自逛逛菜市，动手做两餐饭。逛一逛书店、博物馆、美术展等，用眼睛定格美好，用文字记录旅行的意义。

话说一家好的书店店主，要有深厚的文化基础和审美眼光。这些积累和积淀要靠自身多读书，不受限制地翻阅各种各样的书，更要多走多学习。将生活点滴融入书店的角角落落，书店便有了独特的灵魂与个性。

书经营店18年，经历了四个阶段的转型融合：装修、搬迁、分店、扩店。几乎每两三年折腾一次，带着这份执着与热爱，书店在折腾中，通过不断地走访、学习，从开始的模仿到建立自己的体系，员工从无到现在的20多人，从以前的夫妻店到现在的团队管理，从以前的货卖堆山的随意性采购到合理安排的采供销，从情感维系的员工管理到绩效激励、共创搭建平台，书店慢慢有了起色。

我就是最普通的书业人，绘本《花婆婆》里说，每个人要做一件让世界变得更美的事。而我正在做一件让我生活的这座城市更温暖的事：让蓝月亮书店成为除了家、单位（学校）以外最闲适、最安全的第三空间，也是储存读者美好记忆的大树洞，让所有关于书、关于阅读的柔软而温暖的记忆定格在读者朋友的心里。

2018年年末，蓝月亮书店搬入新店，营业面积1200平方米，书店分为五个板块：时光廊、礼遇纪、书学坊、理想国和小书萌。在运营策划中，我们做了很多尝试，如B612星球读书会，聚在一起，用各自自转的力量彼此影响。活动第一期，我们做了线上读书打卡的预热。第二期，我们启动了每周五晚的线下读书活动。不做预设，希望能带动更多的读者重拾阅读之心。

择一事，终一生。对于书，从小便喜爱，对于我的书店，如

褓襁中的婴儿，陪伴至今日明眸皓齿的囡囡，我想我会就这样爱下去。

以前，我把书店的身份定义为我的第二个孩子，而现在我更想说，它是这个世界的"另一个自己"。

坐落在这座小城，走过 20 余年，蓝月亮书店如今依然在綦城里发光发热。万物皆有诗意，读书亦是如此。20 岁正如少年的你，青春会远去，爱不会。生活会老去，少年不会。在书店的经营中一直期望，书店保有如年少时的生命力，恣意、鲜活。年少有为，对于人而言，划一个界限大概指 20 岁至 29 岁这个范围，共 10 年。为什么取这个年限，因为这个年龄段是绝大多数普通人成年后精力最旺盛的 10 年。

想要说清楚书店存在的意义，语言的描述会显得苍白。其实，书店之于我们的意义，更多的是一种情愫，一种心动，一份感觉。

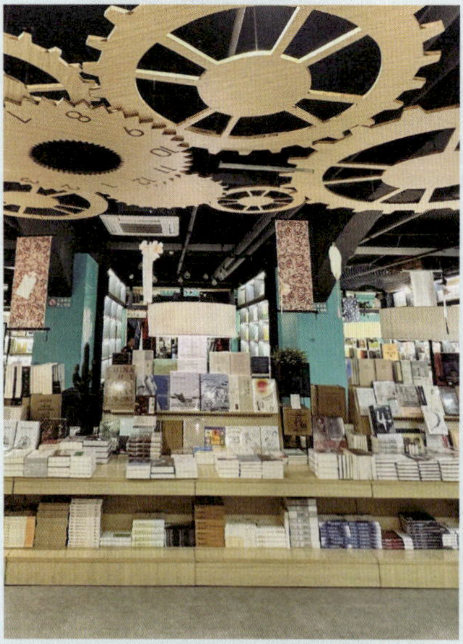
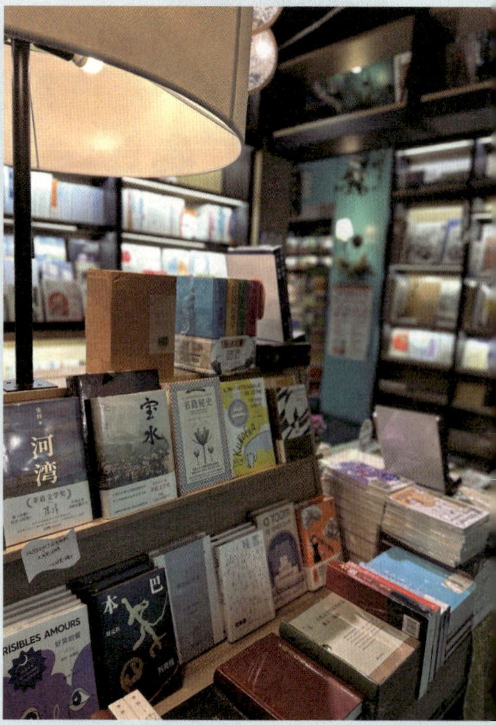
河湾
书籍秘史

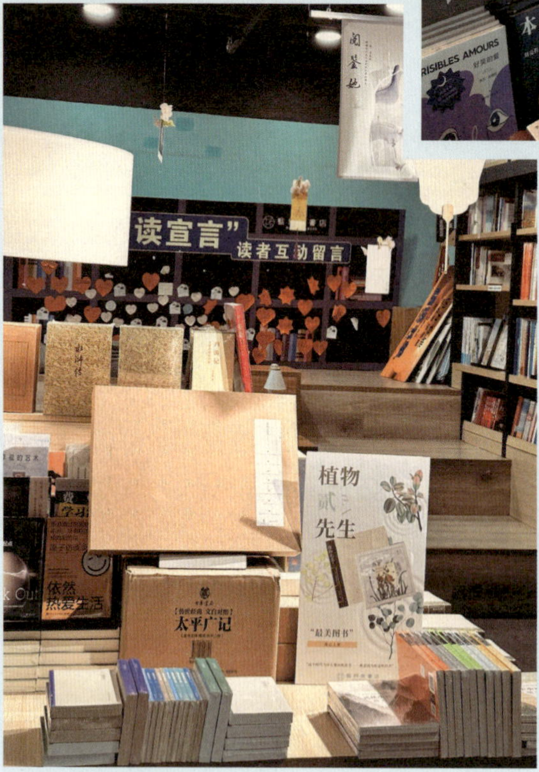
读宣言”
读者互动留言
植物
先生
“最美图书”
太平广记
依然
热爱生活

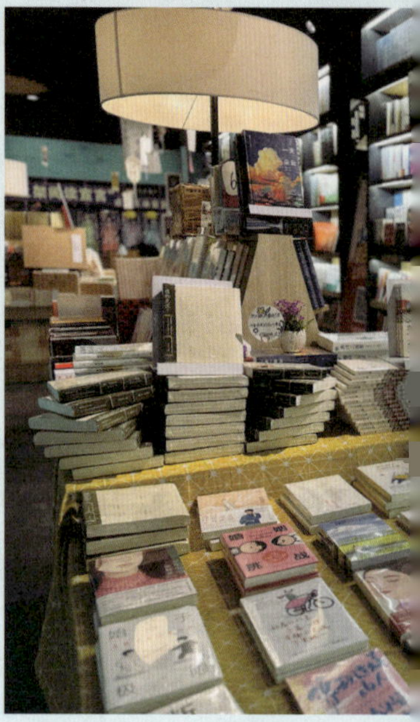

2018年12月8日，迁至现在的店址跨年，以全新的姿态迎接2019年的到来。时间似水，近6年的时光我们经历了起起伏伏，在最难的日子里，不少书店陷入前所未有的困境，实体书店的困境更被无情放大。我们默默坚持，我们也大胆突围。卖书，书店是卖不过电商的，但我一直认为：书是书店的脊梁！特殊时期被迫按下的暂停键，正好让我放慢了前行的脚步，在安静中，我们一遍又一遍地感受自己的内心，一次又一次地为书店寻找方向。去思考、去重拾，找回书店的基本功能，书店除了拥有了精致的皮囊，还要拥有有趣的灵魂：做读书会，提供阅读服务，做亲子阅读，持续读书分享，手写阅读笔记，做读书日历……我们认真且真诚表达书店主张、选书态度，书写内心深处最朴实的情感。

对于书店的经营，我更想说是源于热爱，因为唯有热爱，才无须去坚持。人，只有内心保持对生活的热情，才有生命力，而这种生命力会感染周围的人。我特别开心，能推动身边的朋友走出阅读的舒适圈，将阅读的边界一点点扩充。

书店20年，不断照见自己，接受岁月考验，在接纳不完美中不断完善前行。凡·高曾说："我仍有一个心愿——要画一家书店，它的外墙在暮霭中是黄色和粉色的……宛如黑暗中的一盏灯。"如果这座小城，不需要书店，当所有人都这样认为的时候，无论哪一本书都不会走进一个人的心里。而当书店真的在这个小城落脚，那么每个人心里都有了一本属于自己的书。在书店里，人永远不会感到孤独。

下一个十年，蓝月亮书店会长成什么样子，我不知道。可能她会慢慢从稚嫩趋于成熟，她也可能只是我的精神隅田，但展望她能成为这座小城的精神森林，没有诗和远方的时候，书店就是最好的港湾。

在这里，你能感受到一份温暖与踏实，一份安静的力量！

## 藍月亮書店
### BLUE MOON BOOK

- 开业时间：2003 年 7 月 29 日
- 书店格言：蓝月亮，一间有温度的书店
- 书店地址：重庆市綦江区九龙大道 11 号附 36 号
- 微信公众号：綦江蓝月亮书店

12 书店，生命中的DNA

**鲁宁馨** 唐宁书店创始人

## 书店，萌芽 22 年

2025 年，唐宁书店 22 周年，回看似乎就是一瞬。

22 年，对经营一个品牌来说时间不短，但在属于文化的序列里，却只是回眸间的光阴流转。

外界乍看，由古至今，书店都是最传统不过的，而作为打理书店的人的基本功却是"苟日新，日日新，又日新"，在书店的基底中不断孕育新的萌芽。

书店在我心中萌芽是在大学时代，那时候的北京有着老北京的味道，老街老巷里散落着不同类型、各有性格的书店，是我课余时间最爱去的所在。

记忆最深的是北京三联韬奋书店，在美术馆后街路边，一共三层，学业不忙的周末基本都泡在那里。在秋风中，抱着刚在东安市场买的一纸袋糖炒栗子，走进三联书店，泡上一天，至今都是我大学时代最美好的记忆。三联的选书风格和三联出版社的出版风格相近，在那里，翻开书就可以遇见各路大家。吴宓、杨绛、钱锺书，还有尼采、波伏娃、罗曼·罗兰，纷纷走入我的精神世界，那时的三联韬奋是一个理想火焰闪耀的地方。

有段时间我去海淀上课，常去北京大学南门的风入松书店，后来才知道是由北大教授王炜老师创办，入店迎门会读到"人，

唐寧書店
TANGNING BOOKS

叁

诗意地栖居"。虽然是学术书店,但是搬进了茶桌、椅子,有各种沙龙,季羡林、汪道涵、任继愈都去过。我记得在那里买到印象最深刻的一本书是周国平老师的《各自的朝圣路》,看进去便觉得物我两忘,只觉头顶有一束光投下来笼罩着自己。2024年3月,风入松在北大南门950米处复又重开,薪火相继的主理人丁永勋学生时代也曾是风入松的读者。

风入松老店往北,在成府路口有一间万圣书园,面积不大,哲学书为主,很有"众神降临"的感觉,书店英文名被译为"All Sages Bookstore",应该也是此意。万圣书园搬迁至五道口购物中心时,我去看刘苏里老师,听他讲述搬移几十万册书籍的辛苦与周折,30年来,"选品"依旧是万圣最大的特色与坚守。

还有一间我爱去寻的书店——琉璃厂的中国书店,有一整层都是旧书,便宜得很,最有意思的是去看旧书主人在书上写下的评语,留下的藏书章,忍不住去想这本书曾经的漂流经历。为此,我也养成了看书拿笔批注的习惯,总觉得这样读过的书才是和自己有关联的。

时隔多年,这些思维痕迹仍然无比清晰,各家书店点滴的好,一层层在我心中沉淀出好书店的模样,让我萌生感悟书店五感的觉知。毕业之后回到广州,因为没有富有人文气质的书店,我竟有很大不适。也难怪在唐宁开店后,很多人都以为是中年人创办的,而那时的我不过是20岁出头的黄毛丫头。会予人如此的印象,我猜想是因为北京那些调性厚重、选书讲究的书店的熏染。

## 书店，藏着城市的灵魂

经营书店的人，很难不去感受城市，一方风土一方人情，永远是书店保持生命力的源泉活水。所以这些年旅行的时候，行程里必有当地的书店。如果说博物馆是文化寻根的起点，那么在书店里则藏着一座城市的灵魂。

塞纳河边的莎士比亚书店透着慵懒和优雅，满满当当的书，需要不断地慢慢地淘，那只著名的书店猫，盘在书堆上看着你，它早已是那里的主人。1999年，《诺丁山》的电影带火了伦敦诺丁山街区的旅游书店，相比于书店本身，我更爱那里的咖啡馆、手工店、画廊和花店。记得在旅游书店对面的精品店里，我买了不少玻璃工艺品作为手信，店主特别耐心地帮我一件件包好，还都点缀上别致的装饰，方便我区分。

有两年经常去日本出差，忙完总是很晚，大多店铺都关门了，我便喜欢去那些开到凌晨两点的书店，特别安静。看不懂日文，就翻翻杂志，听听音乐。在日本书店里，我买得最多的就是CD碟。

第一次在美国自驾，我开着一辆林肯大吉普，跨越半个洛杉矶去"The Last Bookstore"。据说，书店主人的想法是打造"地球毁灭前的最后一家书店"，整个书店很有剧场感，大厅里有硕大的罗马柱，有很多并不同通联的小角落里藏着各种奇思妙想的装置，充满了诙谐的黑色幽默感。

意大利、德国、西班牙……我没有计算曾经去过的书店数

量，只觉得书店如同隐秘的心门，可以贴近当地人对生活的诠释。其中出乎意料的是曼谷的 B2S 书店，3000 平方米的复合型书店，名字是"Book to Stationary"的缩写，书籍、文具、礼品、音乐、家居，整个空间如同生活的容器，摩登又时尚，每个顾客都有自己的适度空间，阅读或者下午茶，一点儿也不冲突，处处传递着"你可以生活得很好"的讯息。

　　我和唐宁书店现在负责室内设计的设计师 Zen 最初合作的时候，对于设计方向足有一个月都没有达成共识。我给他推荐了清水玲奈的《理想的书店》，脱口而出："要把城市的灵魂摆进去。"希望他的团队看了之后，会有更具象的理解：一间有生命力的书

店应该拥有怎样的五感与城市共振?

能长久经营的书店都有自己的价值观,如同无声的旋律渗透进从书籍选品到书店空间的方方面面,形成一种磁力,聚集感知同频的人。"有意思的人相聚,让生活更有意思",这是唐宁过去10年间坚守的信条,是隐在空间、场景、内容、活动之后的灵魂,是创造城市与人生活链接的主线。

### 书店,共创蓝色时刻

在每一间唐宁书店里,都有蓝色角落不经意地出现,收银台、天花板、坐垫，甚而是藏在隐秘处的蓝色通道……因为这里藏着一个故事。

20年前，花园酒店背后的华乐路上，唐宁的第一间店有着一扇蓝色的大门。初时，只是为了独特醒目，令读者印象深刻。直到8年后搬离的那一天，整条街的读者来送别。其中一位老友说："把蓝色大门留给我吧，每次穿过这扇门，就是甩开喧嚣安静下来的时刻。"

于是，蓝色成了唐宁书店与读者间共享的记忆符号，代表了一种生活的语境。从书籍出发，文创、咖啡、酒吧、调香、手作、快闪……所有的场景都是在与彼此的感受交互中碰撞出来。在这个语境中，有共同兴趣的人相遇、相识，共读一本书，共饮一壶酒；在这种语境下，父母与孩子相互陪伴，各有自在。在经营最困难的几年里，我在读者的留言中读到了一个关乎心境的新词"疗愈"，一种在书店里收获疗愈的能量。在书店里，不仅是书籍的阅读，更是生活的阅读，心灵的阅读。

诗人们说"蓝色是宇宙之爱"。蓝色代表着天空、水、空气，是广袤和无垠，是自由与生命。在唐宁过去的20年间，在未来的漫漫长路上，莫不是与读者共创一个又一个的蓝色时刻，去诠释蓝色印记中的包容、陪伴与美好。

### 书店，生命中的 DNA

2023年参加全国书店人大会，结识了近50家书店的主理人，虽有经济放缓中的承压负重，但面对现实，积极行动才是正道。

外界总觉得开书店的人"文艺得很",实际上,书店能长久发展必得催生团队高度复合的能力,不是守着"书店不死"的念头,而是以书店为富壤形成品牌的文化运营力。

我很喜欢 10 多年前读过的一本小书,郝明义的《工作 DNA》。他虽然年少时患上高度脊柱侧弯,却是台湾地区公认的最具个人魅力的出版人之一,被誉为"轮椅上的大家"。他在书中写道:"工作的人是三种动物,每种动物都该有它自己的生存智慧与生命之路……"刚入社会是小鸟,机会无穷,空间无限;继续成长,会成为骆驼,在茫茫沙漠中行走,混沌不明中努力看清方向;再继续成长,会变成鲸鱼,眼界大不相同,跃入自由的大海,就要接受海洋的一切,阳光也好,暴雨也好,都是为选择所必须承受的。

开书店的 20 年,雀跃如小鸟般的阶段我经历过,负重如骆驼前行的历程我体验过,如今回归书店经营,确实像重回大海,心境和感受都截然不同,在浪潮汹涌间仍能感

受内心有一种平静的力量。

  书店，激活了我生命中的 DNA，每一次探求边界与可能的过程，都是与时相须的回应。

## 唐宁書店
### TANGNING BOOKS

- 首店开业时间：2003 年 8 月 30 日
- 书店格言：有意思的人，在唐宁相聚，让生活更有意思。
- 四海城店地址：广东省广州市番禺区汉溪大道东 390 号四海城商业广场东区 L1 层 37 号铺
- 无限极广场店地址：广东省广州市白云区云城西路无限极广场 B 座 L203-207 二楼
- 顺联公园里店地址：广东省佛山市南海区季华东路 27 号顺联公园里南座 3 楼
- 保利天珺店地址：广东省佛山市南海区东信北路保利天珺展示中心 2 楼
- 微信公众号：唐宁书店
- 小红书：TN 唐宁书店

## 13 书店改变了什么

陈桂　尚书吧主理人

写这篇文章的时候，正值第 24 届深圳读书月、2023 南国书香节暨第五届深圳书展，满城与书为伴，共沐书香。

《书见》第一次约稿时，我刚到尚书吧工作。再次约稿时，转瞬六年过去了。回望这六年，独立书店如鱼饮水，冷暖自知。因配合城市广场建设、所在物业焕新升级，尚书吧多次被动改造，空间结构、业务形态都发生了很大变化，近年来的种种困难和影响，每一步走得都很不容易，幸运的是，我们都挺过来了。我把这些经历当作历练和韧性的磨砺，一直满怀希望奔赴新征程。

2024 年 11 月 6 日，尚书吧迎来了 18 岁生日。

扫红写的《尚书吧故事》中有一章《古来征战几人回》，其中一段："我们的书店开业没多久时，有看惯风云起落的朋友前来考察，离开后发来短信：我们都担心尚书吧能否撑够一年，悬啊！"

穿过时间的长河，尚书吧在一代代主理人手中接棒，靠着乐天、坚韧、持久，走到了它的花样年华。我最近常常在想，这个书店的面积还剩多少，还有多少合伙人、多少员工……其实已经不重要了，重要的是它一直在，它的精神一直在。

还在尚书吧论坛时代时，几个闪着理想之光的大好青年，就喊出了"越阡度陌，互为主客"的口号，试图把它做成一个理想的平台，让所有热爱读书、热爱写作、热爱思考的人在里面互为主客，求同存异。

我用了六年时间认识它、走近它、理解它。

这些年的一线书店运营工作体验，似乎再谈困境、机遇和挑战都很无趣和矫情。我越来越清晰地认识到：变化和不确定性是永恒的，实践和行动是解决所有问题的终极法门。

老书友、书店同行、店内小伙伴和我自己都因书吧结缘，与书吧共同成长。那些岁月的烟火、都市的浮躁、人生的迷茫，在书香的浸润下变成一条希望之路，虽有荆棘亦繁花锦绣。

尚书吧是个古旧书店，主要经营文史哲艺类书籍，有很多书店没有的版本目录类和文献类书籍，在文化宣传上立足于几千年的传统文化，我们拉长时间尺度，品藏经过历史和时间沉淀下来的经典。

书吧常年设有主题展览，这些年办过范用书籍设计展、宁成春书籍设计展、近200年藏书家手札展、郎静山原作展、顾廷龙编著题签图书展、毛泽东著作版本展、藏书票艺术展等特色展览，也办过深圳藏书与著述成果展、连续九届深圳私人藏书联展等，立足深圳本土文化要素的展览。这些展览视角独特，形式新颖，内容丰富，受到了书友和市民的一致好评。

让我最难忘的是，2021年11月深圳读书月期间，尚书吧和深圳收藏协会、深圳书城中心城联合举办的顾廷龙编著题签图书展。顾老是我国著名的图书馆事业家、古籍版本目录学家、书法家。一生以书为业，收书、编书、印书，为保护我国珍贵古籍资料做出了巨大贡献。这个展览在全国引起很大反响，因为参与筹备这个展览，给读者导览，我有机缘了解学习顾老的生平故事。高山仰止，景行行止，我被顾老"专为前贤形役，不为个人张本"的服务精神深深鼓舞。

顾老护书如命。1955年秋天，得知上海造纸工业原料联购处从浙江遂安县收购了一大批废纸，准备送去造纸厂做纸浆。他连夜奔赴现场察看，翌日即带领同事们在垃圾堆里逐纸逐页翻检，他们尘垢满面，汗流浃背，连续11天劳作，抢救了一大批珍贵历史文献。

顾老对馆藏文献烂熟于胸，他曾经自豪地对工作人员说："长乐路书库（原合众图书馆旧址）二楼的每一部书，晚上就是不开灯我都能摸得到。"

记得有一次，一个读者听完我的导览后说："谢谢尚书吧办的这个展览，让我们有机会了解顾

老的故事,向顾老致敬!你因顾老感动,我们因你的讲解、你的真情而感动。"

今天,再次回忆起尚书吧曾经承办过这样一个展览,曾经有幸走进顾老的世界,并把他的故事讲给很多人听,我仍然激动不已。

顾老勤慎忠实、兢兢业业的品质,大公无私的图书馆服务精神,像一盏明灯指引着我,照亮我前进的方向。自那时,我内心暗暗发愿,尚书吧作为城市的文化生活空间,遇到任何困难,一定要竭尽全力坚持下去,为社会创造更多价值。我和小伙伴们要像顾老一样对待工作一丝不苟精益求精,始终以读者为本,全心全意做好服务,一个小书店也有大功德,一颗种子也可以生根发芽,开枝散叶。

2021年9月7日,《深圳晚报》发表文章《异想天开 梦想成真 深圳"店小二"考取211高校古典文献学研究生》,文中的"店小二"就是在尚书吧工作了六年的吴建华。彼时的她将从深圳启程,到湖南师范大学文学院报到,开启她的中国古典文献学专业的研究生学习。六年前她是端茶倒水的小店员,如今是手握红色录取通知书的研究生,在深圳这个梦想开始的地方,她书写了自己不为人知的奋斗故事和神奇旅程。

2015年3月,江西女孩吴建华大专毕业,只身来到深圳找工作。这个在赣州乡村长大的小姑娘曾经是个留守儿童,她莫名地喜欢深圳这座新兴城市,喜欢深圳这间尚书吧。误打误撞,一见钟情,开始了这份书店工作。

刚进尚书吧的吴建华青涩稚嫩,从端茶送水做起,对于未来

也没有什么规划。很快地，因为喜爱图书，热爱阅读，她成为尚书吧的图书管理员。整理图书并非一件容易的工作，她瘦小的个头总被淹没在山一样的书堆中，作为一个合格的图书管理员，她需要清楚了解出版行业动态、周边文化活动动向、新型阅读方式等，此外她还要参与组织各种书籍展览活动。一切都是从零学起，一切都是在摸索中前进。

工作两年之后，吴建华萌发了考研究生的想法，在书吧主理人建议下，做了考取中国古典文献学专业的决定，这简直是一个异想天开的想法。当时的吴建华既没有文史基础，又读不懂文言文，抓起文史专业的基本教材读起来都吃力。但这个在大多数

人眼里的"冷门"专业并没有让她畏惧，几年来整理并阅读书吧大量古书，以及往来鸿儒给予她应对挑战的底气。在书吧的工作中，她近距离接触过古籍收藏大家韦力、哈佛燕京图书馆古籍专家沈津、著名书籍设计大师宁成春等博学鸿儒，当然还有很多热爱阅读的深圳普通人……耳濡目染，润物无声，她受到了巨大的鼓舞。经过连续三年的考研磨砺，吴建华不仅成功考取了"冷专业"，还确立了未来想坐"冷板凳"，把古籍整理作为终身事业的信念。

当大红录取通知书到达尚书吧时，全书吧的同事由衷祝贺小吴。她说："深圳开启了我的梦想，尚书吧温暖了我的青春。"

在尚书吧这样具有复合业态的书店工作，必须一人多能，独当一面。不仅要包书搬书，还要频繁地布置活动场地，端茶倒水、洗杯洗碗、加班加点工作到凌晨更是家常便饭。让我欣慰的是在书店行业普遍难留人的情况下，我们的员工流动率非常低。我们一直树立顾客和员工至上的价值观，为员工提供能力范围内最好的食宿标准、学习环境，鼓励员工以书吧作为个人成长的平台，追求实现自我价值。我们鼓励更多的如吴建华一样追梦的年轻人，通过尚书吧这个平台发挥特长，取得更大成就。

机缘巧合，在本文尚未交稿时，我和全国近50位书店人一

起参加了在深圳举办的首届书店人大会。开幕论坛与书店之夜，我集中了解了各地书店的生存状态，行业内优秀书店人破局突围之道，受益匪浅。我看到了书店人富有活力、充满自信和朝气的精神面貌，各位书店人都在用各种方式创新运营，但始终不忘初心，在图书营销和文化传播上下功夫，力争做大做强，更具品牌影响力。我坚信，只要书店人拥抱变化、与时俱进，始终把做好顾客服务、创造社会价值根植于内心，一定会寻求到适合书店持续发展的路径。

当我们思考书店存在的意义时，不妨回头看看书店改变了什

么。那些在晨昏交替、四时轮转中溜走的岁月，那些把书店当作精神家园或加油站的读者，那些点亮你生命之光的经典和前贤，那些和你一路同行披荆斩棘共同成长的伙伴挚友……他们给了我们最好的答案。

尚书吧

开业时间：2006 年 11 月 6 日

书店格言：旧时月色　新派书香

书店地址：广东省深圳市福田区福中一路中心书城南区首层

微信公众号：深圳尚书吧

小红书：深圳尚书吧

14 远行与回归——再次审视岁月

杨兆　拾得书屋创始人

两三年前，关于书店话题的讨论还颇为热闹，随后逐渐归复平静。不管多少招数，实体书店依旧是不好做。随着社会价值的多元化趋向，什么是好书店已无标准概念，而书店不好开的定义则很明显——没生意。我觉得个中原因大家应该很清楚，在电商时代，在消费时代，这二者夹击，书店生意好做才奇怪！不知不觉中，我已经离开南昌七年了，说完全离开倒也不是，但毕竟没有直接打理书店，只是办理采买、选品，书店的位置几经变迁，如今静待偏陋小路，店员来来去去，最终成了"夫妻店"。

坐在"无人问津"的书店里，我望着走过店门的人，这里并没有多少行人，所以走进书店的人几乎没有。这不是第一次在脑海中闪现这个问题，在文教路开店时客流量很高，但是也有门可罗雀的时候，尤其下雨天，南昌多雨，店门开与不开没有什么两样，但来访的读者仍会有，我们坚持按时上下班，那是职守操作使然。而如今的书店在居民区，普通居民很少看书，是的，大家不看书也是很平常的。自古以来，不论是学而优则仕的那种读书，还是自我寻求真知灼见的阅读，都是那么少，那么少。太累了，读书难啊。

我不由思考，书店存在的意义是什么？为了那一小部分精英人士？当然不是！

我稍稍舒口气，我们卖的是库存特价书，价格便宜，直接拉

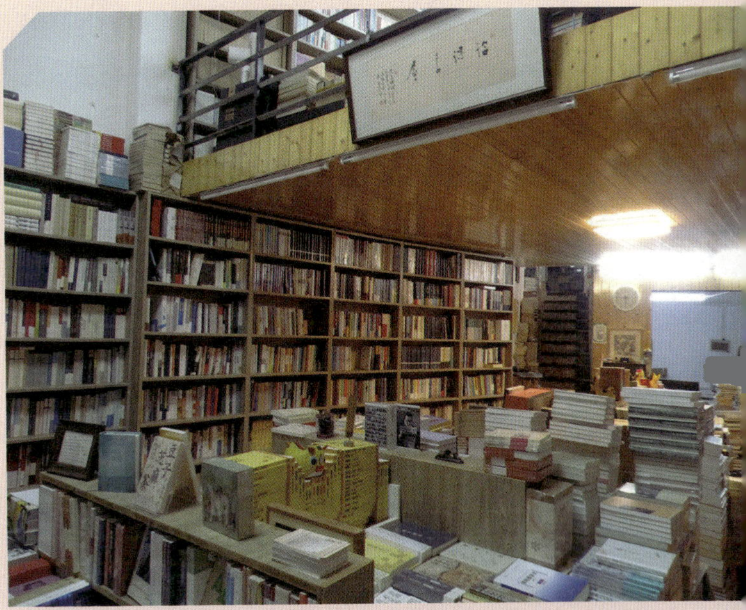

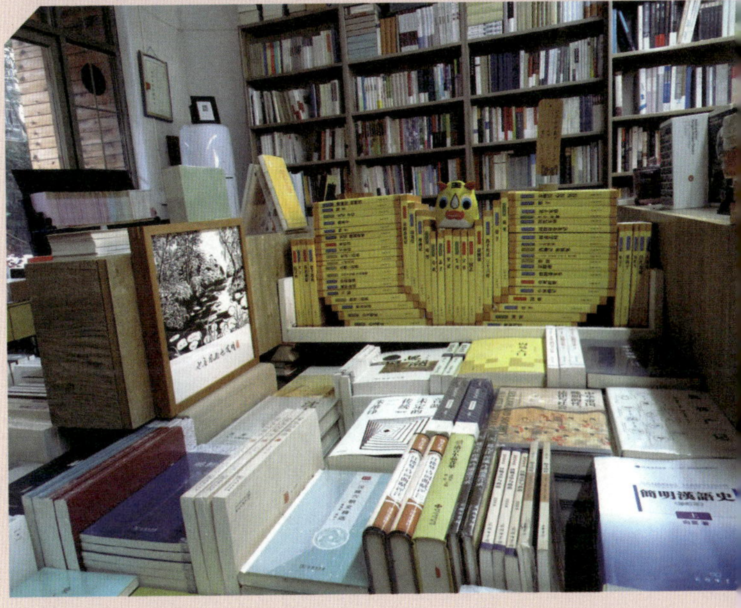
簡明漢語史

近了普通人与书籍的距离；如果我们奉献的是好书，那就更有价值了。启人心智，提升思考，这是令人振奋的一面，哪怕是消除烦忧，消遣取乐，书本也是游戏人间的重要存在。

2023年9月29日到10月8日，我用了10天的时间摆弄书店。摆弄这个词太恰当了，6000种书在腾挪中过眼经手，它们是我熟悉而又陌生的存在。老书，老面孔，老友，也是憎友，它们赖在早已插满的书架中，使得新品不得而入，但是它们又有存在的理由，恰如一本名为《文字即垃圾》的书，这么多书真的有出版价值吗？人类的思想、文化的传承源源不断，图书出版源源不断，我不得不思考：下一种书该不该进？进多少？

尽管拾得是一家体量极小的书店，但是习惯多样化的品种陈列，导致书架过于博杂，在一排书中，既可以看到王元化，也可以看到徐铸成，抑或殷海光。比如，在区区可数的语言学书架上有《罗常培全集》，还有乱七八糟的语音学、方言、语法等零落散本，这都是当年在综合书店做事养成的"恶习"，觉得什么"好书"都有术业专攻人士会需要。其实这类书的买主大概需要数年的机缘，活生生地"自作自受"。

我们的书架大多不设分类牌，完全靠浏览来淘换，真可谓是"淘书"啊。

为此，我和掌柜叶子多有争执。因为书主要靠她来卖，在书友群每日推书，一个品种三两本实在难为她了。如此多的品种需要耗费诸多心力，而一旦受欢迎的书库存又不够，补货时效长，实体书店线上版的短板之苦一一凸现出来。精益求精的目标在"长尾"品种无数的书业中难以轻易做到，加法并不是书店存在的法则，减法往往更加重要！

每天的密集劳作，手脚酸痛，因为和书的贴近，旧日情绪似乎回来了，大概是多年前的感觉。人的思维真奇妙，那些早年打理书店的日常一直刻在我的记忆中。书架总是空间不够，想办法找放书的地方，"找"真是一个常用词。手机使用频率少了很多，因为无暇顾及。当一件事成为一个任务时，当你的责任感驱使你必须完成这个任务时，只剩下睡觉是唯一的休息。但这样的日子并不是正常的，当然，这样做是为了尽快过上正常的日子。这些日子不停"上蹿下跳"，尽管累一些，但比久坐看电脑表格，身子好像又松快多了。

20天后，书店的整洁在一次图书到货后又打回拥挤、逼仄、凌乱的局面。到了98件货，卸载、拉进小仓用了两小时，一鼓作气搬完后，腰背又得好好休息二三日。做库存尾货不是每日都进货，经常积攒一批几十件再进货，来货、清点、销售，未销完的成为库存，上到书架归位，等待淘书的有缘人。

书店的日常行为既有脑力活动更有体力运动，所以在书店10年，我一直保持瘦削的身形。如果保持和读者的交流，还可延续往昔年轻人的神采，从一个少年到青年，再到如今的中年，我不由得打量自己剩下的时间。其实人的状态，还是性格使然，我不习惯慵懒，甚至不懂休闲，有时候看到"人生本无意义"感叹这句话的精妙；而钻进书本里，更知人生百态还在于只争朝夕才有充实的当下。

秋日的骄阳照在店门的玻璃上，刚才店门口隆起的书堆一一推进店内，合上门，书之来去似未曾发生。

近几年，直播带货渐起，书店似乎多了一条生路，但是鱼龙混杂的情况居多，直播少不了吆喝和拼价格两道关口，恰恰都与书这个文化商品似乎相去甚远，大力吆喝怂恿买家下单，强调非理性消费，低于正常价格难有好质量……所以说，实体书店与直播带货还是有着隔膜。实际上，直播卖书的人往往不是开实体书店的，而大多是播客，他们可以在平台上直接开卖出版社、文化公司、中盘等渠道的文化商品，纯粹卖产品。这正是书店这个空间场所与之的区别所在，有体验环境的不同，更无须背负沉重库存的压力。

岁月轮替，家里的孩子渐渐长大了，家里有些书闲置出来，

有一些书又回转到了书店。之前有一位读者带了好些旧书过来，叶子帮助做二手处理，我把它当成是人间温情的存在。循环的是商品，串接的是情感。在网络社会，书店扮演的角色也早已变得符号化，人们的消费模式逐渐转移到线上，宁愿隔空减少直面的交流，情感也趋向扁平，抑或隐藏自己的真实情感，甚或二元对立的情感出现，臆想、猜疑、彷徨……加之消费的加剧，物品得之与以前相比容易得多，品质与价格也更为低廉，书籍也有这样的共性，一方面是低劣的9.9元遍地都是，一方面是精美的定制本甚嚣尘上，20世90年代到21世纪10年代所特有的生产和运营方式渐行渐远。试问，我们今天还可以轻易见到几十页的小书吗？无须精美，无须考究，只需平常。

  书店的变化好像不大，十年如一日，大多数的人和事只是沧海一粟。然而，真的是这样吗？店里的书换了多少？店里店外的人老了多少？嗝，在越来越"快"的时代，我们更要活得"慢"一点。这十几年，一路风尘仆仆的你和我，是不是可以坐下来，歇歇脚。

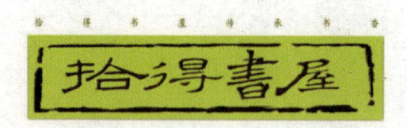

开业时间：2010 年 7 月

书店格言：拾得书屋，传承书香

书店地址：江西省南昌市青山湖区新桃路世纪风情一期底商 6-401

微信公众号：拾得书屋

小红书：拾得书屋

## 15 偏安一隅的清寂

**李向华　赵向前**　想像书店创始人

开一家小书店是向前一直以来的梦想，丹比萨·莫约在《援助的死亡》中说道："种一棵树最好的时间是十年前，其次是现在。"因为这句话，让他意识到永远没有所谓的时机成熟，无论何时追求梦想都不算晚，便趁热打铁开了书店。

想像书店在 2011 年 4 月 23 日世界读书日正式开业。14 年来，书店换了四个地方，多了一家分店，平均三年多就搬一次家。如果说第一次从 17 楼搬下来，心里是带着对新生活的憧憬与期待，第三次从八里唐搬走，则是受城市发展影响的无奈之举，如今回想起来，心底还有一丝悲凉。

2018 年，我们有空就骑着车在街道穿梭，又开始寻找合适的房子。位置好一点的门面，房租高得难以承受，熙熙攘攘的闹市区又是我们不喜的。在树荫笼罩的旁支干道上有一片 20 世纪五六十年建造的苏式建筑群，当时觉得比较理想的选择是在这一片找个带小院的房子，这个执念很多年了都不曾实现。

有朋友推荐城西的国家大学科技园，听名字很多人以为在大学校园里，其实跟大学关系不大。我们俩在某个傍晚来这里考察，园区环境很不错，幽静的园区里绿树葱茏，走在小径中，耳边都是风吹树叶的沙沙声，就因着这份舒服，脑子一热就定下了这里。

如今，五年过去，陪伴我们的仍然是偏安一隅的清寂。偶尔会有人进店询问：你们把书店开在这，靠什么生存啊？有人买书吗？十几年来，不计其数的"有心人"问过这些问题。我们从刚开始热情回应到疲于应付、失去耐心，再到现在无奈忽视，是因为，这种无效回应只是在消耗自己的时间和精力。

王菲的一首歌里唱到"也许该加些想像，换一换脑中的思想"，"想像"这个名字就是这么来的。在现代汉语词典中，"想像"的释义一直在变化，是从无到有的幻想，是在现实基础之上的延展，是突破时间和空间的束缚。而像，神像、塑像、肖像……为书店取名"想像"，希望它能聚"人气"。向前创办书店的目的，一是因为他喜欢读书，二是为了便于多阅读，如果再能惠及身边的朋友，那便是锦上添花了。

自 2020 年年初开始，来书店的人越来越少了。儿子放暑假后，我们干脆就住在书店（装修时，我们在楼下安排了客房，方便活动嘉宾和外地书友小住），省去了路上来回跑的麻烦，感觉时间一下充裕了许多。以前觉得书店就是工作的地方，现在工作和生活已经胶着在一起。

朋友们很有默契地选择了电话预约到访。没有人来就没有营业额，所幸网店时不时的订单勉强压住心慌。每到这种有点山穷水尽的时候，我就会想：开这个书店到底是为了什么呢？值得吗？还不如开个肉夹馍的小店挣钱吧。

为了书店，我辞掉了公职，离开了工作 17 年的学校；因为要买现在书店这个房，我们卖掉了自己的住房，一家人借住在阿姨小两室的老房子里。儿子虽然没有抱怨，但他时常跑回老房子的楼下待一会儿。

讀書有福

重新
发现日本

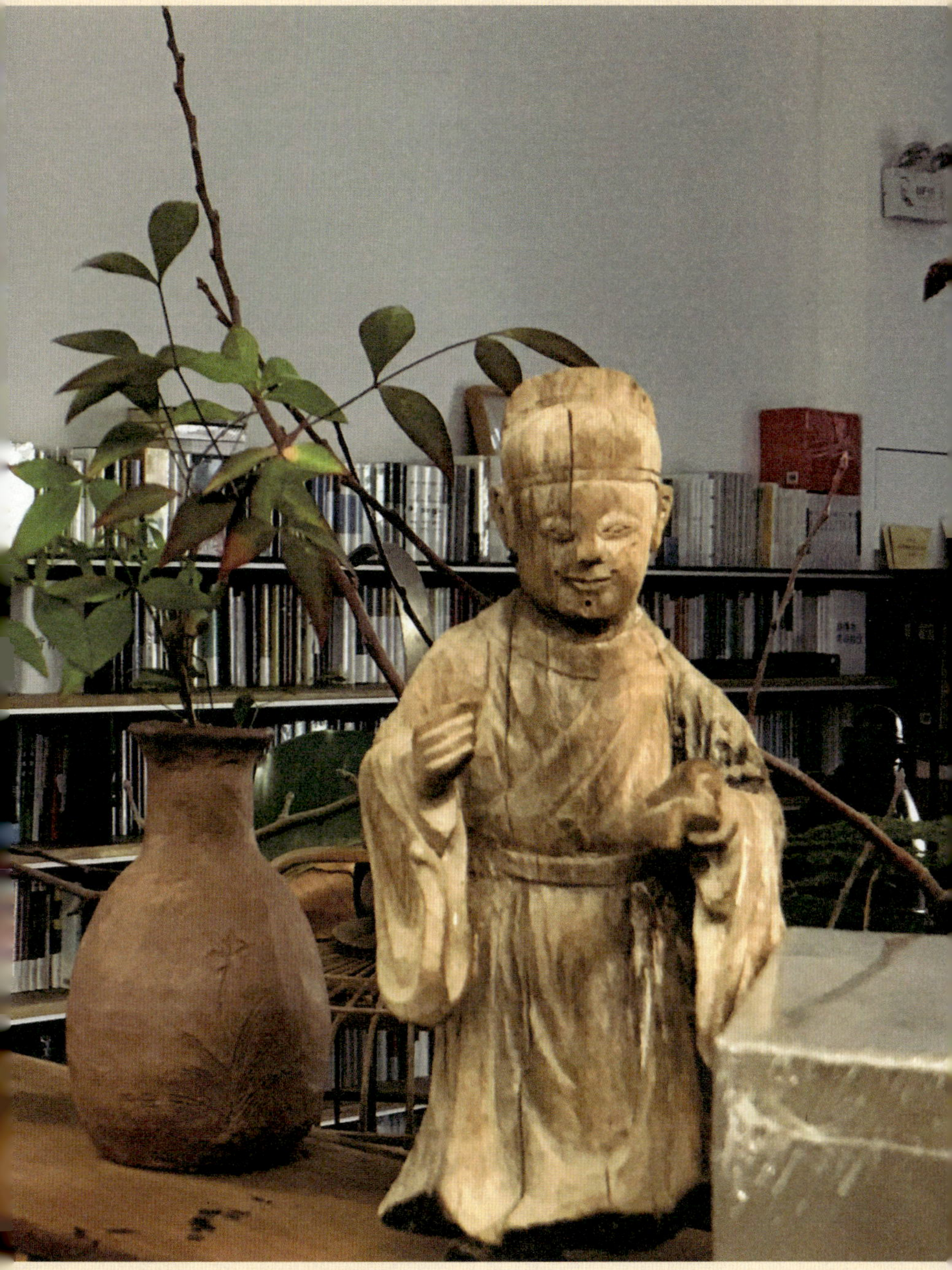

惆怅过后，我在心里确定，开这个书店，我们是不后悔的。在学校工作多年，小小的一方围城让人思维固化，对工作和生活逐渐生出麻木与疲惫感，一眼就能望到头的生活不是我想要的，辞职是必然吧，只是时间早晚而已。卖肉夹馍应该会比书店挣钱，但也只是个玩笑。

我们俩属于比较理想主义的人，对生活比较容易满足。每一次都是以破釜沉舟的架势投入，没有对未来做过多的预设。既然选择了这样一种生活方式，并且坚持了下来，那就继续努力做到更好。

新店从选定到筹钱再到办证，整个流程一点不拖泥带水。2020年开始装修时，因为疫情不得不停工几个月，但该还的贷款、该交的物业费一分也不能少。在七八月的酷暑中，一切能省钱的活我们都自己干。录书、上架，朋友们也跑来做义工，他们一直都称自己是书店的编外员工。

2020年9月19日，新的想像书店终于以新的面貌重新启航。为了庆祝新店开业，当天的活动称得上是阵容强大，世存老师、赳赳老师、诗人赵野、《大三儿》的佟导、歌手杨沐、演员喻恩泰，还有开车奔赴千里而来的各路书友。我们在想像书店想象一切可能！

但是，新店启动遭遇最煎熬的疫情，没有收入的焦虑让人无所适从。我们开始尝试通过朋友圈和书友群推书，每天一组。也许因为特殊时期，书籍给我们注入了安定的力量，也许我们这样老套而又笨拙的方式给大家提供了些许便利。虽说是忐忑试水，没想到反响还不错。当然，我们很清楚，持续买书的朋友是基于对我们的信任和对书店的支持。

挺过了三年特殊时期,很多朋友都感慨书店还活着。我只能说,虽然不容易,但是我们撑过了一年又一年。由此催生出来的各种直播带货、短视频时代,因天生的迟钝感,让我们做什么都慢了半拍。

住在书店,我们慢慢学会拍下书店的日常:今天来了什么人、买了什么书;"黑糖"偷偷开了窗纱跑出去玩;早上下雨,天井里的植物被浇得透透的,接下来两三天都不必再浇水;朋友带来一束花,找个合适的花瓶插起来,书店里一周都充满生机。

许是这些视频被关注,随后的日子来书店的人明显多了起来。

有一天早上,来了一位姑娘挑了将近600元的书。我给她按最高会员折扣,再送她帆布袋、小本子和明信片,还觉得不够,总感觉有点亏欠读者。作家桑格格来书店做签售时,和她聊起我们最害怕欠人情。格格说,这其实也是一种古风,滴水之恩,涌泉相报。

书店的日常简单而安静,遇到某些人、某些事却让人很难忘记。一个雨天,本想着不会有人来了,但午饭后,隔壁工地上那个爱看书的师傅又来了。他说,今天工地休息,上次买的那本书挺好看的。我给他倒了一杯刚煮好的陈皮白茶,请他坐着慢慢看。他有点不好意思,只坐在地上的蒲团上看书。

人不管处于什么状态,所面临的诸多困惑都有可能从书中找到答案。那天下午,来了个漂亮姑娘,进门就笑着打招呼,一度让我以为是熟人。她说是看了格格的微博特意找来的,买了皮扎尼克的《夜的命名术》和朱天心的《击壤歌》。她说,没想到能在书店买到这样的书。我们聊了一会儿,原来她就住在我们刚开书店时那栋楼的旁边。她说错过了我们好久啊!

在千篇一律的日子里,遇到有趣的人,让单调的生活也变得愉悦舒适。

自然也会有些让人心生别扭的事情发生。我记得有一天,群里的书友说要买一组书中的其中一本,问我价钱。我说一本的话就给您原价包邮吧。她回复说"哦,贵了呢"。我回答,我们实体书店没有办法给您和网上一样的价格。她又回复"是的,您这价钱有点被动了"。我没有再回复。

一件小事,虽说不在意,但心里还是没办法一下子释怀,也会对开书店这件事产生质疑。她应该不会为一杯奶茶的价格犹豫不决,为什么会对一本书几块钱的折扣斤斤计较呢?我想这应该是大多独立书店都会碰到的情况吧。

那些一直在书店买书的人,我想他们不曾用价格多少来衡量价值,他们付出的是信任和情谊,对这样的朋友,我们同样以真心来回报。所以,在选择和被选择的过程中,越来越多的书友变成了朋友,甚而成了亲人。

如果能让更多人看到和认可我们的推荐,不管从哪里买书,我们都实现了作为书店的社会价值。通过书和书店得到这么多珍贵的朋友,则是我们的人生财富。

从书店诞生的那天起,

我们就没有刻意要为读者传递某种理念，想经营一家书店的理由很简单——希望能借书店这个平台，把喜欢读书的人汇聚在一起。当然，如果能感染更多的人都来读书，意义就更大了。书店不应只是读书人的合作伙伴，更应该成为每一个人可信赖的朋友。

生活恢复正常后，除去平常零零散散走进书店的陌生读者之外，朋友们来之前都会提前告知，我会备好茶等着，他们也总会带着蛋糕、水果或是鲜花，走的时候还要再挑些书带走。一桌人喝茶、聊天，直到忘了时间，还真是应了那句：得意客来情不厌，知心人到话相投。

现在的状态算是符合我们开书店的初衷：不把书店当作一个传统意义上的消费场所，更愿意它是一个交流空间，爱好读书的人可以来书店选到喜欢的图书，或者坐下来聊天、喝茶、侃大山。现在，这种意愿基本实现，已经慢慢变成了我们的生活日常。

两个不善经营的人开了家书店，但向前从不曾忘记他的第一身份，永远是个画家。当然，卖画所得也是这么多年支撑书店的重要收入之一。

李苦禅先生说：一个人如果只会泼墨作画，那仅仅是一个画匠。要多读书。书读得多了，自然会使你的精神境界发生变化。境界变了，画的意境必须也会变化，这就叫"功夫在画外"。

虽然向前不是个勤奋的画家，但是他做到了"功夫在画外"。他的生活、他的内在都滋养着他的作品。世存老师说，他就应该安安静静地做个画家。艺术家尚扬老师曾说："你的画是画给你自己的。"

一位画家朋友曾经写过一段话，概括了她眼中的赵向前："他迷恋中国传统文化，但也乐于接受新鲜事物；他常常感到焦虑，却又微笑面对生活；他是一个矛盾的综合体，是一个乐观的悲观主义者。他像一股炙热翻腾的岩浆，在地心寻找喷涌的方向，在世间寻求冷却的方式。平静而凝固的外表下，四处暗涌，却又安于暗涌。他不喜欢表达，不想显摆他的纠结、他的多虑；他喜欢那种难以启齿的忧伤，自己享受着心如溶洞般的空旷。他脑中的乐，胸中的书，心中的牵挂，让他富甲一方。"写得真好，这些话和现实中的向前完美重合在一起。

2021年年底，史学大家许倬云先生的学生俊文老师刚到匹兹堡，就和向前讨论他们的新书《往里走，安顿自己》的内页插画事宜。在俊文老师眼里，向前是"独立艺术家，在洛阳经营着一家小而美的想像书店，日子过得淡然自足，内在的韵律自成世界，一如他的笔墨。"许先生对向前作品的评价是："我喜欢他画的风格，寂寞而不枯涩。"这无疑是最令人欣喜的事，这份认可与荣誉远不是卖了多少书能够比拟的。

现在的想像书店，不必再有搬家的烦恼了。我们俩每天到店里，他去楼上看书、画画、备课，我在楼下处理各种杂务，偶尔招呼进来的客人，倒也怡然自得。如果没有特别的原因，书店几乎是全年无休状态。

十几年过去，看透了很多事，也看淡了很多事。向前现在最不愿与人说的就是情怀二字。他开书店的初衷是因为情怀与理想，现在它是工作，是责任，也是一份营生，是我们为之努力的平静又普通的生活的一部分，我们只是安安静静地做自己喜欢的事。

不再有纠结，不再有执念，我们会尽最大的努力，让书店一直存在，一旦到了维持不下去的时候，也绝不勉强。它曾经存在过，照亮过某些人的理想，温暖过某些人的人生，说起来也是值得回味的事情。

2024年年初，应朋友邀请，我们在景德镇有了家小分店。第一次来景德镇画瓷是在2009年夏天，15年后再次归来，景德镇已经完全变样。这是一个因瓷而生、因瓷而兴的城市，很多年轻人和艺术家聚在这里，让这个城市更加年轻、时尚，充满活力。在一个新的城市经营一家书店必定不容易，现实世界留给书店的生存空间已经很小，但一家好的书店会成为一座城市的文化坐标、精神灯塔和心灵避难所。

曾看到有人总结，来书店的人包括真正看书、买书的爱书人，只看书不买书的文艺爱好者和不看书不买书只拍照打卡的伪文艺爱好者。新店坐落在御窑厂景区里，和想像书店洛阳店的幽僻之地相比，这里每日人流涌动，待上一阵，可谓阅人无数了。但是，书店一直秉承为读书人服务的宗旨，真心不希望精心挑选的书籍变身为打卡者手中的拍照道具。

有人说"一家书店能为人们打开一个无限可能的小宇宙"。独立书店不只是图书销售，更是城市的文化聚落。想像书店就像一棵小树，扎根在洛阳和景德镇两座城市，慢慢生长，让书店成为城市文化的精神腹地。

这些年，因为书店吃过很多苦，但在充盈的人生中得到更多

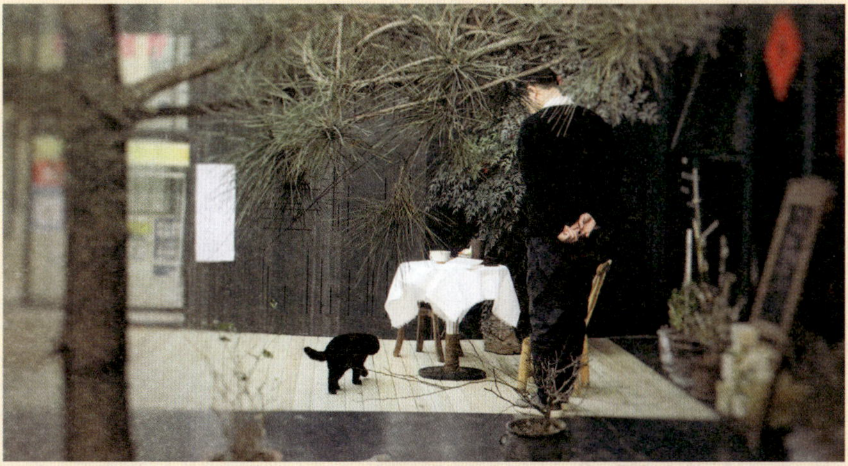
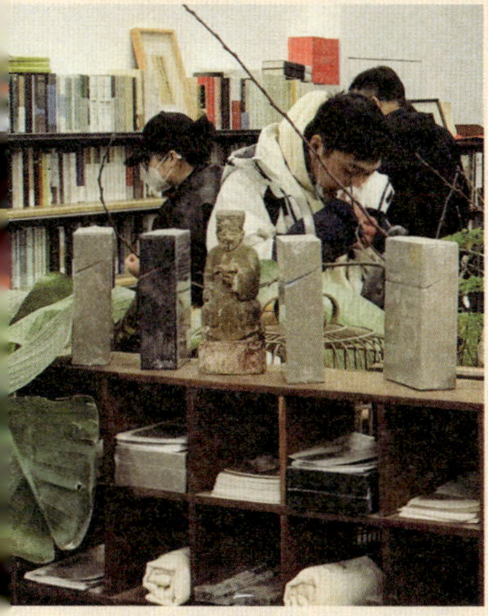
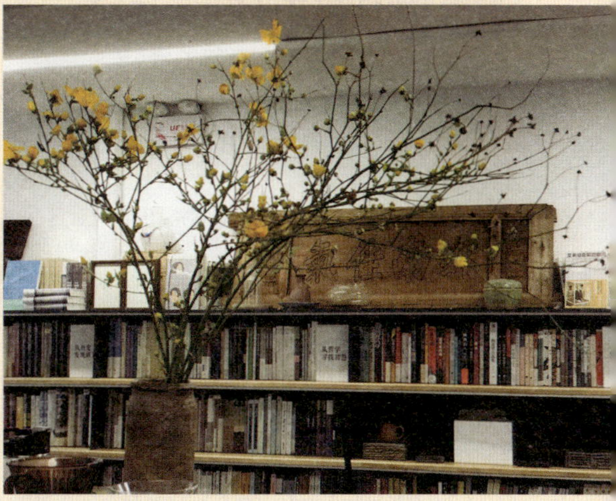
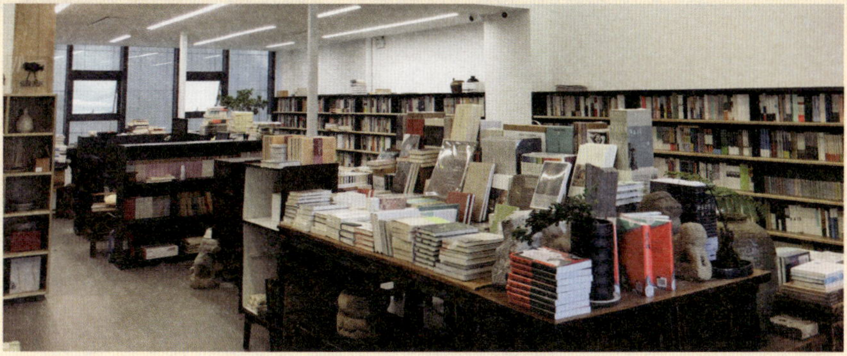

的是乐趣，也是财富，是金钱换不来的，也是别人抢不走的。行遍五湖四海，说到底，其实还是那句老话：几百年人家无非积善，第一等好事只是读书。

首店开业时间：2011 年 4 月 23 日

书店格言：给思想插上想像的翅膀

洛阳店地址：河南省洛阳市涧西区蓬莱路国家大学科技园 B7-103A

景德镇店地址：江西省景德镇市陶阳里旅游区龙缸弄 9 号—2 三好社区内

微信公众号：想像书店

小红书：想像书店

16 是谁传下这行业，黄昏里挂起一盏灯

罗奇　MeLibrary&小茶書園创始人

## 25 岁出发，我对于书店的天真和想象

  古代的水手们流传着这样一个传说，他们认为有一种魔岛存在于这个世界。根据航海图的指示，原本这一带明明是一片汪洋大海，却突然冒出一座环状的海岛。更神奇的说法是，水手在入睡前，海上还是一片汪洋，第二天早上醒来，却发现周围出现了一座小岛，大家称之为魔岛。其实，这些魔岛实际是无数的珊瑚在海中经年累月地生长，在最后一刻升出海面的结果。

  原来一家年轻人所开的独立书店，也如这传说中的魔岛，需要在海水下面累积经年，才会真正被人看见。

  25 岁那年，我决定开一家书店。一个刚走出大学，工作了两年的年轻人，对于书店有天真的认知，一个有许多书、可以安静读书的地方；甚至，还将书店定义为一个袖珍版"大学"，那些书架上的贤者们讲着人间世和大学问。

  我想，自己一定要开书店，而且还将未来的书店分为校园型、社区型、商业型和旅游型。

  也许在过去陆陆续续的尝试，MeLibrary 海宁路店、龙山新村店可算为社区型书店，MeLibrary 大拇指店可算为商业型书店，MeLibrary 多伦路店可算为旅游型书店，MeLibrary 复旦小茶书園，勉强可算为校园型书店。开书店几年，全部资金除了衣食住

行基本开销，都投入书籍。或许从某种意义上讲，我从未开过一家理想中的书店——有高高的直通天花板的实木书架，有琳琅满目的经典版本的好书，有足够宽敞的可供分享的空间，用于书友间的讲座、沙龙和交流。迄今为止，多伦路店是最接近我理想的书店，可惜"彩云易散琉璃脆，好梦从来不由人"。

书店沿革，每因时代而大变。百十年前，竟有人为倒下的书店立碑记牒，虽无述其功德，意之至善，亦足矣。

2010年4月，开始筹备 MeLibrary。

2011年7月，在虹口区海宁路靠近乍浦路开了第一家店。

2012年3月21日，搬至上海体育场旁龙山新村小区（万体馆店）。

2013年12月22日，MeLibrary 大拇指广场店开业。

2016年5月2日，MeLibrary 大拇指店结束运营。

2016年7月末，MeLibrary 多伦路店开业，增加中文名宣明书舍。

2016年12月，搬至复旦第十宿舍，增加中文名小茶書園。

2016年12月31日，MeLibrary 万体馆店结束运营。

2018年6月30日，MeLibrary 多伦路店结束营业。

2018年7月1日，在 M50 创意园4号楼 B114 开设新店，并沿用小茶書園名号。

2019年8月，M50 店结束运营。

2019年10月，开始筹备杭州文三路新店。

2020年4月初，杭州文三路店结束运营。

2020年，共建阅读社区，分别与老西门茶城308蔬舍，虹口临平路养慈坊开卷，共建阅读社区。

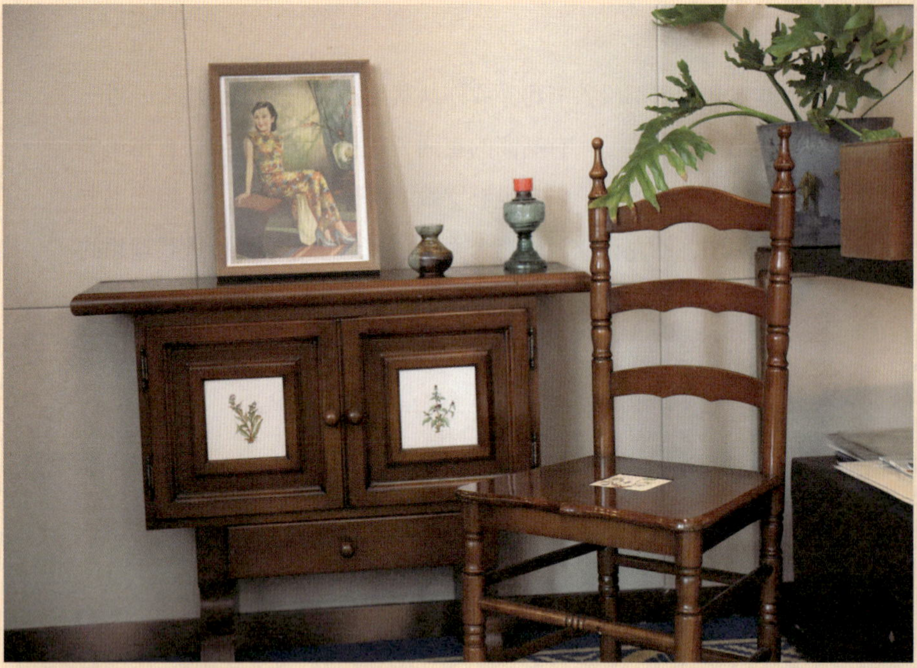

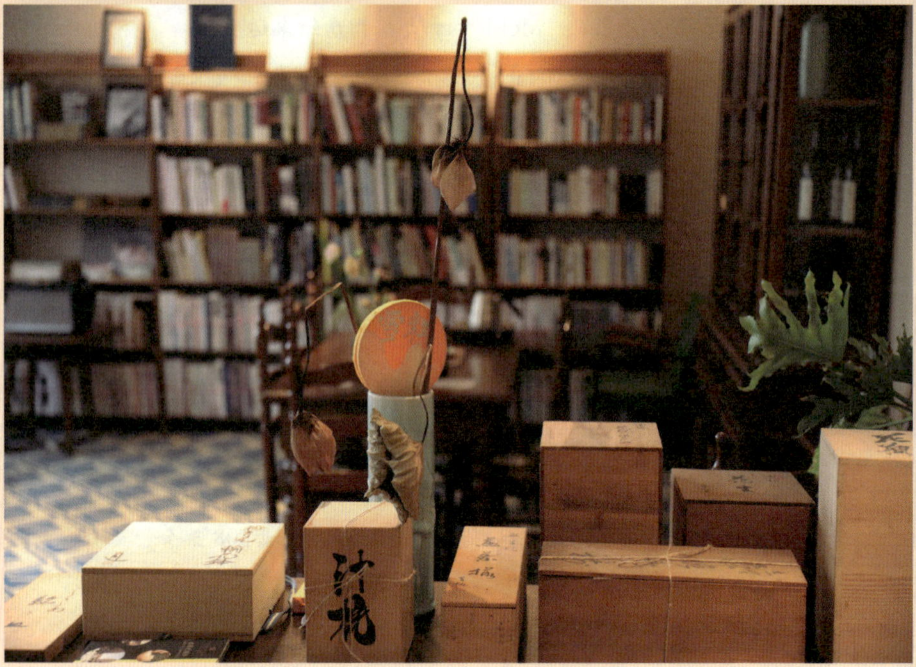

2021年3月,与锦江都城酒店五角场店合作,成立都城公社店。

2021年5月,黄浦新天地店山水序开业。

……

这大概算是一家屡败屡战的书店吧。辗转于上海的不同街区和弄堂,或曰一座漂浮于城市上空的书店。

## 当下我们如何看待一家书店?

书店是人与书初次相遇的地方,初次相遇即是启蒙。书店的灯光曾温暖无数个在夜里孤独行走的人。

最早的书店,大概就是清明上河图中的集贤堂书坊。图中集贤堂所售的书"古今名人文集诗集",我想应该既有先秦汉唐古人经典,又有时贤诗文。而走进书店的读者,大概多是诗礼簪缨之族,也不乏渔樵耕读之家。书坊,是士人用诗文发声的地方。

过去在独立书店中度过的14年是美好的。书店在我看来是一个城堡,是一个学习的场域,我希望通过一场场活动,一个个人的分享,赋予一些人文的价值,这是第一位的。同时,我也在努力拓展书店的商业经营模式,相信书店的物质性和精神性可以平衡。这是我乐于做的事情,我愿意投入时间,承担成本。

在最困难的时候,为了降低仓储成本,我将书店搬到了父母居住的青浦乡村,命名为大自然书房。大自然书房,迎面是苗圃,满眼姹紫嫣红的花草树木,后院是小菜园,可捕鱼虾的清流小河。

10年来，为了让自己的书店生存和发展下去，我带着上万册图书搬了无数次家，虹口、徐汇、浦东、杨浦、普陀区等，书店都曾驻扎过。有两年时间，我有时"多伦路—复旦—青浦"一天跑三个地方，于是在朋友圈带着些自嘲发布，把我的书店定位为"一座漂浮在城市上空的书店"。

关于疫情，对于我的影响无非是理想中的书店空间延迟一些。大约上海的朋友们都没有想到影响会如此漫长。在最严峻的时候，我们的实体店大多无法正常营业，五角场都城店被征用了两个多月。回想起，广西师范大学出版社发起的"燃灯计划"，北京阅读季、深圳读书月两大阅读推广品牌联手推出"书业同光互助行动"，证明阅读具有安定人心的力量。

自2016年至今，我和朋友在书店组织国学经典读书会，每周五晚上，先后共读《大学》《庄子》《周易》《道德经》……2020年开始，每周改为线上共读，每月一次线下聚会共读。

时常被问起在最困难的时候是怎么熬过来的。记得在2017年，父亲中风，经过抢救出院后，我将父母接来上海安置妥善。那一年，我感觉自己一下由青年步入了中年。2017年冬天，我时常一个人由市区赶往青浦，走在没有路灯的被雪花覆盖的泥泞道路上，只能借助夜晚沪青平公路上风驰电掣路过的大货车的灯光来看路。

那一年，我曾怀疑过自己的职业选择。对于父亲中风，我想除了他的身体原因，是不是也有我的赚钱能力有限的原因？成年人要学会独立面对一些突发的情况。

那一年，我开始谋划，以后的店面经营，不再是一个人的事情。我要以一家店，养活我们一家人。

生命中各种因缘际会，我都要学着坦然面对。从开书店的第一天开始，我时常警示自己，开店也是一份工作，今天都做了哪些事情？独立书店与商业连锁的实体店，有职业素养的差别，我们是否在陈列、选品、策划、市场等方面有更胜一筹的优势？

我之所以乐意开书店，在天真的想象中，还有一点个人经验，凡是想要学的，如未遇到当世的老师，书籍就是最好的老师。一个人可以自我灌溉，我培养我自己。

《乞食》是我最喜欢的一首陶诗："饥来驱我去，不知竟何之。行行至斯里，

叩门拙言辞。主人解余意，遗赠岂虚来。谈谐终日夕，觞至辄倾杯。情欣新知欢，言咏遂赋诗。感子漂母惠，愧我非韩才。衔戢知何谢，冥报以相贻。"陶渊明道出了许多读书人的困境，不愿意为斗米折腰，又不善于生产经营，然而生活总要继续。我的一位同学在读到此诗时，说："要面子就要饿肚子，为了肚子又要失去颜面。"这真是一个伟大的困境。

## 书店的困境、突围和再启动

在书店最困难、最煎熬的那段时间，实体店铺无法营业。此时，我反而静下心来，进一步反思实体书店的经营之道。图书仓储流转率是书店在当下的困境之一，库存图书远高于零售，一线城市仓储物流成本很高。图书仓储管理需要调整，从零售角度，动销率远低于在店的储存周期，但又必须囤积一定数量的好书，每个独立书店都会有很高的风险。

我设想在书店内部，或者可以做一些有利于进销存和现金的管理，同盟互助。如果能将书店里书籍储存的数量和目录细化，各独立书店的书籍总量和品类会更丰富。内部之间可以相互调货，只要能完成贩售，几家书店都有利润。

另外，能将各店仓储成本降低，书店供应给读者的图书品类丰富，完成贩售，减少负债，就算成功。各家书店都有无数的一本本好书，单独一家书店，这一本本书储存在书店或仓库，四五年都没有售出，这是怎样高的仓储成本？

关于仓储成本和贩售周期，从单店考量，如果一家店的库存图书（资产）没有及时流动，可能就会导致亏损。实际上，我们许多书店一直如此。如果每家店的藏书都在增加等于资产都在增加，书籍贩售的周期做得健康合理（抵掉房租还有增长），我们就能使书店经营趋于良性。如果书店藏书没有良性及时周转，从经营角度上讲，在一定程度上也算不良资产。而当要交房租或者希望再补一批好书时，你发现那部分资产没办法成为可用的活的现金流。在日复日、年复年之中，一直和自己较劲，结果导致恶性循环。

从之前经营的经验教训中分析，书籍存量和读者匹配，私域流量足够，才能做到整体的良性贩售。从困难时期挺过来的有一定体量和规模的各地书店，大多是靠着多年的读者护持。书籍和阅读作为主体，而形成人—书—人的社群。社群是一个共同体，这些群体有着相似和相同的兴趣、爱好和价值观。

一家书店的书籍和其读者群体需要匹配。无论是有一定规模和体量的连锁书店还是个人经营的独立书店，如果走进书店的人，一年阅读不过三五本书，这样的读者群体，不足以支撑一家书店的生存。

书店的读者群主体，是那些有长期阅读习惯的人。随着阅读深入某个领域，有长期阅读习惯的读者，有的更喜欢古旧书。古旧书在版本和学术上有其优势，设计装帧也有其简约之美。

独立书店无法通过竞价来与网络书店竞争。即使有长期阅读和购书习惯的人，作为理性读者，也会选择价格优惠的购书渠道。目前，我们的读者群体，在一定程度上喜欢传统文化和艺术类图书，在选书上，我偏向选择有一定阅读深度和收藏价值的

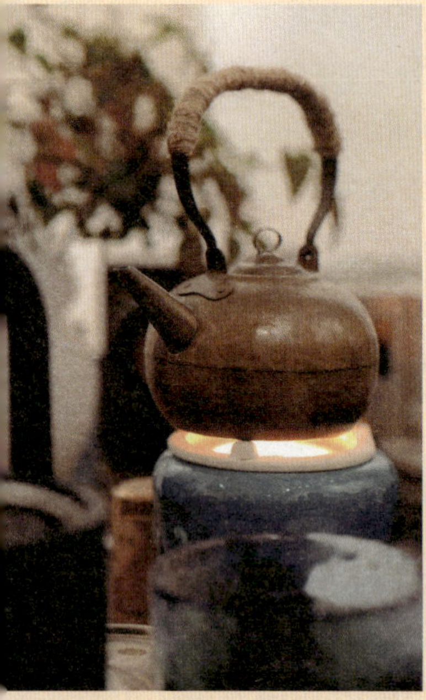

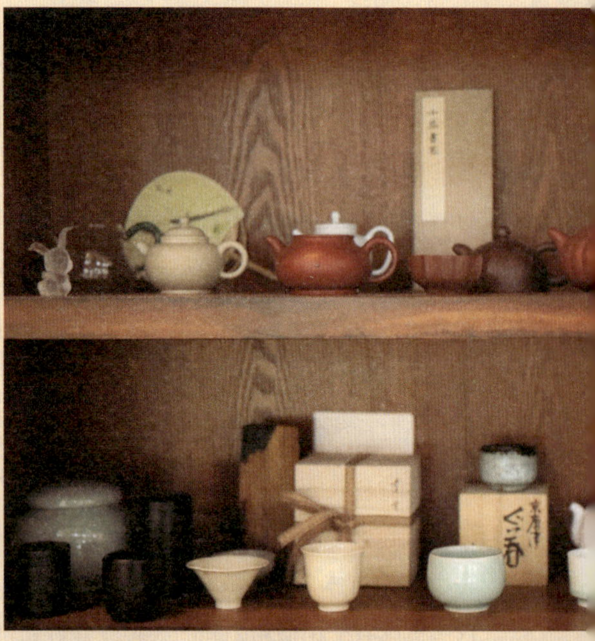

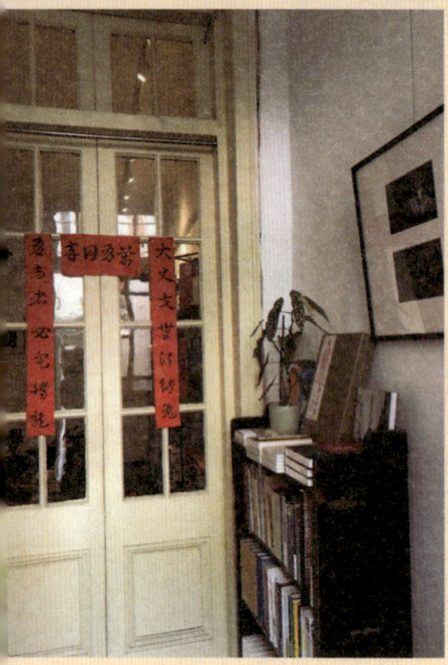

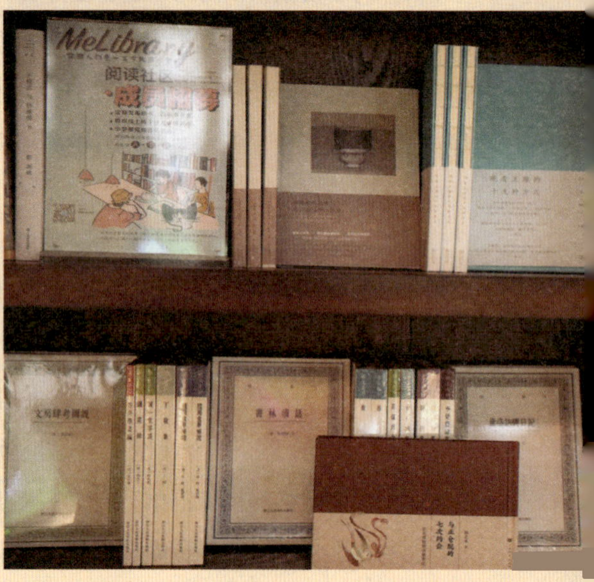
MeLibrary
阅读社区

MOOK杂志书，比如《湖上》《文人空间》《闲人闲事》等，这些MOOK杂志书可以全国统一零售价。

另外，还可以组团设置供货分享群，几十家独立书店形成一个签名书的分享群。由某家书店主导，与所在城市熟悉的作家接洽，各家书店事先预订数量，书源互通，相互支持。签名本，书店可以按原价销售，一定程度上避开与网络竞价，形成独立的小圈子。

作为独立书店，我们的古旧书、二手书的利润也许比新书更多一些。而古旧书的流转和循环，往往从一个爱书人手中流动到另一个爱书人手中。我准备大力寻找和扩大我们的爱书群体，开展上门收书，让好书和阅读形成集合和流转。

这是我对书业及书店的一些反思和总结，作为独立书店主理人，我们只能通过自身行动来检验方法是否有效，不断试错。只要健康地活着，别无他求。

现在，对于书店，我更愿意关注阅读本身，关注深度阅读……我愿意实体书店成为一个俱乐部式的，可以有丰富交流、互动，可以先学后传习的实体空间。

在此，谢谢我的姐姐，虽然她也曾不理解我，给我泼过冷水。但她很善良，在一段长长的独自探索的路上，是她给了我许多帮助。我时常回想她初中时，手抄《浮生六记》，给我写信的情景……

非常感谢晓波兄，他的茶室让我一定程度上了解并融入上海这座城市，对于茶，对于美，有一些蒙养和感知。我谢谢因书店结缘的朋友们,感谢你们一路上的陪伴和支持。

  在上海,MeLibrary&小茶書園经营了 14 年,我们愿意分享,我们看到人们身上的光彩和美好,我们对未来生活有美好的想象和实践,也希望遇到一些志同道合的朋友。我们希望一个综合的实体茶书空间是一个美好的场域,进来的人自然成为朋友。没有人是一座悬浮的孤岛。欢迎加入,与我们一起开启一段奇遇之旅。

首店开业时间:2011 年 7 月 22 日

书店地址:上海市黄浦区复兴坊 37 号前门

微信公众号:MeLibrary

小红书:罗奇读书

## 我想将实体书店进行到底

**蜗牛**　乐开书店创始人

2011年11月5日,上海娄山关路地铁站旁,一家可以买书也可以租书的书店开业了,那就是乐开书店。毫无创业开店经验的我,在店卡上印了一句"将实体书店进行到底"。如今,乐开已经经营了13年。

12周年纪念日那天,我正在桂林参加广西师大出版社举办的"山水阅读"文化市集——摆书摊,原想回到上海后再筹办店庆活动,却突然被告知房租即将每月上涨数千元。书店的未来一下子充满了变数,我只好暂时搁置店庆活动,全力寻找解决方案。当时的我,曾一度在搬家和闭店之间纠结。

但经历多处奔波,仍无理想解决方式后,为了自己以及乐开书友们所热爱的这家书店,我一咬牙续签了租约,选择继续在文定路努力把乐开书店开下去。毕竟,我们在这里把毛坯房变成了一家书店;毕竟,这里留有许多书友的美好回忆。

很多人曾说,开一家书店需要勇气。然而,在坚持运营乐开书店的13年里,遇到的困难远比勇气多,所幸在我们的努力和大家的支持下渡过了一次又一次的难关。13年过去了,我为什么还想将实体书店进行到底?因为那些一个又一个温暖动人的瞬间,汇聚成支撑乐开书店前行的力量。

乐开书店犹如我的孩子,我亲历它的诞生,看着它从实体书店变成移动书店,然后有了现在的模样。一直以来,我不为它设

限,我爱每个阶段的乐开书店。

## 2011—2015,乐开是一家可以租书的实体书店

毕业后在互联网公司写代码的我,从未想到自己会开一家实体书店,虽然开书店曾是我儿时的梦想。2011年9月,深受我先生板栗鼓舞的我开始筹备书店。这一年正是实体书店的萧条期,为了开一家可持续的实体书店,在寻觅店址的同时,我阅读了许多书店主题书籍,在读钟芳玲的《书店风景》时,我了解到莎士比亚书店曾是一家可以租书的书店,彼时穷苦潦倒的海明威和菲茨杰拉德常去这里租书看。这一点启发了我,我决定开一家可以租书的书店,旨在通过租书激起更多人的阅读欲望,惠及更多想

请保护好每一本书
它可以陪伴你更久

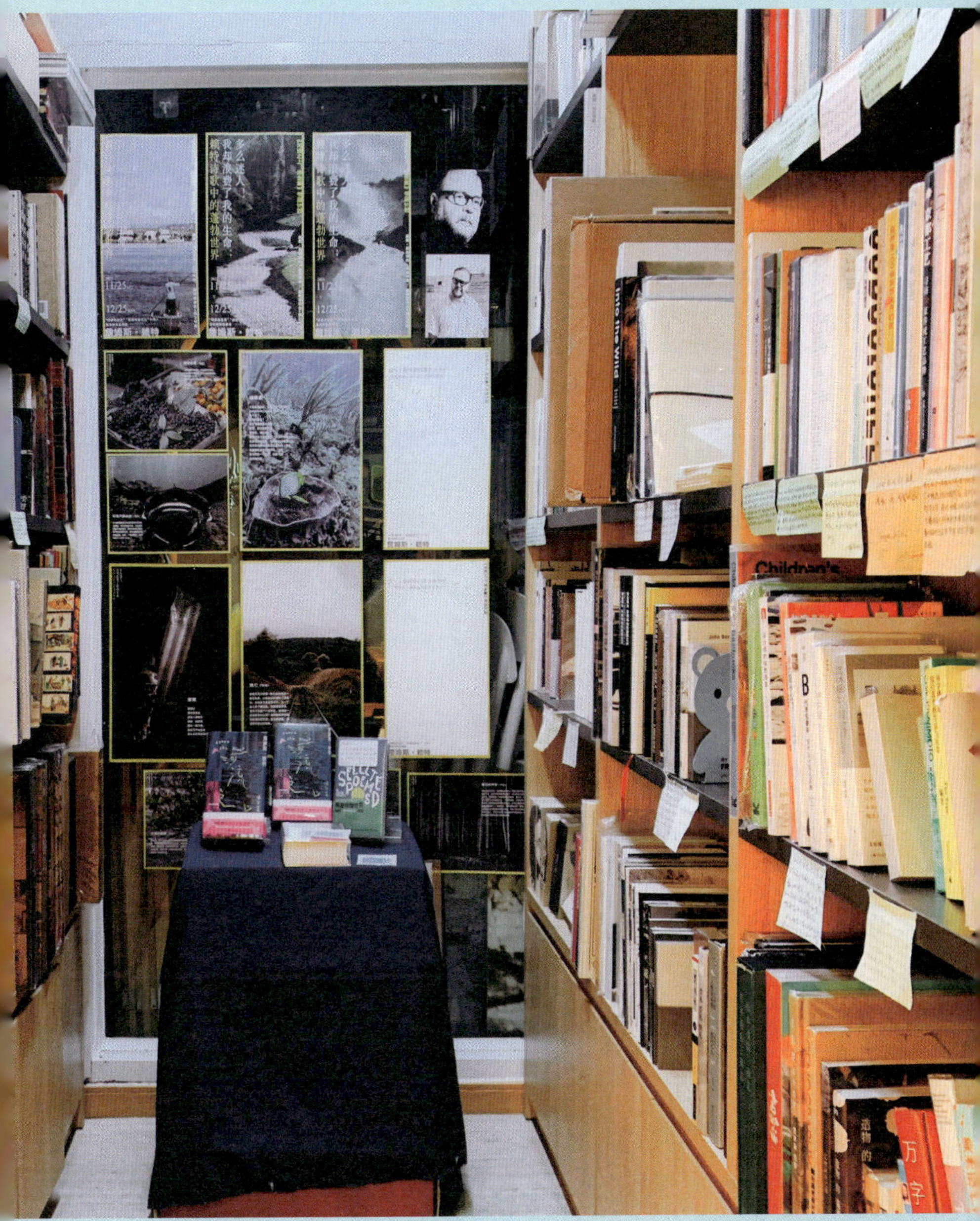
Into the Wild
Children's

要阅读的人。

书店对于我的意义，其实是在经营书店的过程中，逐渐明晰，不断叠加的。我发现，书店是让书与人以及人与人发生联结的地方。在这里，读者和店员，读者和读者，一不小心就会成为一辈子的好朋友。曾经有许多读者告诉我，乐开书店陪伴 TA 度过了人生低谷期，这就是所谓"一家书店温暖一座城"吧。

无论是给人以温暖，还是向别人成功推荐自己喜欢的书籍，都会给我带来满满的幸福感，吸引着我努力将实体书店进行到底。后来，在会员朋友的推荐和支持下，乐开陆续在电影院和咖啡馆中开出了两家分店。

但天不遂人愿，2014 年，乐开书店遇到突变，三家店陆续遭遇不同变故，最后只有最初的老店在付出了迁址、房租翻倍的代价之后，才得以存活下来。原以为自己仍旧可以把实体书店进行到底，但身体却在一次次的折腾中发出报警信号，并且在 2015 年让人不能再对它置之不理，于是在合同期满时，忍痛被迫关掉了最后一家实体书店。

### 2016—2018，乐开是"让好书与你不期而遇"的移动书店

看书会上瘾，开书店也会上瘾，做移动书店亦会如此。2016 年，经过一年时间调理，在身体康复后，我忍不住又去寻觅新址，想要重开乐开书店。苦苦找寻几个月后，仍未觅得合适店址，于是报名在上海新天地马当路的集市去摆书摊过把瘾。

参加过一次后就上了瘾，此后每月都会去各处摆书摊做移动书店。做移动书店时，我们需要把好几个沉重的书箱，从没有电梯的六楼搬到一楼，然后叫一辆货车，运输至摆摊地点；等到摆摊结束，还需要将剩余的书箱再次搬回六楼。板栗曾有三次因搬书箱受伤，每次摆摊虽然极为辛苦，我们却总乐在其中。

开书店是我的梦想，开一辆书车环游中国，则是板栗多年前的梦想。2018年6月中旬，板栗提议，暑假带上宝宝开一辆书车行游中国，我立马同意了。想到"可以去很多城市摆书摊，把好书推荐给更多人"，我就很兴奋，而且我也希望5岁的宝宝能在旅途中观察和认识这个世界。

2018年6月底，我们带上宝宝和父母（我的公婆）开一辆书车，正式开启书车行游中国。边旅行边摆摊卖书，历时58天，行驶9000多公里，途经11个省市。我们的书摊出现在音乐节上、咖啡馆前、市集里，还出现在水果摊间、蒙古包中、菜市场里……每当书车在高速上奔驰，从平原到高原，从城市到村落，穿过一个个隧道，路过桥梁、湖泊、戈壁，我们都会迫不及待地想象着下一个城市会带来怎样的惊喜！

旅行和阅读，会让人发现世界的多样性，一路上我们邂逅了许多有趣的灵魂。正如作家王晓渔所说："我始终确信，有着相似美学和价值观的人们，终会相遇。"

乐开书车第一站，我们结识了苏州花桥的柒书店，店主是一个热情爽气的女孩，她不在时店里便成了无人值守书店，顾客可以自由出入如自家书房。当时正值世界杯期间，常有些书友会在书店打烊后自发组织来店里看球赛。

在乌兰察布大草原上，我们把蒙古包变成书屋。当书籍摆满我们自带的折叠桌后，便陆续有人进来看书，买书的有游客，还有蒙古包的工作人员。当我走出蒙古包时，看到一位工作人员坐在员工宿舍门口，读着刚从书摊买的书，那一刻，我再次深刻感受到移动书店的独特影响力，它让更多地方的人得以邂逅与之有缘的书籍。

## 2019 年起，乐开书店想要成为一名永续生活探索者

第一次关注到"永续"，在 2018 年。乐开在做移动书店摆书摊时，结识的一位朋友告诉我，他要回到家乡去推广永续农业，唤起人们对自然环境的关注。后来，他不仅在当地践行自然生态农法，还扶持当地传统文化艺术。

2018 年 11 月，乐开书店移动至黄山西递音乐节摆书摊。在附近的碧山书局和碧山供销社，分别邂逅了《碧山 08：永续农耕》和《D&Department 开店术》，这两本书让我对永续和长效设计（Long-life Design）有了更多的认识，我和乐开的未来也因此转变。

D&D 创始人长冈贤明曾言："能经历时间证明、长久留存的设计才为长效设计。"

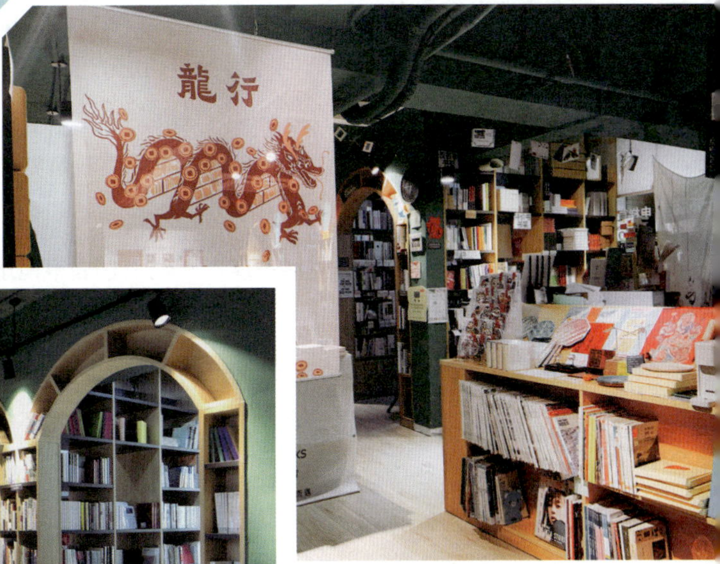
龍行
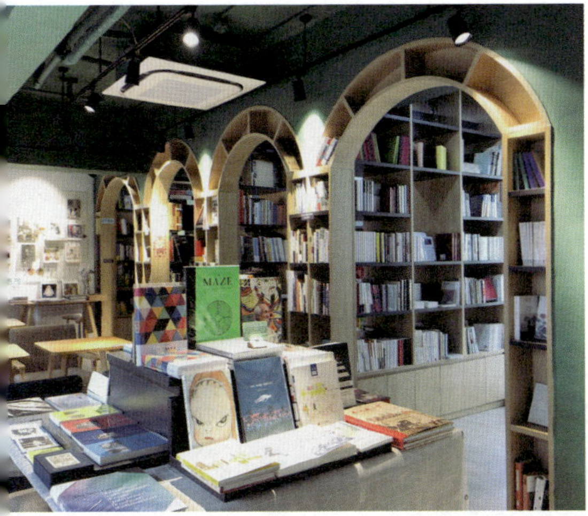
MAZE
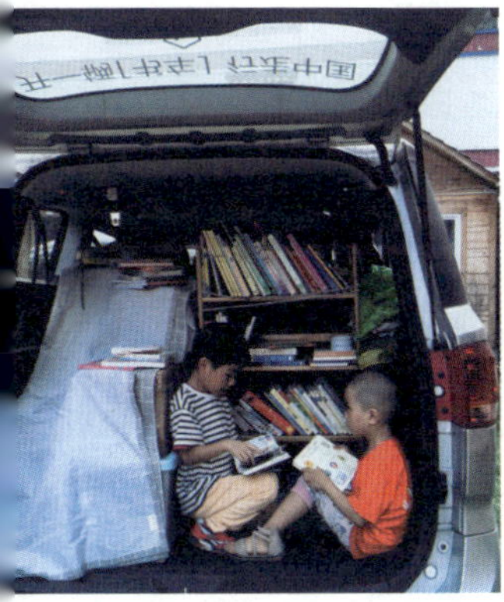
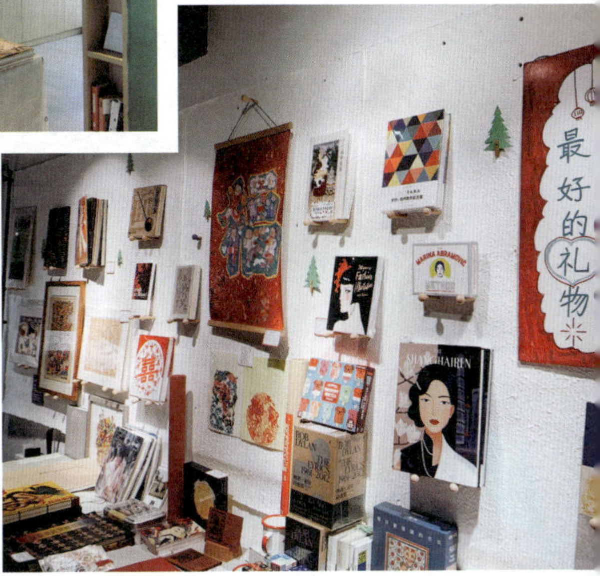
最好的礼物

在他经营的 D&D 二手商店里，主要售卖符合长效设计的能修理的可持续性商品，同时倡导再利用的设计和不设计的设计，店内一直坚持使用回收再利用的购物袋。

这两本书籍犹如突然闪现的光束，为我照亮了人生中隐藏在黑暗中的角落，让我想要去探索永续生活方式的各种可能性。在我看来，永续是一种生活态度。当我用它去审视乐开书店时，我发现乐开自 2011 年以来，在围绕书籍所做的许多事情也是永续生活方式的一种，比如乐开的租书服务、自主研发的图书漂流和二手书交易平台，皆希望让书籍实现可持续循环阅读。同时，我也在反思一些违背永续的行为，比如乐开为顾客提供塑料袋，没有顾及对环境的影响。

在这个物质过剩的时代，在买买买的同时，我们很少去了解商品在废弃后如何处理；在追求企业利益时，我们有时忽略了给环境带来的负担；在生活越来越便利的同时，是否也耗费了许多不可再生的资源……如果地球资源即将耗尽，那么你如何选择生活？

我选择让自己和乐开书店成为永续生活的探索者。

乐开书店接下来的永续生活探索之路，或将漫长而未知，但我们依然可以保持有趣，希望通过永续阅读的书籍、长效设计的商品，以及旧物改造等活动，让永续设计融入日常生活。

乐开现在只是刚刚踏入永续的大门，还需要努力学习和不断探索，从一点一滴开始。现在，乐开内里店，已经开始提供可回收再利用的购物袋，目前尚未遭到顾客的拒绝，并且得到部分顾客的认可，告诉我们下次来店时，会把家中留存的袋子带来送给我们。

我已经看到了蝴蝶扇动翅膀带来的细微影响,相信它会越聚越大,或许终将影响潮流的风向。

### "现在的书店到底靠什么存活?"

这是一个许多书店店主常被问到的问题。

每次被问及,我的回答是:靠的是一个又一个在乐开书店消费的顾客啊。有些书友会时不时到书店买书,有时还会带上朋友一起来,同时向朋友介绍:"这是我特别喜欢的一家书店。"

比如这位书友,她在笔记中分享:"自从上次一口气在乐开书店入了17本自然教育的书籍后,这家书店就成了我的心头之好。昨日,约上朋友,穿越大半个上海一起去逛乐开。"这一次,她又买走了许多书,并且感慨:书会牵引你遇到喜欢的,毫无疑问。

再如上海交大有位外籍教授,第一次来书店是因为受开书店的朋友委托来逛中国书店,他选了两本有关中国文化的书:《中国小玩意》和《老月份牌广告画》。离开书店时,他说很喜欢乐开书店,很快还会再来。果真,他在一个月内来了三次书店,每次都买了喜爱的中文书籍。他说,虽然现在还读不太懂中文,但借助翻译工具去读也别有一番趣味。

在学校放假前,他和夫人特意来到书店和我们告别,说待学校开学他返回上海后还会再来。所幸我们续签了租约,将来又可以在此相聚。

"你们书店最大的特色是什么？"

有时也会遇到顾客如此问。或许他实际好奇的是，实体书店有什么独特之处，在当下还能吸引读者。

作为店主，我反而不适合回答这个问题，我觉得书店的特色应该让读者们自行感受。每当读者在浏览完书架、拿着心仪的书来吧台买单，对我说很喜欢我们的选书时，我便会乐开了花，直言这是我最喜欢的夸赞。

对乐开选书的认同，应该是书店拥有一个又一个来消费支持的书友的重要原因，也是吸引异地书友在网店持续下单购书的重要原因。曾有异地读者发现乐开书店点评中有关书籍选品的评论特别多，因而选择第一站来乐开书店。

　　其实在选书、荐书方面，乐开做了许多实践尝试：为喜爱的书做展览，鼓励读者一起分享喜爱的书籍和阅读心得。有次乐开举办"无用读书会"时，有的书友说："每次来到乐开书店，就像泡在浴缸里一样舒服。"有的书友说："每次回到乐开书店，我才能变回'小朋友'。"还有回国的老书友说："去乐开书店好像就能满血复活。"

　　其实，我在书店里值守时，也会有相同的感受。我觉得，开一家书店是一份颇有幸福感的工作。在此刻，我再次感受到把实体书店继续开下去是正确的抉择。

　　即使乐开已经重新拥有线下实体店，我们也仍将不定期做移动书店，希望把书籍带到更多原本不会出现的地方，与更多的人

不期而遇。

无论是在书店里值守,还是在外移动摆书摊,常常有顾客问我:乐开书店是否可以盈利。

书籍有着统一定价,利润远低于其他商品,所以无法期望书籍直接带来高利润的回报。但是,书籍却在其他方面给予你无限的回馈。你会因书结识许多好朋友,你会在书籍中接触到诸多不一样的世界,解决人生中的许多难题。

自从开书店以来,我的物欲在不经意中降低许多,有了书和朋友已觉富足无比。《浮生六记》中,作者沈复的妻子芸娘说:"布衣菜饭,可乐终身。"在保障温饱的基础上,做喜欢的事,足矣。

**乐开书店**
**LEKAIBOOKS**

🕐 首店开业时间:2011 年 11 月 5 日

👤 书店格言:让好书与你不期而遇

🪧 文定路店地址:上海市徐汇区文定路 218 号画家街 B 座 2M 层

🪧 今潮 8 弄店地址:上海市虹口区四川北路 989 弄今潮 8 弄 5 号楼 106 室 2 楼

💬 微信公众号:乐开书店

📕 小红书:乐开书店

## 18 像路灯一样的书店

鹿茸哥　慢书房主理人

### 连亏三年，我们就关店

几个年轻人在都市中生活多年，他们在内心深处隐隐觉得：长此以往，热爱与梦将何处安放？他们是遇见瓶颈的设计师，感到迷茫的摄影师，心有苦闷的广告人。一个机缘巧合的机会，他们在一家别人的书店相遇，一拍即合，然后说干就干。

最初的计划是这样的：做一家纯粹的书店，触手可及都是书。如果亏损，三年之后就关门。然后，在茶余饭后跟朋友忆往昔时说：想当年，我还开过书店呢！

然而，运气太好，预测连亏三年并没有实现。从第一年开始，书店就是微利状态。从2012年11月11日开业至今，已经12年了。

书店不亏钱，并不代表着书店可以扩大，可以连锁。相反，我们始终觉得，一家小书店的使命就是在城市的角落，守着一盏书店的灯，不灭、温暖、从容，就能给人以力量。这盏灯是路灯，默默守在那里，在黑夜中照亮你的一段路，当你走向更光明的地方，路灯依旧守在巷子里，等你归来时依旧亮着。慢书房，就是一家像路灯一样的书店。

## 还是劝你别开书店

倘若在今天，我是没有勇气出来开书店的。十年前，小书店虽不易，但面对的只是三大电商。那时一本新书出来，编辑带着作者一个城市接一个城市地做读书沙龙，书店老板认真接待、作家学者温暖分享、读者书友沉浸倾听，书价正好，原价签售，还时常排长队。

那些年，书店可以安然度过，70%的收入来自周末沙龙。现在开书店，在传统电商和直播电商的双重"关怀"下，那活得才叫惊心动魄。今天，你在群里、圈里随便遇见一个业内的同人，只要聊起书店应该怎么活，一定会告诉你说：搞直播，做短视频！这几乎成为行业的共识。一本新书出来，可以选择推广的载体很多，找博主写推荐笔记，找主播录制视频，上直播带货卖书。不得不说，在经营需要回报的体系里，谁都希望花同样时间得到更多效益。若我在出版社，面对考核指标和市场压力，哪里能卖书我就找哪里。于是，卖书不快不多、囤书能力弱的小书店，很难拿到好的资源。

我经常遇到刚刚选品进货到店的书，而电商价格更便宜的情况。然后，郁闷地问编辑朋友，他们深感抱歉。这种事的结果只能不了了之。我还会与编辑朋友共情：每一本书都是他们的心血，低价售卖他们心里也难受；书店老板常常都是他们的朋友，忽悠了朋友也于心不忍。

在书店的江湖里，我结识了很多帮我在电商平台找更低价进货渠道的编辑。我真心感谢他们，但也深刻明白一个道理：个体在庞大的运行体系里，往往是无能为力的，有时收到编辑朋友们的一份真诚，就是人间珍贵。所以，后来即便再遇见折扣倒挂现象，我也不会埋怨，而是想办法创造新价值，让书依然可以卖出去，尽管这种操作很费脑细胞。

还有一件事，事关书店的骨气，那就是书不打折。至少在2020年之前，我们一直都是这么坚持的。这两年，跟随电商和直播平台，折扣已经成为书店线上平台的常态，但随之而来的影响是书价普遍提高了。

我不忍心让支持书店的读者原价买书，但又不得不为行业的定价考量。思来想去，只有尽可能处理好实体书店与线上书店选品的区别，不断寻求特别版，如签名版、毛边书、上款版等，保持书价不打折或少打折。

### 让书店变得特别的五件事

一是所有塑封书都可以拆。这个原则在书店开业的时候就有。打破书与人的隔绝，让读者可以在书店里看书。书旧了，就留在书店，书店也是图书馆。这些年沉淀下来很多书，虽然都旧了，但有一种岁月的暖意。

二是空间以书为主，剩下的都是为书服务。除了简易饮品，少量自制文创，目之所见，触手可及都是书。迄今为止，慢书房85%的销售额都来自书，书是书店永远的主角。

三是书店沙龙都是公益性质，且没有强制消费。每年120场线下沙龙，书店已成为城市的公共会客厅。在特殊时期改为线上

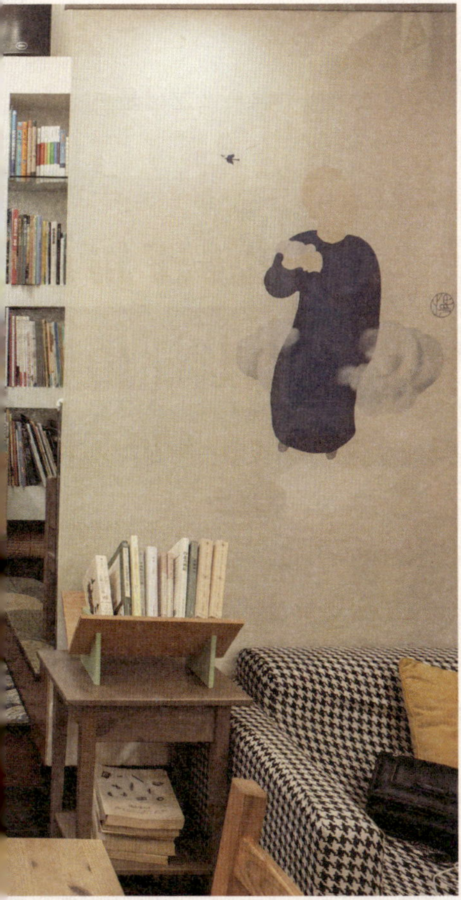
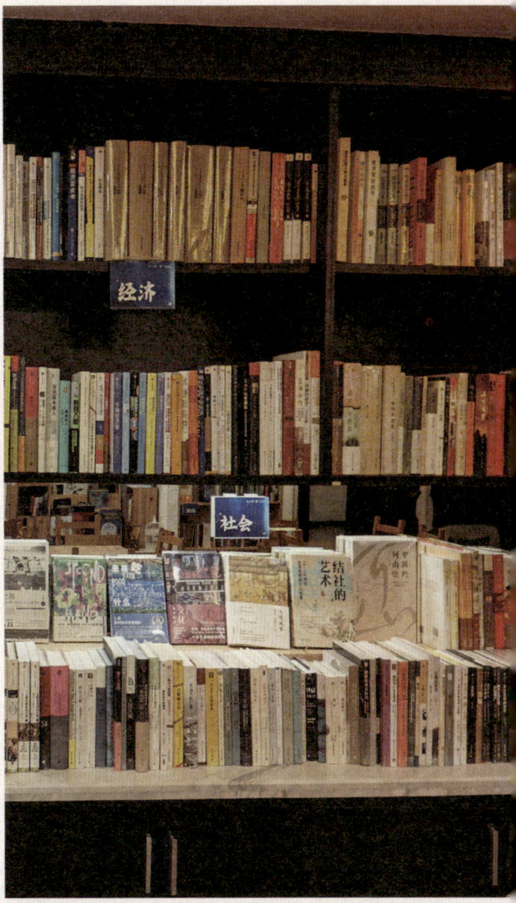
经济
社会
结社的艺术
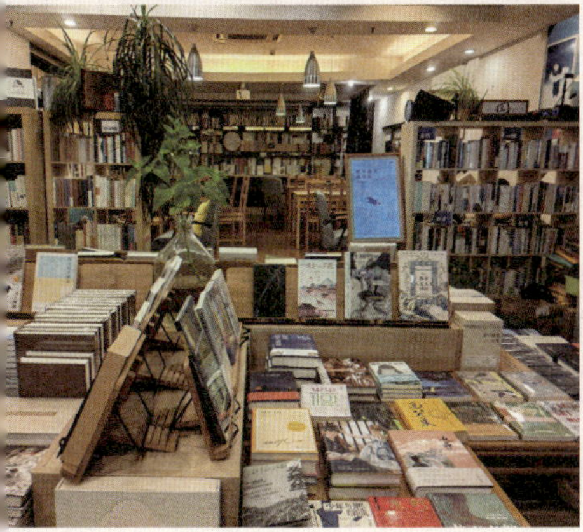
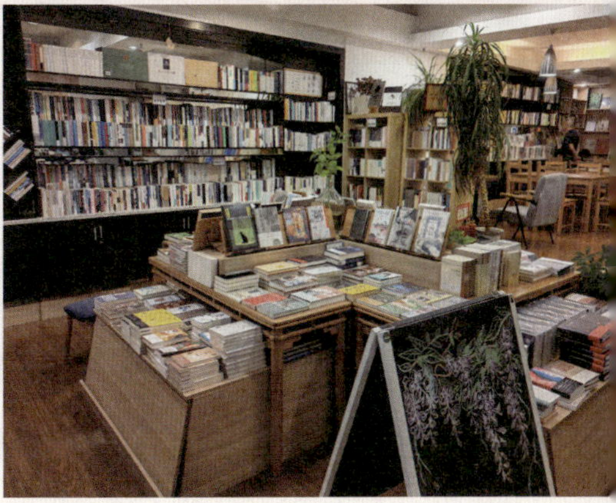

沙龙，最高峰时一个月有 20 场。每周在慢书房听读书沙龙已是不少书友的习惯。

四是成人与孩子的深度阅读服务。慢书房共读计划，每一年在年末招募书友，每月一书，一年共读，有作家签名分享，也有作者解读，还设有伴读文创，至今已经持续 7 年。慢书房绘本读书会，由书店主理人羊毛发起，与孩子们每周阅读绘本，创作绘本，深受孩子们喜欢；慢慢读书会，慢书房的线下读书会，汇聚苏州的本地读者；慢云会员，面向全国书友招募的慢会员，可以第一时间获得慢书房的各种阅读福利，如签名书、沙龙回放、定制文创等。

五是保持日更微信公众号。虽然自媒体平台日趋多样化，但公众号依旧是慢书房的主要对外平台。讲述书店故事，推荐各类好书，制作音频、视频，分享书店日常，一个有温度也有故事的公众号。

这是慢书房始终坚持的，坚持的背后是书店的初心。让书与人、书店与城市更加紧密地连接。

## 那些照亮人心的故事

书店是充满故事的地方，我一直觉得，书店故事是激励我们向前的动因之一。因为它让我们知道，当一家书店诞生并融入城市，它就不再只是开店人的书店，而是爱书人共同的书店，他们形成的精神共同体让书店更有意义地存在。

74 岁的孙老师在书店做公益英文读书会，每周二风雨无阻，他带着书友一起读名著，一本又一本，连续五年。孙老师常说：我这样一个糟老头，每周占用你们书店，还免费喝茶，真是难为情啊。我们笑着回应：孙老师，希望您长命百岁，一直在我们书店做读书会。

有段时间，孙老师连续两周没来店里。原来是大病一场，做了手术。我们去看望孙老师，他说：我要赶紧好起来，接着去书店做读书会！我们知道，对孙老师而言，读书会是他的精神支撑。在一次分享会上，孙老师曾说过，我保持好身体就是为了每周来书店做英文读书沙龙。休养两个月之后，孙老师真的回来了，大病之后气色黯然了一些，但那种热爱依旧在他的眼中闪烁。

四个月之后，孙老师再一次缺席英文读书沙龙。我们知道，孙老师可能再也不会来了。那一年，我们把十周年读书沙龙取消了。这是第一个离开我们的书友。

22岁的小鱼带着一盆木香来书店。一盆很大株的木香，一位老爷爷帮忙推过来的。小鱼和我说明缘由，她觉得自己喜欢的书店应该有开着白色小花的植物。为什么要给书店送花呢？小鱼又说道，在过去的几年里，她每周都有好几天到书店看书，经常拆开塑封的书，一看就是一个下午。但书店从来没有阻止她拆塑封书，还说只要没有副本都可以拆开看，令她非常感动。下周，她要回贵州老家了，可能不会再回来，特别送来一株木香，借以表达对书店的谢意，也给自己留一份念想。

这株木香就放在书店门外，长得非常好。有一次遭遇偷花贼，差点活不成，我们赶紧把它送到书舍民宿的院子里，侥幸逃过一劫。现在，每年木香开花的时候，我们都会想起小鱼。

比我大两岁的陈哥，在书店刚开业的时候，在慢书房组织读书沙龙。我们浅浅认识后，在朋友圈偶有互动。有一次，他给我

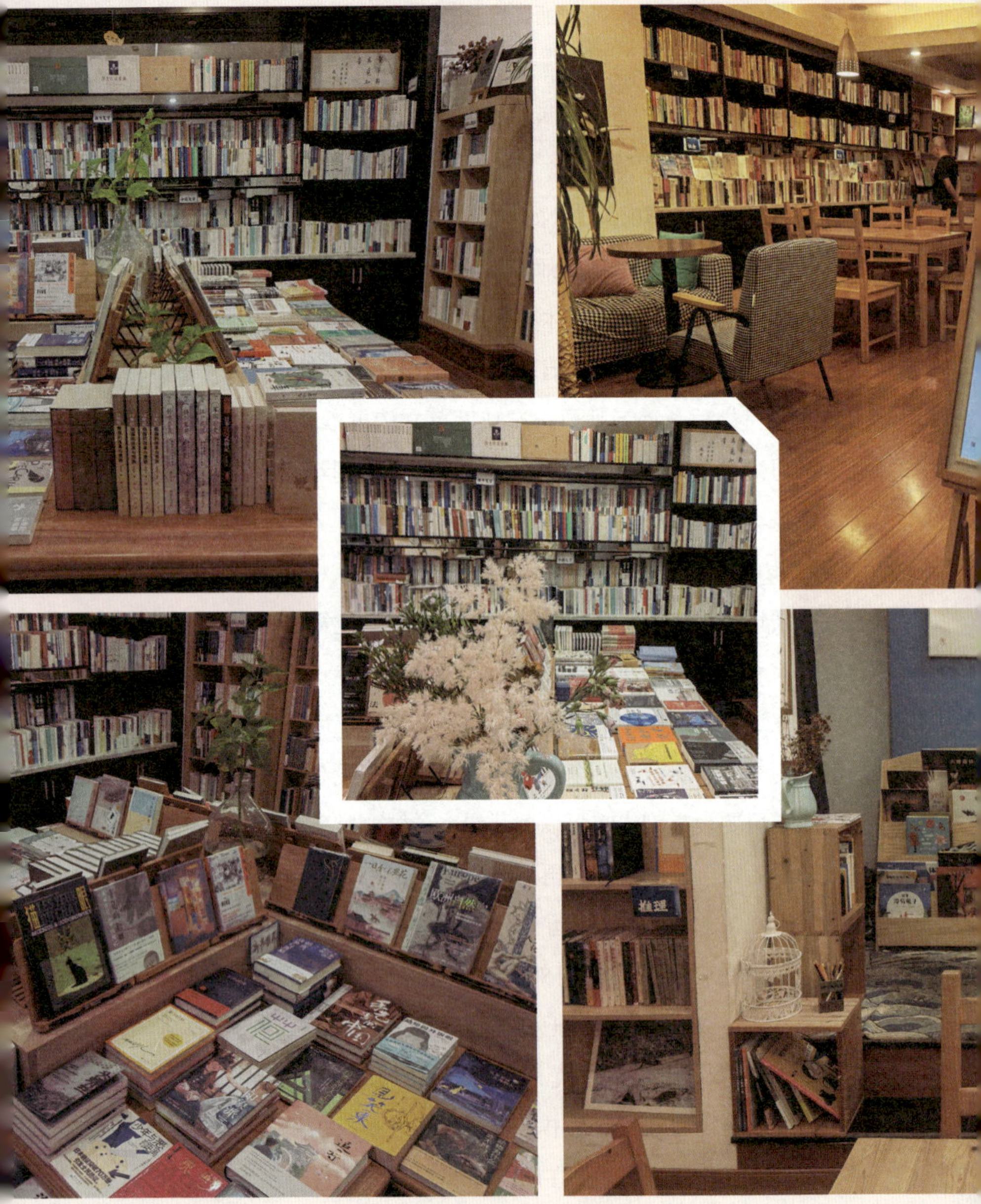

发了一张全家福，并说道：这是我们一家子，我爱人就是在慢书房的沙龙认识的，现在我们有了下一代，我准备秋天带孩子去书店转转。慢书房就是我的幸福起点。

类似这样的故事很多很多。有的人在书店认识，有的人在书店求婚，有的人工作多年之后回忆在书店的读书岁月，有的人没有离开苏州因为慢书房，有的人因为一次读书沙龙改变了人生选择……

这些故事明亮又温暖，每当愁绪涌上心头，这些画面就像黑夜天空中的点点繁星，虽是微光，却又明亮，然后一年又一年，照亮我们，走到今天。

书店商铺合约到期，远在台湾的房东给我们发来信息，她说有两件事要沟通下。合约到期有事要谈，除了涨租金还有什么呢？房东说，第一件事，房租不涨，以后都不涨；第二件事，租期你看，多久都行！

听到这个消息，我们仿佛被泼天的富贵砸中。在商业世界里，竟然有房东和租客说不涨房租，而且租多久都行！这一次我们签了十年的合约。我们计划十年到期之后，如果房东心意不变，我们准备再签 20 年。第三个合同期结束的时候，我就 70 岁了。

我常常问自己，慢书房为什么会有这样的好运气。最后得出的结论是，当你做的事对这个世界有益，而且持之以恒地做，很多正能量就会向你靠近。所以，"利益"二字，首先要做的，不是去争取"利"，而是为世界产生足够的"益"，如此，"利"才会幸运到来。

慢书房一直如此，也验证了"益"起"利"来的定律。

## 焦虑的时代，我们寻找心中的确定

实体书店确实很难。有人说，书店已经沦为"公益的图书展示平台"，我深有体会。当你走进一家书店，一本书原价128元，上网一搜，五折，还带签名。虽然一定有书店的忠实读者，二话不说依旧原价购买，但问题是：这样的读者有多少？书店这样卖书，内心不惭愧吗？是的，非常惭愧！因为我们知道书的定价在直播大潮中已经虚高。

同时，我们内心深处也是失望的。失望之后是躺平吗？要放弃吗？当然不是，越焦虑越能推动我们思考，既然环境已经如此，一家书店要生存，应该如何去做？

于是，在摸索中，以下几点心得体会，是我们对未来书店的思考，也是我心中书店永恒的坚守：

**书是永远的主角。**

无论何时、无论如何跨界，书品仍然是书店核心。一个书店的书品就是书店老板的内心世界。只有让读者对书店的书品有兴趣、有信心，才有更多可能。这就要求书店经营者，首先是一个有书感的人，其次必须是一个爱读书的人。因为书店作为一种天然让人亲近的业态，太容易被当作场景跨界，也非常容易以它为话题吸引关注获得流量。但凡在书店业里摸爬滚打过的人，大抵都明白我的意思。就当我认知不高且极其武断吧，我认为：一个只想当网红的书店，不是好书店；一个书品堪忧的书店，绝对是一个糟糕的书店。

**读者是永远的朋友。**

当朋友就是要慢慢处的,不是一锤子买卖。在网络不发达的时候,我们谈"客户汇",后来喜欢谈"客户池",现在谈最多的估计是"私域流量"。名字怎么更新,但本质都是基于客户的关注。耕耘读者,就是了解他们的阅读口味,选对味的好书。他可能不是专程来买书,但经过书店一定要来看看你,说几句话,甚至坐地铁逛大街,在路上碰见也会有一种莫名的亲切感……我的师兄器曰书坊周小舟说,互联网时代每一个昵称的背后,对有些人来说只是一个数据,但对我们来说,是一个个有名字、有温度、有性格的朋友。听他讲完这句话,我百感交集,差点热泪盈眶。

**所有的"产品"必须有内在联系。**

用现在时尚的表达方式叫作"故事线"。无论是服务,还是文创产品,或是引入产品,一定要注意彼此之间的联系。在书店卖茶叶行不行?我们的想法是,如果慢书房卖茶叶,那只卖两种,一种是福鼎老白茶,因为鹿茸哥是福鼎人,还有一种是苏州的碧螺春,因为书店在苏州。剩下的茶叶再好也不卖。又比如市面上文创产品很多,但早期在书店只有笔记本和书袋,再就是自制的帆布包。为什么文创产品那么少?考虑的也是阅读的关联度,读书要写笔记,装书用袋子,出门要背包,包里放本书。如果不是近几年"慢师傅"IP形象得到很多人的喜欢,可能我们跨界的文创还会这么少。慢书房的研发速度和经营的保守性或许没有更多参考价值,然而我们对书店产品内在联系的坚持,还是值得再揣摩揣摩。

**拥抱新媒体但不要被绑架。**

我一直觉得一个人能在社交媒体火起来，一部分出于勤奋，而另一部分是天赋。勤奋是努力、坚持、不怕失败，天赋是在镜头前天生具有表现力。勤奋我们还有机会，但天赋真的是老天爷赐予的特别福利。在微信公众号时代，我们尚且可以躲在背后写文章，可在短视频时代逼着我们抛头露面，且不论什么拍摄剪辑加脚本，只在镜头前镇静自若地表达这一点，就令多少书店老板望而却步。于慢书房而言，我们应对的态度是，拥抱它们，慢慢呈现。忽然哪天火了，自然欢喜，但一直不温不火，也不急。把书品做好，读者服务好，内在的产品建构好，就不会让一家书店活得过于寒酸。

这就是这些年我们的一点小心得，未必适合每家书店，但其间的真切感受，都是基于书店实践，也是让慢书房"苟活于世"的生存良方，仅供参考。

慢書房 SLOW TIME

开业时间：2011 年 11 月 11 日

书店格言：繁华静处遇知音，阅读本是寻常事

书店地址：江苏省苏州市姑苏区观前街蔡汇河头四号

微信公众号：慢书房

小红书：慢书房

19 一个 I 人书店主的自我修养

小白　海豚阿德书店创始人

如果一个人的人生是以一种螺旋状的轨迹缓慢上升,那么五年后的今天,我会给时间线上的"2019"这一年做个标注,称之为一个迭代的节点。在那之前,我用了差不多三年时间,重新探索了自己的内在世界。

在 MBTI(Myers–Briggs Type Indicator 迈尔斯 - 布里格斯类型指标)人格模型的测试中,稳定且比重清晰的测试结果反复显示:我是一个"I 人"。作为 MBTI 人格模型的灵感来源与理论依据,在荣格的"心理类型"理论术语中,Extraversion 和 Introversion 非常明确地解释了人们用来引导和获取能量的态度。Extraversion 类型人(简称 E 人)倾向于关注外部世界,并且通过与人交往获得能量。而作为一个 Introversion 类型人(简称 I 人),由于更关注自己的内心世界,他们通过反思概念、想法、经验和记忆来获得能量。

2019 年年底,我接受了《书见》第二季的邀稿,荣幸之外,全是恐慌。如果思辨和策略是我的强项,那么讲故事和自我阐述一定是我的弱项。我把头埋进电脑里,想找到那么一点可以带给我灵感的素材,然而文档里除了书单、货单、对账单、产品计划、展览企划和设计稿外,关于我自己的部分只剩下一份歌单和一篇微信公众号推文的草稿。

《我的少年之歌》是 2017 年 7 月书店微信公众号新栏目

"二三事"的开篇，这篇回忆体的小文，与其说是一个阶段性的复盘，不如说更像是一个人生的记忆存盘。它安放了关于我的童年、书店的孕育与生成、生活日常点滴，还有旅途中我拜访书店的记忆。它是一个纪念，也是一个告别。现在回头去看，当时所有的告别包含着各种分崩离析，也不过是人生的二三事。最终，这篇小文被收录在了 2020 年 6 月出版的《书见》第二季。

于我自己而言，"一个人继续开这家书店"，可能比"一个人重新开一家书店"更复杂一些。旧格局瓦解后，I 型人一般会更迫切地再次确认自我，摆脱之前的经验，然后建立一个新的秩序。这个过程我用了三年。

### 我想要我的书店成为思想的见证

如果苏格拉底教会了我辩证的自省，那么 2017 年年初合伙人拆解给我带来的经验——如果要开一家实体书店，你必须注入自己的灵魂。

I 人会用独特"向内"的方式对待自己，也不太擅长通过语言表达自己与世界的关系。回到开书店这件事，我发现无论付诸某些技术力，比如设计、审美及管理，还是付诸某种品质，比如专注、高效和有序，都只能说明我拥有一个合格"执行者"的特质。所以 E 人合伙人的离开，对书店的日常运营来说影响并不大，但是我的处境，确切地说，"我是谁"这个哲学问题的答案遭遇了巨大的冲击。

在一起开书店最初的几年里，作为创始人之一，我这个 I 人选择性地避开了几乎所有需要与各种人交互联动的工作部分。与其说回避，不如说我的注意力并不在此。这也造成了我的思想始终只体现在书店具体操作的局部细节上，比如视觉呈现和选品，比如店务与管理。开始独自主理书店，我才发现，对于主理人来说，不是打理好所有具体的事情就可以的，我需要重新梳理我和书店的关系：对于书店来说，我秉持什么样的精神；对于我来说，书店具有怎样的意义。

五年前，我其实没有好好思考过这些问题。怎么得到最优解，现在我也并不确定，但我可以确定的是，我的小小书店的存在，从这一刻开始，我要它成为思想的见证。

### 做简单的操作者

很多时候，当谈论"开一家书店"时，我们便会预设一些关于书店的问题，或者一些需要解决或实现的事情。"我们要开一家什么类型的书店更好""我们要卖些什么类型的书更好""怎么样让我们的客人喜欢我们"，参照这些答案的操作方法，仿佛使我们确信走在正确的道路上。但其实，我们可能复杂化了这件事，或者我们更关注那些外界交互中的信息与反馈，并不能让事情真正变好。

I人一般会倾向做简单的操作者，因为他们向内寻找答案。

开书店这件事情做到现在，我有两个法宝级的处事准则：一是"做力所能及的事"，二是"做与我有关的事"。这两个准则也同样适用于我的人生。

关于第一个准则，有一个很普遍的现象就是，大部分人都在用尽全力朝着自己的"不能及"的方向努力，迫使自己"进步"。

其实，清晰的自我认知一定是具有批判性的，同时包含了巨大的自我接纳。在给书店校准定位的阶段，我把自己的特质写在了一张纸上，写完后发现这张纸真的很讨厌：自我框架感极强、重度逻辑爱好者、低语境爱好者、有强烈的批判属性、擅长抽离或者无视感情处理事务、目的明确、追求独立与自由、享受独处、最优解强迫症、过度追求细节、过度思考、会被低效的人和事内耗，以及社交恐惧。而反馈给其他人的印象则是：坚定、固执、傲慢、冷漠、理性、不合群。

解析完毕后，答案非常清晰：我应该是做不好一个依赖群体互动和社会关系来维护顾客或者运营的书店主理人吧，确切地说，因为"力所不能及"，因为不热衷，我肯定是做不好的，也并不能获得个人价值和乐趣。你看，事情就明朗起来。

而"与我有关的事"被我分解为:与我有关,开书店这件事中我的个人价值、我的注意力和专业、关于每一项事务我的计划与完成度、我的知识储备与心智成长、书店生态、成本与利润、团队的创造力和生命力;与我无关:除此以外的其他事情。

### 关注书店生态

"关注"一定是积极的,但同时又有两个关键属性:减少可选性,以及投入更多的认知和精力。关注点在哪里,这部分的意义就会被自然放大。

在"与我有关"的内容里,我提到了"书店生态"。这对我来说是一个逐步形成的重要指标。我理解它是实体书店与在地环境之间相互作用和相互依存的关系，是一个综合系统。这个从生物学引申过来的概念，包括书店顾客群落的细分、书店产品种类的设定、产品在整个书店系统中的生态位、产品的多样性，以及产品的转化率等。在书店的成长中，我认识到这些内容平衡给"成本与利润"提供了条件。

直到我对"书店生态"这个概念有所理解，并且把注意力转移的时候，才有一种认知，促使自己从局部工作中抽离出来。于是，在2019年年底，当把"我的思想""力所能及的事""与我有关的事"和"我的书店生态观"一件件整理完毕，在开了7年书店后，我才觉得真正拥有了书店主理人的初步思维。

这真的非常不容易，但我很高兴，因为我还在开书店。

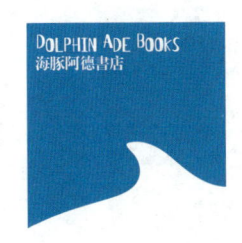

DOLPHIN ADE BOOKS
海豚阿德书店

🕐 开业时间：2012年9月3日

👤 书店格言：大理的小书店 Wish you have a nice book

🪧 书店地址：云南省大理市大理古城苍坪街56号床单厂艺术区D栋2楼

💬 微信公众号：海豚阿德书店

📕 小红书：海豚阿德书店

只為愛書的
你

歲月極美
在於它必然的流逝
春花、秋月
夏日、冬雪

——三毛

只為愛書的
你

剛剛好
看見你幸福的樣子
於是幸福著你的幸福

——村上春樹

## 在生活

程磊　境自在书店创始人

不知不觉，距离《书见》第一季已经过去五年多了。这五年多，真是恍如隔世，内里的酸甜苦辣，只能自知。小境（读者朋友对"境自在书店"的昵称，现在"小境"已成为境自在书店的代称。以下如无特别说明，"小境"均指"境自在书店"），快十岁了！

十年前以毫无行业交集的"小白"身份进入实体书店之门，虽然搞了一些调研，也有长期难做的思想准备，但只有真正把书店开起来，才知道到底是怎么一回事。可以说，书店刚刚开业时，我除了初创激情以外，对书店还谈不上有什么特别感受。

弹指十年的书店生活，我们沉淀了良好的口碑，可经营状况一直不理想。到2020年之前，虽然每年的营业收入都在上升，整体亏损也呈降低趋势，但营业额始终处在一个比较低的水平区间，且连年亏损。2020年以来，不仅营业收入持续下降、亏损继续增加，更由此导致资金周转频繁亮起红灯。

有人说：既然书店经营这么糟糕了，为什么还不赶快关掉，去搞别的稳妥点的事情做呢？为什么还要固执地死撑？

这样的问题，我又何尝没有问过自己，甚至可以说是伴随着这些年一路走过来。

书店开到一年的时候，被这几个问题纠结着，在彷徨的最后关头，我发现自己对书店已经有了难以割舍的感情。专注书店的365天，对精挑细选的每本好书，来到店里的每位读者，店里

逢考必过
学习使我快乐
三好生
好好学习
天天向上
BALLOON
SHAKESPEARE

用生活感悟讀書
用讀書所得生活
境自在書店
正在营业
福

发生的每一件事，甚至书店里的花花草草……都充满了好奇和欣赏。这是不是人们常说的"日久生情"？！

某天傍晚，我把那段时间一直存在心里的话告诉了大家："……所以，现在，以后，书店就是我安身立命、相依为命的孩子！无论贫穷或富贵，无论健康或疾病。我没有期望她有多么了不起的成就，但希望她能人如其名，自在平和健康成长，为我们的生活带来一份宁静和快乐，境自在会是意味深长的岁月……"从此，我的个人微博名也改成了"书店是我的孩子"。

既然是自己的孩子，怎么能有随便放弃的想法呢！尽管这样的问题仍然会时不时地在经营现实面前跳出来，但我想得更多的是：怎样才算一家真正的好书店？怎样让书店良性地生存下去？

书店人，首先是普通人，可能会有不一样的个性和想法，但同时作为书店经营者，就需要具备面对读者和社会的格局。首先，是平等、尊重和包容。这是人与人之间交往的基础，对书店也是一样。对每一位来书店的读者，都抱有平等的态度，尊重TA们各自的想法（即使你无法完全认同），尽量包容不同类型读者的个性（说不定你会因此受到更多启发）。有书、有人，书店才有生气，才有价值，才构成书店真实生活的整体。书店人的格局很大程度上会影响书店的格局，也可以说，人们透过书店了解背后的书店人。正是因为有了这些不同个性的书店人，我们才能看到各具特色的实体书店。

谈到书店本身，很多书店人也都将其视为自己的孩子、家人，抑或生命中不可缺少的一部分。正因为这样一份感情，才让书店人能够全情投入，全力以赴。有的读者，甚至有些书店人，可能会将这份情感简单地归结为是一种情怀，甚至混淆或误读了书店的完整功能。

其实，书店同样是一个需要盈利才能持续生存发展的行业，而要实现这一点，只有情怀显然是远远不够的。书店在体现其文化属性，发挥阅读和文化传播作用的同时，更需要体现其经济属性，两种属性并行，书店才有可能走得更稳、更远、更久。

那么，书店如何才能实现这两种属性呢？当然是要有好的综合品质。首要是书的品质。如今，很多书店都在颜值上花了不少工夫，确实吸引了很多读者纷纷前去拍照打卡，但如果这种"第一眼的好感"不能进一步转化为读者对书店本身的关注，那么恐怕书店的"心"也无法长久。这里的"心"可理解为核心，真正好的书店必然是以好书为核心，坚持书的品质，既不随波逐流，也不哗众取宠，在选书方面不断寻求适合读者与书店自身气质的平衡。另一方面，此"心"也可理解为诚心，真诚、真实地对待每一位读者，用真心的服务带给他们良好而独特的书店体验。

经营书店需要书店人有职业态度和专业实践。用我们这几年一直在念叨的就是：日拱一卒，不虚度每一天。"日拱一卒"不是放弃思考，埋头蛮干，而是读思行、重在行的周而复始，循环往复。经营书店，不仅需要财力、智力，也需要心力、耐力，就连看上去再简单不过的搬书、整书都是十足的体力活。这些年来，不稳定的经营情况让我这个以此为生的人时常焦虑，甚至无所适从。无数次的思想斗争，无数次的自我调节，又让我更深切地看到认准方向、持续行动的重要性，真的要但行好事，莫问前程啊！

将书店看作孩子，不仅仅是情感的寄托，更是持续经营企业

莫要高聲語 恐驚讀書人

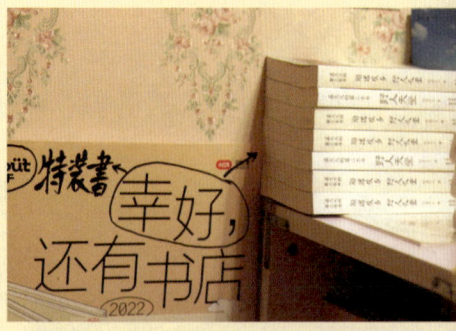

的意念。我非常希望书店能够自负盈亏，小境能够健康茁壮成长。这就更需多开动脑筋，多从自身想办法，既要少走弯路，也莫妄想行捷径。既不虚无拔高书店存在的意义，也不妄自菲薄书店的前途。书店，就是日常生活里的一个场景，想做好，必须得踏踏实实，一步一个脚印。

作为父母，不仅仅希望自己的孩子越来越好，更可贵的是无论处于何种情况，都会无私地爱着自己的孩子，绝不轻言放弃。尊重本体，默默耕耘之后静待花开；平等相处，尽心尽力之后顺其自然。我时常在想，经营一家书店是不是也需要有这样的恒心呢！

走访过世界上许多实体书店的著名书店作家钟芳玲老师，曾在微信里勉励我说，很多好书店的形成不是一帆风顺，都是慢慢熬出来的。

这几年发生的事情对各行各业的冲击和影响都是巨大而深远的，实体书店行业也不例外。作为非刚需的公共文化经营场所，实体书店行业受多重因素叠加影响，更有点雪上加霜的意味了。尽管书店经营者们在想方设法，以图生存，但随着人们行为习惯不断发生深刻改变后，大家来实体书店的频率更低，运营更加显得捉襟见肘，时不时就能听到或见到一些书店的"消失"……

开书店的这些年，五味杂陈，冷暖自知。个中滋味，任何语言都无法准确形容。如果非要用个词，我只想到：奇妙。有很多事情，发生得那么不可预料；很多事情，不会有现成的剧本让你去彩排。我们能做的，唯有真诚、专注地生活。经营书店，和经营其他业态一样，也是要讲求效益的。对于这个结果，每一位经营者都希望得到，但通过怎样的方式得到，众说纷纭，就像每个人眼中的哈姆雷特各有不同一样。这十年，我们也没有找到确切的答案。我想，这个答案还要在书店经营的过程中继续寻找。也许答案本就在时间和生活里，又或许即便穷尽一生也无法获得这个答案。如果我们尽心尽力去做了，最终答案又有什么重要呢！

在未来诸多不确定的状态下，我们秉承"日拱一卒"，也相信"道阻且长，行则将至"，确实能让心态平和点。可现实有时真的很残酷，努力并不见得能够对等地转化为经营成果。曾经的书店人聚会，大家都感叹："如果不考虑经营，开书店真的是一件蛮有意思的事情。可往往压垮书店的最后一根稻草，又恰恰是经营。"当这几年极不稳定的外部环境似乎已成为一种新常态的时候，我也时常有力不从心的感觉。同时，我真的越来越喜欢书店，喜欢每一本好书，喜欢在这里遇到的每一位有缘人。

3000多个白天与黑夜，书店一步一步地走着，小境一岁一岁地长大。前行路上，书友们给予了小境无私的关爱和鼓励。无论是买书消费的实际支持，抑或留言本里的暖心话语，都是我们笃定专注书店生活最大最多的支撑力量。对此，我们始终心存感恩，唯有用更丰富的内容和更卓越的品质来回报大家。

记得在2020年初夏，小境刚刚复工不久，书店经常没什么人。某日，小W（一位书店会员）来了，彼此已经很熟，尽管都戴着口罩，还是很亲切地聊起了久别重逢的感受。临走时，她挑了几本书，要付款。我说你的会员卡还有余额，可以直接刷卡，不用付钱！她说，知道会员卡里还有钱，就是想支持一下书店，希望小境能一直走下去。在那一刻，我还是非常激动的。我说大家现在都不容易，书店一定会想办法努力撑下去，等会员余额用完了你再来充值！多么善良的小伙伴啊！

又一年，小境七岁生日。小K（书店的亲密小伙伴）送了一幅书店主题拼图当作生日礼物。拼图真的是大，最后完工上墙，是几位小伙伴一起摆弄了好几个小时才安放到位。小K对我说："你还得腾出一块位置，因为书店八周年的生日拼图我也准备好了！"我大笑着回答道："还早得很，等书店先熬到八岁再说哟！"多么可爱的小伙伴啊！

其实，令人难忘的又何止这几个人、这几件事呢！令人难忘的是这个真诚包容的群体。我总说，在书店里关于读者朋友的故事太多了！这些年，小境恬淡真诚的品性同频了许许多多和她一样热爱生活的读者朋友。大家共同成长，一起经历分享着生活里的喜怒哀乐、酸甜苦辣。这些小伙伴有烦恼困惑时，常来书店适时倾诉交流，我会作为年纪稍长些的知心大哥适时开导一番。小伙伴们有了各自生活中的大事，升学、结婚、买房、工作……往往也会第一时间来到小境"报告"。我总是由衷地为他们感到高兴。当下，想获得这些真情特别不容易。至少在书店里，我能看到他们特别的努力！

有时，一些新来书店的读者朋友看到这些景象，会问道：为什么他们和书店这么熟络？好像一家人那样亲切，还有一种特别的轻松感。书店一直这么生活化、这么接地气吗？我说书店的主旨就是希望大家"用生活感悟读书，用读书所得生活"呀！

我在书店里写了一句话："我希望书就像平时吃的热干面，味美实在，虽不奢华，却是生活里不可或缺的食粮。"书店，除了始终致力专业化和人性化以外，书店的生活化也一直是我们发自内心传递的特质。开书店之后，我愈发深刻体会到，读书不仅仅是用来学习知识、增长见识，更可以是一种生活化的日常行为。我们完全可以把在书中收获的体验融入日常，从而更明白、更通透地生活。大家在书店相遇、相识、相知，彼此真诚、真实、放松相处，或读书、或交流，不用故作风雅，无须暗藏心机，就在这方小小天地里，实实在在地生活。

正因为书店的这种人性化和生活化，令我们在设计推广任何一条运营策略时，都能自发地共情和换位思考：希望书店多卖书，实现更多营收，但不是只做一次性买卖，更注重细水长流。近几年，受大环境影响，很多人的生活状况都不理想，作为一名职业书店人，我一直在探寻书店多卖书和读者买到真正适合好书之间的平衡，希望这种平衡能让实体书店有更长久的生命力！

我非常喜欢孔子的一句话：己所甚欲，勿施于人。放到书店运营上，就是少做刺激性的营销，尽可能充分展现书店的各类元素，呈现出的价值不一定满足所有读者朋友们的需求，但可以让大家自主选择。即使在2020年到2022年异常煎熬的困难时期，我们也没有求救过。许多人说我"佛系""不缺钱""拉不下面子"；也有人建议我不要顾虑那么多，先把书卖出去再说……但我并不想这样做。只要对书店有一点点了解的朋友可能都知道，这些年来，不管书店情况怎样，哪怕经营再难、创收再慢，即使可能面临倒闭，我们都不想用卖惨博同情、脱离价值的打折甩卖等非正常价值交换方式，把经营风险转嫁给读者。始终诚信经营、尊重自然、真诚做人是书店运营的基本原则，这是毋庸置疑的。

十年来，书店面对市场现实等各种内外部因素，尤其是经历

了这几年的特殊时光，一方面由于长期亏损和负债经营让书店的抗风险能力越来越差；另一方面因为我们始终遵循"用生活感悟读书，用读书所得生活"的运营主旨，始终联结好书、读者、生活的书店态度，积累了日益丰富的社会口碑和遍布四方的读者群体，又让书店抗风险的信念越来越强。

实体书店到底应该有怎样的存在价值，不能仅仅靠想象中的文化意义来维系。我不会把书店包装渲染成一个脱离现实、刻意营造个性、寄托空泛情怀幻想，只是看上去很美的地方。书店应该深深地、牢牢地扎根在热气腾腾、充满酸甜苦辣的平常日子里，为每一位走进的读者朋友奉上营养均衡的精神食粮。

扎根生活的文化，才会有更为持久的生命力。

2018年，我们做了一本记录书店生活的小册子——《在生活》。起这个名字是因为书店一直倡导将读书融于生活，而生活本身就是一本丰富的书。这本小册子一方面真实展现境自在的书店生活，让朋友们看到小境在成长过程中迈出的每一个坚定、踏实的步伐，一起分享前进道路上值得纪念的点点滴滴；另一方面也是书店主旨的精炼表达，呈现出品生活、过日子的自然鲜活的状态。

我是以书店为生，但书店并不能成为我的全部。和其他人一样，我也需要平衡好生活里的种种。我已不再预测书店会开到什么时候，能开多少年，基于自己对生活、对小境的热爱，只要有一线希望，就会继续开下去。对于"如果实在搞不下去准备怎么办"这类假设性问题，我没想，也无须回答，路总要一步一步走下去。

书店生活，因为有书，因为有人，真诚且真实，平凡且平实。

十年来，我和书店，小境和我，因书结缘，相依为命，更有幸相识大家，一路同行。书店，也许只是生活里一道极微弱的光，即便如此，我们也要用它来照亮未来生活的路。

我们永远走在生活的路上。

境自在書店 since 2014

- 开业时间：2014 年 4 月 25 日
- 书店格言：用生活感悟读书，用读书所得生活
- 书店地址：湖北省武汉市江汉区解放大道 557 号中山广场写字楼 1925 室
- 微信公众号：武汉境自在书店
- 小红书：武汉境自在书店

21 试着赞美这个残缺的世界

刘二囍　1200bookshop创始人

很多人曾对我说:"你一个长得像混夜店的人,怎么就开了一间书店呢?"貌似这是一件不合理的事情。事实上,我开的书店就是一间夜店。在我看来,那些所谓的夜店只算半个夜店,因为它们在半夜就停止营业了,而我们的店是通宵营业,24小时不打烊的。

这间夜店就是 2014 年 7 月 12 日,在广州开业的不打烊书店——1200bookshop。

30 岁之前,我从来没有想过自己会被标注上"书店"这个标签。在华南理工大学读书时,我读的是建筑系,毕业后进入了设计院。可总觉得自己的设计水准一般,比起很多同班同学弱许多,我觉得我可以成为合格的建筑师,但不会成为优秀的建筑大师。几经挣扎,工作三年后,我放弃了画设计图,就在广州正佳广场旁边的六运小区开了间咖啡馆,其实是个小酒吧,营业额主要靠晚上卖酒,收益不错,很快月收入赶上了在设计院画图。于是一年内又开了第二间店。

就这样,每天白天喝喝茶、看看书,晚上聊聊天、喝喝酒,日子非常安逸,算是过上了春暖花开、面朝大海的生活。我们都很向往如此惬意的生活,可是如果让你面朝大海一年,你就会疯掉的。就像生于忧患、死于安乐一样,我觉得如果一直这样下去,我也会死掉的。于是,我要寻求改变。

那时候，台湾高校刚放开对大陆招生，我就申请了去台湾读书。在读书期间，我逃课两个月，绕着台湾的海岸线走了一圈，一共走了 1200 公里，这也是 1200bookshop 名字的由来。

我是个不安分的人，之前的那些年接触了很多领域，但好像所有的经历并没有浪费，恰恰是它们汇集在一起支撑着我想开书店。做设计、出书、开咖啡馆、去台湾读书，以及环台湾岛徒步，缺少任何一段经历，都不会有现在这种形态的书店。说了一圈，我们重新回到书店的主题上来。

在开书店之后，我被问的频率最高的问题是"为什么要开不打烊书店"。最开始我还会一本正经地长篇累牍地回答，后来觉得三个字就可以解决，因为"睡不着"啊，这样半夜就可以"勾引"很多人跟我一起不睡觉了。

第二个高频问题是"什么样的书店才是独立书店"，这才是要重点聊一聊的，不过我的回答是"不知道"。人们会把大部分民营书店称为独立书店，区别于体制内的书店。事实上，并没有一个严格的定义。谈论独立书店时，很多人在意的可能是独立，不过在我看来，却是独特性。一些书店正是靠其独特性深深吸引了我。

那么，1200bookshop 究竟有哪些独特之处，和一般书店又有哪些不一样的地方呢？

## 24 小时不打烊

首先，我们是一间 24 小时书店。常规的书店通常是人文的

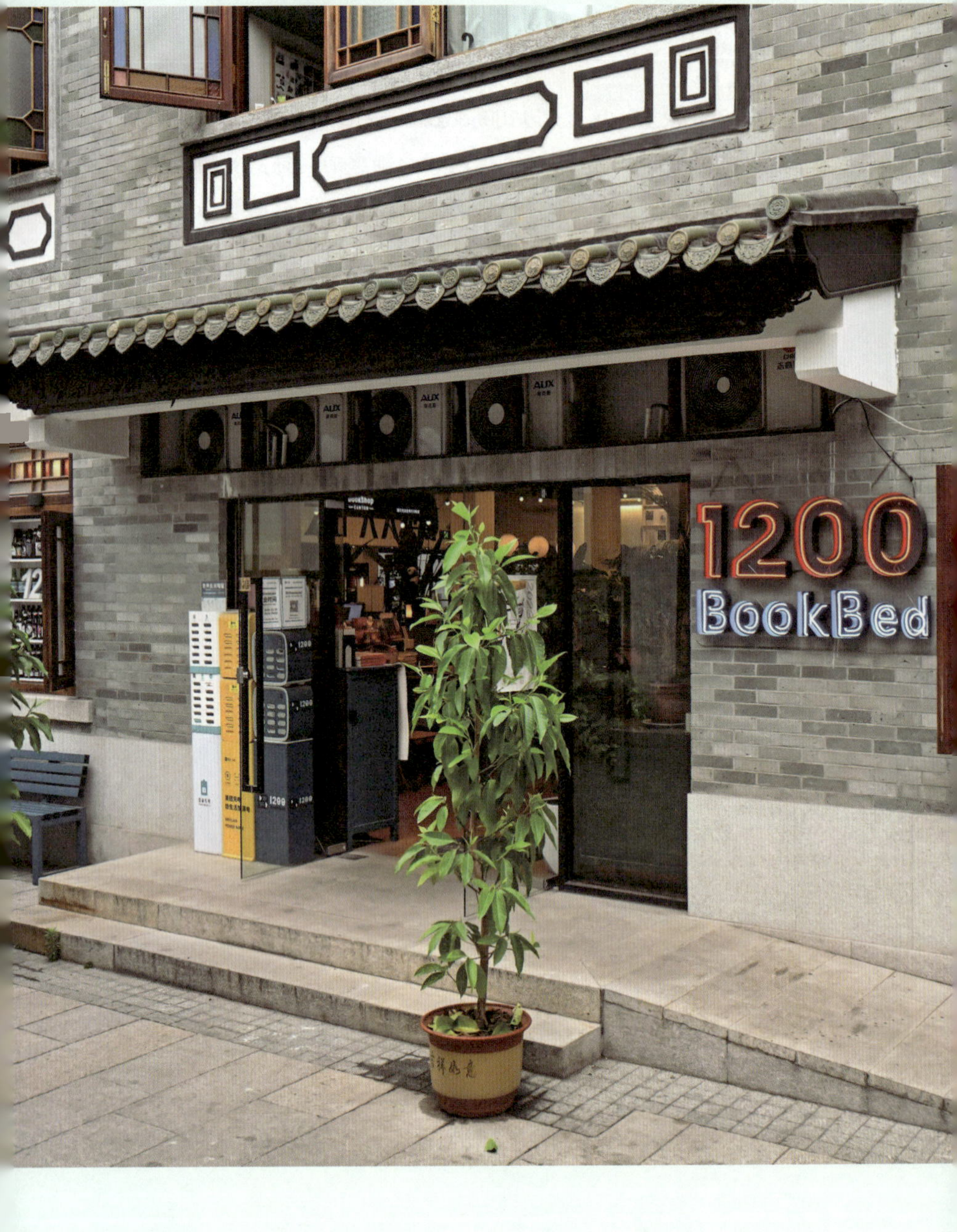
1200
BookBed

廣州書店城市漫游

乐祝無意义
LA FÊTE DE L'INSIGNIFIANCE

A210　A2

1200
← Book & Bed →

青旅前台
HOSTEL RECEPTION DESK

表达，但是当开启不打烊模式后，我希望我们可以做到不止人文，更要人情，希望夜间可以为无处可去的人提供一个容身之处，为城市的夜晚输送一些温情。在深夜的书店，你可以看到形形色色的人，有推着行李箱等待第二天一早去机场的，有刚来这个城市找工作暂时没有安定下来的，有失眠的失恋的抑郁的，有听完演唱会错过末班车的，还有离家出走的小朋友……

### 免费收留沙发客

我们被 CNN（美国有线电视新闻网）评为全球最酷书店之一，其中一个重要的原因是书店免费收留沙发客。我在书店内设置了一个小房间，里面放了一张床，可以提前申请入住。

还是在 2013 年下半年，我花了两个月的时间绕着台湾走了一圈，一共 1200 公里。一路上，我作为一个"流浪色彩"的背包客，居无定所，每天晚上都不知会睡在哪里。但很多时候，我都会被当地的热心民众收留，住进他们的家里，当我遇到教会或者小学校，敲门进去，也会被收留，甚至还有免费的晚餐和早餐。这些听上去就觉得特别温暖的事情，真正发生在自己身上时，感受会更加强烈，它击中了我内心最柔软的部分，我想要把这些复制出去。

那时我就想过，如果我开一间 24 小时书店，我也一定要收留背包客，让囊中羞涩且满怀热血闯天下的人，路过广州时有个容身之处。在我们书店的房间内，有穷游中国的大学生，有趁着寒假从北方一路南下准备骑单车环海南岛的年轻人，也有环游世界的外国人……看到他们在留言墙上写下的话,我就想到当初的那个自己,也庆幸自己做出这样一个正确的决定。

### 深夜故事分享

书店第一场分享会,主讲人是一个从东北一路徒步加搭车走到广州的年轻人,在出发第 82 天后住进了我们的沙发客房间。我请他吃饭,他和我描述一路上的见闻。我突发奇想地说,干脆今晚我们就召集一群人一起在书店聊一聊。于是,就有了第一场深夜故事分享会。我发现大家都挺乐意听,有兴趣听,于是尝试着继续做下去。没想到,截至目前,已经做了 100 多场。起初,我担心夜间没有人,后来发现晚上不睡觉的人真多,以致

周末的半夜，楼梯间的台阶上都坐着人，这让我们更有信心在夜间办活动。

我们的深夜故事分享会通常在周六晚上 12 点开始，不知道你是否有兴趣听听深夜故事？试想，在这个城市的深夜两点，上百人挤满书店，听一个人讲故事，甚至讲到天亮，然后一群人结伴去看日出……在半夜做分享会，在全世界恐怕都是罕有的。从这点来说，我觉得 1200bookshop 真的是全世界最酷的书店！

我们的分享会嘉宾跟常规书店不同，我们请的都是有意思的有趣的接地气的人，他们有街头、地铁口的驻唱歌手，有开客栈、开餐馆的老板，有去肯尼亚的义工，有穷游中国的学生，有创业的年轻人，有灾后的志愿者……这些人距离我们并不遥远，就是我们身边的人，不用仰望，触手可及。从他们身上，我们除了可以看到人生的多样性，也可以挖掘自己的人生潜能。

## 免费阅读区

小时候去书店，没有钱，就一直站在书店看书，太累了，想坐在地上或者靠在书柜上，都会被店员阻止，这样的体验让我觉得很糟糕。对我来说，书店应该是一个温和的包容的地方，所以我希望自己开的书店可以是另一种模样。

在 1200bookshop 开业的时候，我设计了免费阅读区，不仅有椅子，还配有桌子，在这里，你可以翻阅书店里任何一本书，体验免费又体面的阅读。我们还提供免费的柠檬水，无论消费与否，都可以自己倒来喝。这个想法最初是因为我在环台湾岛的路上,在沿途的一些庙门口,都能看到"奉茶"。奉茶是中国传统文化的一部分——以前交通不发达,奉茶为赶路的人提供极大便利。而对徒步环岛的我来说,背水是一种很重的负担,所以每次看到奉茶,我都会由衷地开心和兴奋,因为它帮我解决了最重要也最实际的需要。我曾经想将这种方便放在书店门口,立个牌子写着"奉茶",但因为城市管理的原因,很难实现。我便改放到店内,用免费柠檬水的形式代替。哪怕只是路过,路人都可以来书店里喝上一杯,消消暑,然后再离开。

## 人在书店

我曾经非常渴望在路上的状态,去不同的地方,见不同的人,听不同的故事,这就是行走江湖的感觉。当我开了书店以后,我觉得书店也是一个江湖,每天人来人往,坐在这里,可以遇见不同的人和事,我想把这些故事记录下来。

不知道你是否了解《人在纽约》这个摄影栏目,一个在纽约的年轻人,用相机记录城市里的普通人,通过他们可以看到一个多元的城市以及每个人背后不同的世界,我深受感触。

开店后,人来人往的书店成了一个微缩江湖,我每天拿着相机随机跟往来的客人聊天,并从聊天内容中提取一个故事,一段话或一句话,配上照片,通过微信公众号发送出去。这些普通人的平凡故事让我们看到了不同的世界,他们是我们通向另外一个世界的窗口。有时候,他们也是一面镜子,从中我们看到了另一个自己。

CANTON 廣州 1200

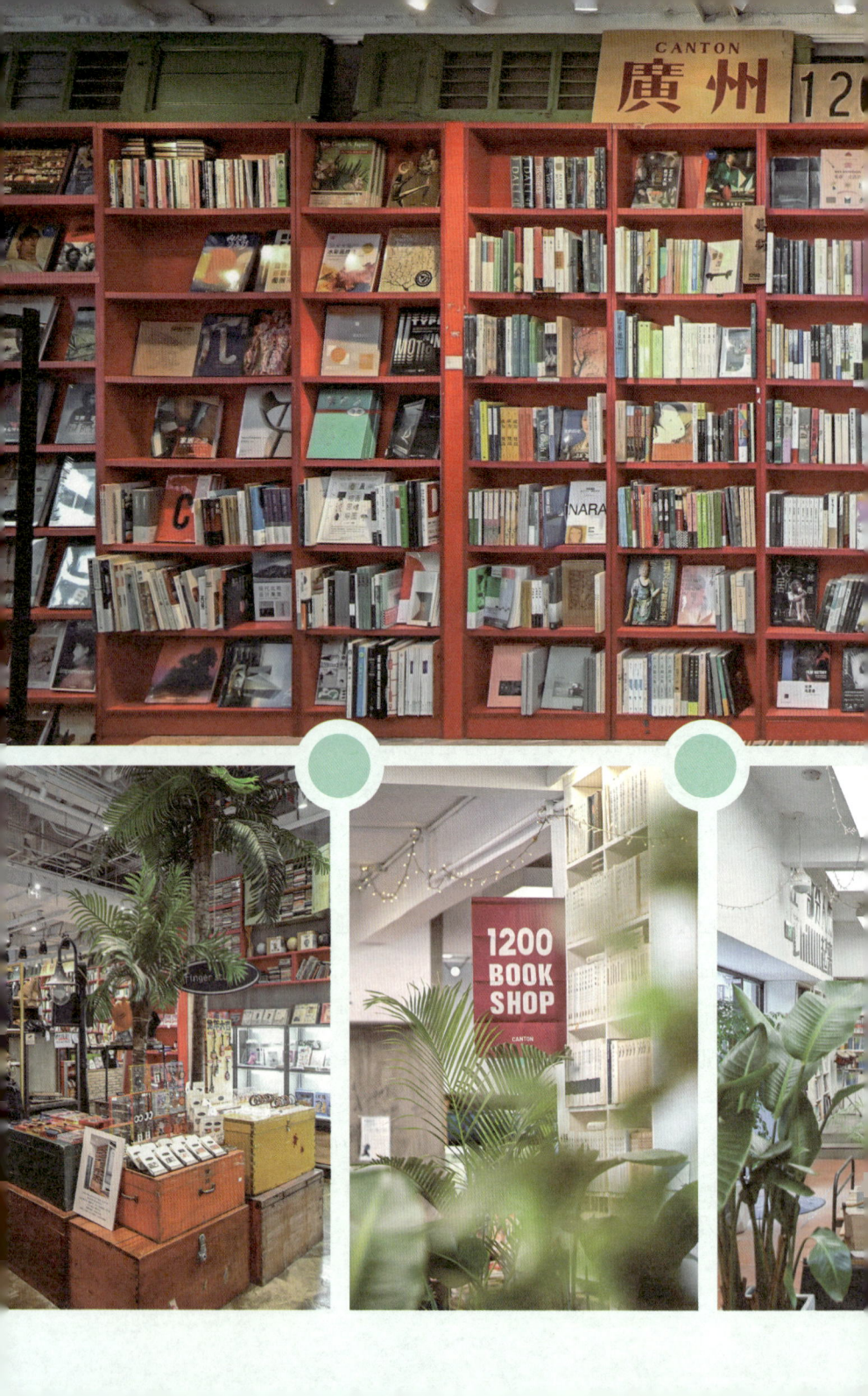

1200
BOOK
SHOP

okshop

音乐 &书

1200 BOOK SHOP

A108 ↑   A107 ↓   A109 ↑

他们的故事就是书店的故事,书店的故事就是城市的故事,记录他们就是记录一个城市、一个时代。如今,我们已经拍了近1200个人。

这些都是我们一直坚持做的小事情,一件又一件看似无聊且没有意义的事情。当我们拍到第1000个人时,这些人与事被整理成《人在书店》这本书,它得到很多人的喜爱与称赞,一件无趣的事情已经被我们做出了意义。我期待着第10000个人甚至第100000个人,那时,它将成为一件大事情,一件特别有意义的大事情。

## 听障店员

有一天,我在店里采访,坐在我对面的是两个小女孩。坐下来之后才发现,原来她们不会说话,然后我们用笔在纸上完成了交流。她们从深圳来,因为太晚了回不去,然后选择留在书店里。其中一个女孩告诉我,她刚辞职,因为在公司受到不友好的对待。她说如果以后有机会,她也想开一家书店,所有的店员都像她一样——只请有听障的店员。她的故事使我深受启发。

弱势群体找工作相对来说有一定的难度,即使工作通常也是在一些比较消极的工作环境,在咖啡馆或是书店,很少能见到他们的身影。可我恰恰觉得,书店是适合听障人士工作的地方,这是一个安静的世界,而来书店的顾客都相对有耐心,能够接受用纸笔交流的方式。所以我想,我可以去做这样的事情。

由此,我们决定,书店优先招收听障人士作为店员。现在我们每家书店里都有听障女孩做店员,她们的笑容非常富有感染力,即便不能说话,她们也和很多客人成了好朋友。

## 旧物设计

我有收集旧物的癖好,总觉得经历过时间和岁月的洗礼沉淀下来的事物,是最有情感和故事的,尤其是木质的东西,它们更好地承载了这种沉淀。所以,我不停地开店,也不停地收旧物,我觉得这些旧物,总有一天能在新店派上用场,加之我是一个建筑师,有改造这些旧物的能力,所以在每一间 1200bookshop 中,我们都会把这些旧物运用到设计和装修里,这也是 1200bookshop 呈现一种特别氛围的原因。

现在一些快速开启的书店,就像珠江新城里一栋栋拔地而起的大楼,是新科技、新材料的产物。而我的书店就像是东山或西关里被改造的一所老房子。你可以留意到,书店内用了很多旧木箱子,它们在很多年以前,是家家户户都必备的东西,由于时代发展得太快,人们迫不及待地与过去切割,这些东西被废弃了,踪迹渐渐消失,我总觉得这既荒谬又可惜,所以我一直收集它们。如今,你可以在书店里看到它们重新拥有了不一样的生命力。

在天河北店入口的两张展台其实是两把木梯,是从老房子里拆下来的。老房子被拆后,它们就被扔在了路边,被我看到捡了回来,打平横放后,台阶的斜度刚好适合放书。而大面积的木质窗户,是我儿时生活场景里触手可及的物件,如今也都消失不见,我把它们保留下来,从一件件废品变成了一个个多种性能的材料。留住了旧物,就留住了时光。

作为一个开书店的人,讲了那么多,却几乎没有谈论书,并非是我避重就轻。在我的眼中,它们是和书一样重要的存在,它们恰是 1200bookshop 不同于其他书店的地方,我想这正是人们喜爱 1200bookshop 的原因。我喜欢的每一间独立书店,都有自己的独特之处,这正是它们的魅力所在。

转瞬间,1200bookshop 迎来了十周年。1200bookshop 居然存活了十年,这是超乎我预期的。

## 拥抱现实

2023 年 11 月,应邀参加在深圳举办的书店人大会,全国近 50 家书店主理人齐聚一堂。见到多位久仰的前辈,从业十年,这还是第一次,敬佩和庆幸他们可以与书店同在三十余年。而书店职业生涯十年的我,也成为很多人的前辈。

作为一个新晋前辈,成功的经验可能没有,可悲观色彩的经验倒是不少。

我一直告诫自己,要认清现实,放弃幻想。光卖书是救不了书店的,这是关于书店的一个现实。书店已经不再是图书销售的主要场所,在互联网的"耀武扬威"下,在实体书店买书甚至已经成为一种非正常之举。这些年,在 1200bookshop 呈现的更接近于文化休闲的空间,这是一种抵抗,也是一种顺从。越来越多的书店要靠图书以外的营收来维持书店的运营,这是一个需要去接纳的真相。

不以文化人自居，成为一个生意人。这个身份转换，我用了七八年的时间。这个转换的背后是弱化理想主义的现实。开书店的人大多数是心怀理想主义的，然而，为了书店更好地运营，却不得不对其进行割舍。不得不说，在我逐渐成为一个生意人后，书店的营业额越来越多了，但我的开心指数越来越低了。

十年了，我们开过十间店，关了五间。如今的1200bookshop已经不再是一个意气风发、年少轻狂的姿态，曾经的种种不同寻常的尝试，也开始黯然。广州体育东路总店已不再是"不打烊"，营业时间改至零点。书店里的酒吧，书店里的饺子馆，书店里的青旅，都已经或者即将成为过去时。一步一步走来，各种各样的举措，因为各种各样的原因，都只能算是尝试，并没有可以称之为成功的模式。

不再把图书作为零售的印刷品，而是挖掘其中内容，通过其他载体，换一种形式呈现。于是，就有了文创产品。这两年，我们花了很多精力投入文创，这些产品除了少部分门店售卖以外，更多的是通过互联网渠道销售。实体书店快要被互联网搞垮，打不过，就加入，哪怕有一丝不雅。

最后，再说一个赤裸裸的现实。一本书，如果保留精美的装帧封面和醒目的标题文案，把内文全部换成空白页，变成笔记本后，可能销量更好，利润更高。

但 1200bookshop 依旧在做不同的更多尝试，只是这种尝试不再局限于具象的物理空间。我们需要在实体空间以外寻找新的空间，无论是做活动策划服务还是文创产品设计，都不再拘泥于线下门店的边界。这是我们正在拥抱的现实之一。

# 1200bookshop
## GUANGZHOU

- 首店开业时间：2014 年 7 月 12 日
- 书店格言：试着赞美这个残缺的世界
- 总店地址：广东省广州市天河区体育东路 27 号
- 正佳 Hi 百货店地址：广东省广州市天河区天河路 228 号正佳广场四楼 Hi 百货
- 北京路店地址：广东省广州市越秀区北京路 168 号天河城 5 楼 A506-A507
- 嘉禾望岗店地址：广东省广州市白云区嘉禾望岗云门 New Park 云里 B1 层下沉广场
- 荔湾湖公园旗舰店 1200Book&Bed 地址：广东省广州市荔枝湾区荔湾湖公园泮塘五约外街 116 号
- 微信公众号：1200BOOKSHOP
- 小红书：1200BOOKSHOP

22 留神人间

**胡俊峰**　留神书店创始人

我没有见过神,我只见过低下头的人。

——《非黑即白的灰》

这是"留神"二字的出处。源自 30 岁之前,我对世界所有真实、宽容和幼稚的想象。

2015 年 4 月,我第三次从天津回到包头。在此之前,我做过记者、老师、编辑、自由撰稿人,开过网店,倒卖过你能想象到的一切,还在春风得意时写过一本书《非黑即白的灰》。不过最终回来的理由,也没什么好修饰的,和所有我们这一代"北漂"失败的人一样,外面混不下去了就回家。当时,并没有因此而觉得挫败,我觉得命运始终另有安排。虽然从来都不理解这个世界,但也不影响我想改变它,至少我觉得在哪里做什么改变它都一样。"改变"是这一代人的宿命,或许在家改变更容易点。

回家的日子不寒酸,带着青春里所有的积蓄和惨败而归的经验。不听众人劝阻,在物流中心和书店之间,我选择开一家书店。后来的很多年里,一直有人不断地问我,为什么要开一家书店,我的回答从始到终都没变过。

"这是生意,不讲情怀。我就是为了赚钱生活,从商业角度来说,独立书店填补了城市图书市场的空白,而 24 小时营业又填补了城市夜生活市场的空白。还有最重要的一点,读了那么多书,不开书店我干吗呢？不爱睡觉，不开 24 小时书店我干吗呢？"

反正无论怎么坦诚地讲，他们永远不会相信这个答案是我开一家书店的初衷。天南海北的热心顾客都会毫不犹豫地形容一家书店"为了情怀""为了文化"……对此我很蒙，但我理解。因为这些年间，我不断听到很多书店的开店理由大同小异，但"活着""活下去"从来都不是它们的目的。

这就是我，以及留神书店从始到今的答案。

### 留神不只是书店，是江湖

2015 年 9 月 18 日，内蒙古首家 24 小时独立书店——留神书店开业。它位于包头市昆区前进道与林荫路交叉口东 50 米路北。对于这个不足 200 万人口的四线没落工业城市来说，选择非商

圈、非学区的地理位置的原因，仅仅是这个地方让我有安全感。

这个城市里的人大多不相信阳光，也少有人觉得读书有用。他们更喜欢酒精的温存和声色犬马的远方。在夜里，你很难遇到一个清醒的人，甚至是早上，酒精的味道还弥漫在晨雾中拒绝飘散。开书店，就像在水泥地上种草。

生存，是个问题。留神得活下去。活下去，才能讲道理。所以，当时我做了决定，因地制宜，万物生长，生根再说。接下来的日子，成为留神在一些人眼中抹不去的"污点"。在之后的9个月里，留神天天爆满，烟雾缭绕。那是看得见的"江湖"。从此，留神只有眼前路，没有身后身。既是江湖，便身不由己。

直到今天，我也不介意提起，那时我的选择。也正因为被看见的"江湖"，才得以完成图书的原始积累、会员制度、品控方向、销售理念以及留神将要创建的书店新世界。直到某天清晨，当我又一次从公安局走出来时，留神有了新的起点，这些江湖气也随之消散殆尽。

柳暗花明，天时地利。随后，通过传统媒体曝光度的不断增加，我参加了这座城市的播音栏目、电视节目、读书会，说着几乎同样的话。只是试图让大家明白"独立书店"是一个怎样的存在。自然越来越多的人知道了留神书店，随之慕名而来。客人们一边忍受着刺鼻的烟味，一边拿走一本或是几本书匆匆离去，留下一句，"小伙子，坚持住"。

其实，做书店，不需要被安慰。哪有什么胜利可言，挺住就意味着一切。找不到别的生存方式，只有这样做，才能活下去。这个行业，似乎没有同等条件下可参照的典范与前辈。

一间独立书店想要纯粹且体面地活下去，只靠卖书活下去！我一度怀疑这是件不可能完成的事。可是，后来，我做到了。

不知道是哪位神仙出于何种目的定义了"独立书店"。

想必留神应该及格了。独立得有点假，假得又有点悲壮。因为它的格格不入，因为它的暗夜生长，因为它的"不择手段"。我从一开始就不屑于遵守行业的标准与生存法则，甚至也不听取任何经营意见，一意孤行了10年，只按照自己的意志和所谓原则，谨小慎微，低头丈量走过的每一步。

爱谁谁，留神只卖书，卖我喜欢的，卖值得敬仰的，卖打败时间的一切书。我的前半生，干的好事不多，但这绝对算一件"漂亮"的好事。

留神书店里的咖啡、茶饮通通免费，来了自己找地方落座。想找什么书问我，不知道看什么问我，想解决什么问题也可以问我，答不上来统统算我输。这些年，你在任何一家书店以外的地方看到我，也算我输。一个书店掌柜哪能被顾客问住，管他三教九流，六道众生。吃这口饭，专业知识的储备是第一位的，这是里子也面子。

留神没有空调，不放音乐。窗户漏风，夏天漏雨，冬不暖，夏不凉。水泥地面，角钢焊接书架，简单粗暴陈列，一目了然的态度。所有摆放均按照我自己的阅读习惯及所念所想，当一位位我喜欢的作家名字被我用木质标识牌有序地展示，当我把张爱玲与胡兰成的名字并列摆在书架的时候，当我将杨绛、钱鍾书的名字，当我将胡适与王勃的名字……这不是读书人该仰望的浪漫又是什么呢？

## 人间一年，留神一天

在如今这个读书并不流行的世界里，因为留神的存在，让越来越多的人参与进来，是留神的荣幸。除去留神掌柜的角色，我没有属于自己的生活，更没有你们以为开一间书店会有的自由与清澈。我每天要抽掉很多支烟，喝掉无数杯涩到反胃的浓茶、咖啡、可乐或激素饮料，碎片式的睡眠，为了清醒而吃极少的东西，七情六欲能放下的都放下了。

后来的留神便不再参与什么，也不组织什么，顺从天意，打开门笑迎六道众生。刻意地避开人群，只服务看得见的美好，听得到的呼吸。除此之外，都是缘落。后知后觉的耀眼注定是独行的，人是群居动物，但孤独是一家书店能生存的必要条件。

人只有见过了时间的白发，返照的红颜，执着的羞涩，面无表情的躁动，才成就了今天无能为力的画面。人间一年，留神一天，意为我对现实的逃避。想想，此后就算我倒在了夜里，也是一束蛮横的光。我不是害怕，仅仅是因为一辈子太短，很多事本就来不及做。

书店需要的是一场胜利，而不是侥幸的烟花，怜悯的数字，推开门之后的一刻惊喜。

2017年秋天，伴随着留神"夜读"计划的诞生，我生了一场怪病，浑身上下的水疱，奇痒难忍，医生诊断为免疫力下降所致。我需要更多的睡眠，更规律的餐食。整整3个月，每天花在处理伤口的时间就超过了4小时。离开我的留神，生命左右摇

摆。在生病的日子里，看着留神出现的诸多问题，心有不甘。我再也不能 24 小时接待顾客，甚至记忆力也发生了退化，我逐渐记不住图书摆放的位置，以及开始逐渐忘掉那些人那些事……

在即将痊愈的时候，美剧《越狱》竟然更新了，当字幕上划过"每次，当他独自与这个世界为敌的时候，输的永远是这个世界"。我知道，这一关过去了，是因为你的出现，还是因为那句"慢慢来，会很快"，我不知道。那些已经发生和将要发生的事，在我的身上留下了残忍的疤痕。这一切，不值得被原谅，也不用说对不起。

至此，留神书店不再需要想象，照旧就是未来。

这一年，我特别感激广西师范大学出版社的"加油书店"计划。它像是推开了某个新世界的门，夜路依旧很冷很黑，但它让你感知到这条路上原来还有那么多人笑而不语。

## 但行好事，留神莫问

2018年11月，留神书店先后遭遇火灾、水灾、地面塌陷、书架倾倒坍塌……这也成了我一生的心魔。不谈损失，不论因果，至今，我都在与它对峙。直到今天，留神都活在这场天灾的后果里，并未痊愈。事实上，一个人不能同时又看戏又演戏，但在留神，你可以。

灾后的重建工作异常艰难，2019年整整一年，书店都处在一片混沌之中。我也不知道，我和留神书店最终是如何完成重建工作，并活下来"开疆辟土"的。因为太难了，所以真的忘了。收敛末日的余晖，正视新生的颠倒。拾油尽灯枯满心污垢，待柳暗花明遇海市蜃楼。

不念春天，不念花。时间，就是记住。这一年，留神书店完成另一个同样艰难的新项目，并存活至今，它试探出了未来书店长久生存的新模式。而代价，就是人生。

只有能被看见的，才叫书店。

2020年12月31日，留神书店结束了24小时营业，2015年至2020年，时间算不上长，但足够行为艺术，足够笑谈半生。由此，留神书店转为自然闭店。这不是我的本意。

这一年，五味杂陈，仿佛幻境，难以概括，身边的每个人都措手不及。面对命运馈赠，没有人置身之外。"最后的守夜人"活动是我送给这个世界的回击，有没有击中它，我一点不在乎。

灯都被灭了,谁还能看见你。回击命运的那一刻,无论结果,我都算赢了。

2021年,留神打了很多胜仗,多点开花,造物良多。现在回看,都是留神"开天辟地"的事。这个城市,一家一家的书店因我而起,一个个文化空间因我而生,与此同时,我也受到无数的"制裁"与"批判"。

这一年,作为书店掌柜,我独自做过最多的事,竟然是握紧拳头看着天。我明白了为什么那么多武林高手自废武功之后,才能笑傲江湖。

千钟粟、颜如玉、南柯而已,一场春风得意。而完成这一切的代价就是,无论远看近看,看上去我再也不像个人了。

这一年,留神书店只正常营业了两个月,即便如此,留神未拖欠一天房租,未拖欠一分工资,按时交付了每一笔货款,准时送到了每一份订单。

你若问我怎么做到的?我会告诉你,推开留神的门,那是一片黄色蓝色的废弃机械,那是被禁止遗忘的希望,那是一辆一辆的共享单车。就是这样一个蓬头垢面的书店掌柜,昼伏夜出,穿梭在这个城市的任意角落,只要你想看书,我就送得到。同为"食粮",你就有义务送到每个人手中。

作为书店掌柜,最大的优势始终是我总觉得还有办法;而作为一个男人,最大的失败也是我总觉得还有办法。我更愿意相信,"醒着就无所畏梦与不梦",反正每个人都有抓不到的云,都有做不到的梦。

## 悲观是一种远见——木心

想想这些年走过的路,我一点也不害怕回头。跌倒,爬起来,再跌倒,再爬起来。又跌倒,爬着也要往前走。在这个城市,一家一家的书店因我而起,一本一本的好书因留神散落人间。

我终于让这个城市的书店行业有了该有的新秩序,从始到终都对得起"书店掌柜"这个身份。过隙天地之间,深知这一生短之又短,能做的事微乎其微,索性就任性到极致,再从极致到灯枯。请允许我尘埃落定。此刻的我已经负债好几个零,在看上去很美的 2023 年。

苦糖书店的老板告诉我,其实从零开始并不难,从负债开始才难。

该怎么形容这一年呢,天不时地不利人不和?还是否极否来否再来?这一年十面楚歌,不过我还在计划着新的未来,一个书

店的全新生存模式——独立阅读空间。它的名字叫"今天",对,今天书店。

为什么是"今天",因为我们没有明天,而今天才是天赐的礼物。

我叫胡俊峰,内蒙古包头市留神书店掌柜。入行10年,克己慎独,守心明性。"舍生取义"帮助过屈指不可数的书店。作为一家书店本身,我让更多人知道了包头这座城市,也让更多的书店因留神重燃希望。

若你知道这些年我的遭遇,或许你会想来包头看看留神是如何活着的。若你不知道,那这是个残忍的故事,也许有缘人会告诉你。

这些年,沿途风景如赤梦,一步一步走到今天,扪心自问清晰去向,至于来路的荆棘与坎坷不必再提。我失去了所有能失去的,献祭了人生,换来了今天的留神书店还在,在这为你落笔的留神人间。

首店开业时间:2015年9月18日

书店格言:人间一年 留神一天

留神书店地址:内蒙古自治区包头市昆区前进道甲139号底店

今天书店地址:内蒙古自治区包头市昆区俄罗斯风情街院内

小红书:留神书店

遇见書...
MEET BOOK

# 理想開始的地方
## the beginning of the ideal

23 遇见回归

媛卉　遇见书店创始人

《书见》第二季中原稿的开篇写着：遇见·理想·生活，是我们三个书店的名字，遇见理想生活，是我们开办书店的初衷和愿景。距离《书见》第二季出版已经过去四年多了，遇见书店、理想生活、遇见站台已于2020年年底陆续关闭。继续营业的理想书店，现今也一直亏损，正处于艰难与迷茫之中。

早于十年前，大家就在预判，实体书店的寒冬即将来临。如今，感触颇深，寒冬真的来了。特别是以图书为主要销售品类的实体书店，尤为明显。

仅仅三四年时间，那种徘徊在书架旁认真看书、选书的"热闹"场景越发冷清；书房一隅，各自埋头阅读、学习，安静投入的美好场景，渐少再现；活动的关注度和参与度逐步降低；大家汇聚一起，交流关于阅读、关于生活、关于感知的真诚和碰撞，亦趋于疏离与平淡。书店的作用及影响越来越微弱，速度之快来得有点措手不及。

在经营压力越来越大的时期，为何还要重启遇见书店？面对家人与朋友的质疑和担忧，我并没有足够的底气和长远的规划。八年前，坚定的"想要安置一张安静的书桌"的愿景，在现实面前有些脆弱。在实体书店未来发展不确定性的情况下，纸质阅读逐渐远离生活的必需，以及各种节奏和变化越来越快的当下，想要构建的美好和期冀，再难以诚实和恳切的表达唤

生活有理想　　　　美好在遇见

理想書店　　遇见的一盏灯
IDEAL BOOK

回同等的回应。

那么，为什么还要重启遇见？几番犹豫和纠结，从 2023 年 5 月到 10 月，半年的时间，在思考、放弃、抉择中，新的遇见书店还是再次呈现。这一过程，总被一种声音召唤，一种执念牵引。遇见是心里敞开着的一扇门，遇见是理想开始的地方。遇见的回归，仿佛才是那个圆的完满。

我想，书店也与人生一样吧，经历起起浮浮，自有它的际遇和故事。那些陌生的、朴素的、真挚的、温润的情感和力量，就是它的生命和使命吧。

2020年8月30日,夕阳时分,天气温和,城市忙碌。一位外地军人来到遇见书店,上下两层,细细地观看,选购了一些书籍,情绪有些激动,他说想与书店的发起人聊一聊。阿宁说,卉姐刚刚离开,去了遇见站台(南口工业文化主题公园里的遇见分店)。阿宁被他遗憾的表情和喜爱书店的那份真诚及期待所感染,于是带他前往遇见站台。

此时,我刚从遇见站台离开。十分钟后,阿宁打来电话,诉说了整个过程。因有急事要处理,只能让阿宁代为转告:"感谢他对遇见的喜爱和关注,有机会一定会再见。"

9月25日,"遇见理想"微信公众号首次发布《告别时刻——遇见,再见》。一位"如影随峰"的网友留言:"我是茫茫大草原上的一名老兵,也是一个爱读书的人。8月底,我去张家口查体,拜见了遇见,欣喜之至。四壁顶栋的群书,优悠深静的臻境,凝聚书香的空气,那是我在张家口遇见的最美风景,三天两至,还在店员陪同下去铁路公园以求'遇见'你。我原在孔子故里的都市,参加过你文中描述的书会。谢谢你,为爱读书的人开辟一块沉静的天地,搭建一隅痴迷的属地。向你致敬!向理想致敬!遇见真好!"

2020年10月31日晚上,遇见书店举办"遇见,再见"告别活动。我对到场的读者说:"我们希望告别是美好的记忆和珍藏,是快乐的,是温暖的,是彼此祝福的。"一位外表单薄、纤瘦的读者上台,一开口便热泪充盈,极力控制住情绪:"2017年夏天,我的生活遭遇重大变故,人生突然跌至谷底,仿佛黑暗遮住了头顶的天空,终日以泪洗面。长时间的悲伤给我的身体带来了病痛。一次全麻手术之后，是一段长达四个月的休养，我的生活几乎与世隔绝。终于有一天，我觉得不能再这样下去了，我对自己说，重新面对生活，从现在开始改变吧。

"走出家门，我漫无目的地在街上游走，周边的一切都是那么陌生。走着走着，我突然看到了前方的遇见，它就像老朋友一样，静静地站在那里看着我，等着我，我们之间不需要那么多的言语和寒暄。之后的每天早上，我坐公交车来到遇见书店。阳光温暖，店内宁静，我的心在慢慢复原，渐渐变得平和、充实。"

2020年11月20日，遇见闭店倒计时，我接到一个电话，是一位热爱书店的小读者（高一学生）的父亲。他说，女儿在北京读书，成绩优秀，每年假期回爷爷家，大多时间待在遇见书店，非常喜欢遇见。遇见要闭店，女儿非常伤心，与父亲数次提及，牵念不舍。父亲不忍女儿难过，遂起心意，看能否尽一点力帮助遇见。

在《遇见，再见》征文活动中，有一篇文章《遇见，我曾深深爱过》，我想作者一定是她："去年，当我最后一次走进你时，我买了八杯最贵的饮料、三块蛋糕，打了好多个电话给我的家人、朋友，叫他们一起来。因为我看到了收银台前立着的牌子，上面写着：如果可以，请买一杯饮品。或许那时的我已经意识到我们不久就要告别了，可我就是倔强地想，能不能，再晚一点，再晚一点。

"这个假期我没能再一次走进你，只是堵车时立交桥下深深凝望了你几分钟。直到车走了很远，你已经成为路尽头的小点时，我才将思绪拉回来。现在想想，多希望能再看你一眼，多希

望我的目光所及能伸到你的街角,锁定在你的身上。

"你叫遇见,遇见理想,遇见幸福,遇见一座城,遇见一本书,遇见一个更好的你和我。人生就是一路遇见,酸甜苦辣,遇见各种人,遇见各种事,遇见各种心情,遇见过去、现在与未来,遇见无限种可能。只是现在你骤然说,我们,要再见了。

"你说,再见是为了更好的遇见,那么我选择相信你。我一直都相信你,一如我相信我自己。那么,我也应该和你做个约定,再见时,遇见更好的你,和我。"

2022年5月,看到苏媛的朋友圈,温暖文艺的阳台,书房里摆放着遇见书店的黑板、钟表、根雕、书本以及大长桌,每个物品都被珍重,恰好的安排,重新焕发出"生命的青春和静美"。她用心地打磨那个大长桌,她将对遇见的怀想融入了她的生活。她说:"我对遇见的喜欢和留恋,是小阳台的温暖阳光,是大书桌的朴素踏实,是荷花间的放松适意,是每一物的熟稔和亲切,是心灵信赖与安顿的地方。你写的《安置一张安静的书桌》,曾

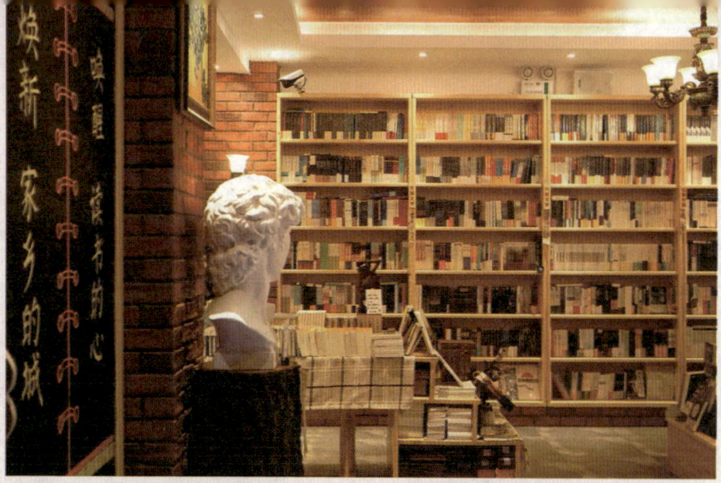
唤醒读书的心
焕新家乡的城

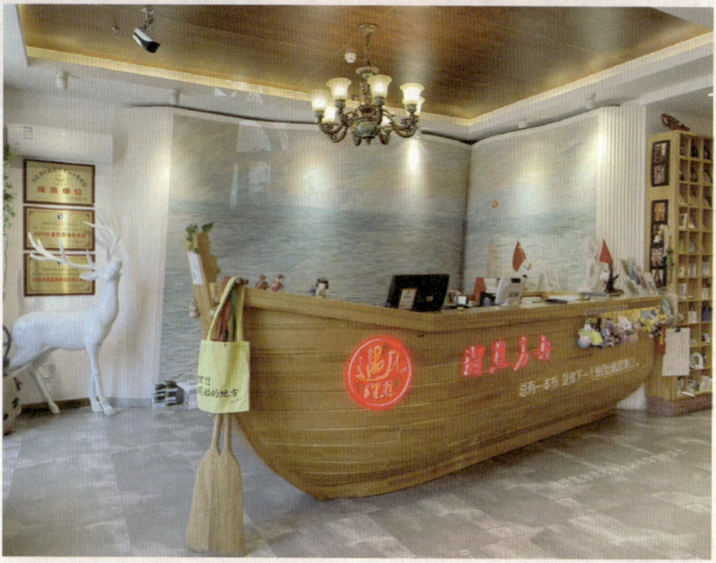
总有一本书

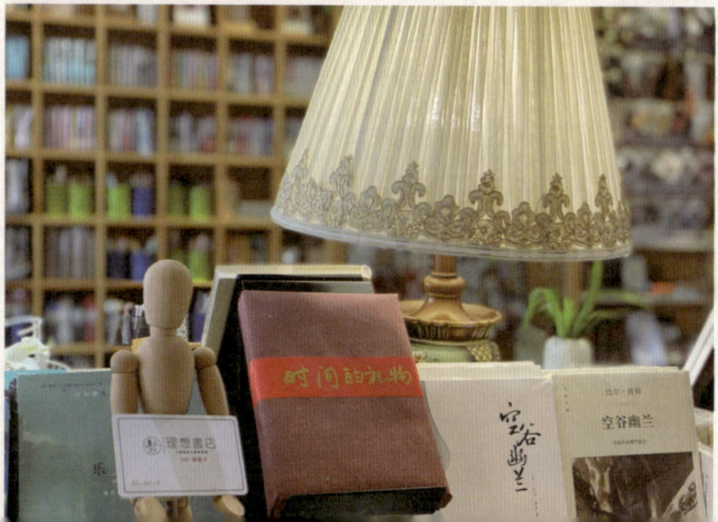
时间的礼物
理想書店
比尔·波特
空谷幽兰

经深深地感染了我，影响了我，遇见书店不在了，我希望眼前这张安静的书桌依然有它静默的力量。"

2023年4月，理想书店快打烊时，我们边整理边聊天。书架旁边的小伙子问："你是媛卉吗？"我抬头看他，个头不高，圆圆的脸庞，大学生模样。当他确认我是媛卉时，开心地笑了。他说："我一直想寄一封信给你，但不知该寄到哪里？我念小学时，爸爸妈妈工作特别忙，一到周末就把我送到遇见书店，我就在一楼的拐角处看书、写作业，一来就是一天。我把一楼的书几乎看完了。遇见陪我长大，我特别想念、感激遇见。"

是啊，至今已经八年了，他的学生时代与遇见的美好时光相伴。

我调侃他："信可以寄到理想书店，或者由书店人员转交啊。"他居然没有想过这么便捷的方式，真是可爱的大学生。

2023年8月，我陪朋友去大境门，在一家门店看到架子上摆放着《一本张家口》，翻开里面手绘的一幅幅张家口城市的历史古迹及街景文化，很有地方特色。当翻阅到最后一页时，居然是遇见书店。画面是一扇拱形窗户、书架及几本书，一台留声机，墙上的时钟和三本斜挂着的留言簿。暖心的城市记忆，给了遇见一页。

是的，我们对书店的热爱与初心，执着与坚持，与八年前（2016年1月27日遇见书店开业），与三年前，与现在，皆万殊一辙。

翻到2016年1月1日，"遇见理想"微信公众号首发的文章，英子写的《给书店以生命，给生命以书》：

在一个不以书为贵的时代，我们依然坚定地选择了书。

在一家又一家实体书店倒下的时期，我们无比坚定地选择了书店。

没有任何时刻让我们比现在更懂自己的内心：要做什么，能做什么，做成什么。

任何时候，不管时代如何变迁，不管我们的生活方式如何改变，我们都需要一个能抵挡心灵饥荒的地方。

在那里，正视自己，找回信心，重建信仰，发现智慧和美。

这些文字是从内心生出的召唤，依然如新，依然有力量。

八年了，我们因遇见相识，因理想相通，阅读、交流、探讨，共创美好生活，传递温暖和爱。

此刻，我们与遇见书店重逢。

- 首店开业时间：2015 年 12 月
- 书店格言：书店，城市的一双眼睛；看世界，见自己
- 遇见书店地址：河北省张家口市桥西区长青路 10 号世贸广场小区 4 号楼商铺 67 号 127-128
- 理想书店地址：河北省张家口市桥西区长青路 10 号世贸广场小区 2 号楼商铺 22 号
- 微信公众号：遇见理想

24 耕云种月，游目骋怀

云朵　停云书房创始人

### 活在这珍贵的人间

不知不觉,停云书房已开了八年。这八年,是怎么走过来的?尤其是挺过了最煎熬的三年,真可谓是欲说还休……

匆匆回望,八年说长不长,说短不短,如白驹过隙,倏忽万般。在这八年或稀松平常、或殚精竭虑的时日,所有的耕耘收获、喜悦艰辛,现在回想,都不过是一个人在途中的种种状态。

只要一直在途中,走着,活着,活在这珍贵的人间,有阳光,有清风,道路无论崎岖或坦途,哪怕一路磕磕绊绊,走走停停,只要一直朝前走着,随时播种,随时开花,感觉都是无比充实,无比幸福的。

是的,作为一家书店,一位热爱读书、立志"最喜今生为书忙"的书店人,有什么是比经历了许多困难,我们的书店依然能活着,且良性无恙地活着这件事本身,更让我们安心的呢?

书店所得依然是微薄的,付出的时间很多,需要操劳的工作事无巨细,每日琐碎忙碌,但内心是平静欢愉的。

因为,这是做我们想做的事呀,能做着热爱的读书与文化传播的事业,本就已经很幸运,我们还能以此为生,一切的辛苦付出,顿时都觉无价,无憾,值得。

## 燃一盏灯

一切都是从零开始的。

想开一家独立书店，是我一直以来的梦想。大学期间在校图书馆兼职图书管理员，对书店、图书馆，有着本能的眷爱和亲切感，因此无论到哪个城市，我最感兴趣的地方，永远是那些开在大街小巷的书店。

在我看来，书店才真正藏着一座城市最有趣的灵魂，有着大街大景繁华表象外看不见的美，是真正最本真、最可爱、最深藏不露的在地人文风景。

而我的书店梦想，实现得有点突然，就是不管不顾地先开起来再说。当梦想有机会照进现实，当然一切都让梦想先行，至于盈利模式什么的，统统放在以后再说。

开书店，我是个"小白"，不善经营，也无所依附，更无从参照学习。一切都是摸着石头过河，笨拙地探索建造，不急，且慢，先在自己的心中燃一盏灯吧。以这盏灯，先照亮自己，安心了，再去照亮从身旁走过路过的人，去做自己想做的事，成为自己想成为的人……

有人说，独立书店人是一方城镇角落里默默的提灯者。他们，想必与我一样，也是个心很大的理想主义者，心里想做就去做了。就这样，没有什么犹豫期，彻底放下原来的工作，书店就这样猝不及防地开起来了。

关于书店的选址，我是幸运的。2005年，正好遇到珠海北山杨氏大宗祠这处本城独一无二的古建筑，可以引书店进驻，感觉

万事早有上天安排，应了天时地利人和，一切水到渠成。

书房取名"停云"，皆因我钟爱的辛弃疾的《临江仙·停云偶作》而得：

偶向停云堂上坐，晓猿夜鹤惊猜。主人何事太尘埃。低头还说向，被召又重来。

多谢北山山下老，殷勤一语佳哉。借君竹杖与芒鞋。径须从此去，深入白云堆。

在这首美丽的词里，恰好还有停云书房的所在地，一座城市中央600多岁古村落的名字——北山，这是一个钟灵毓秀的可爱城中村，村中皆为南宋迁居至此的杨姓后裔。美丽恢宏的岭南老宅、老祠堂遍布村落各处，古木奇花，人文荟萃，深巷里的市井烟火与新兴的文创艺术珠联璧合，生机勃勃，活色生香。在我眼中，北山村，即是一处不可多得的最美在地人文风景。

随着无数优秀的艺术家、设计师、文艺工作者慢慢进驻,现在的北山,已俨然发展成为珠海的文创高地。北山村的魅力、神奇与美好,此处无法一一细述,且留待各位亲身莅临体会。

在这首词里,还藏有陶渊明的霭霭停云,辛弃疾晓猿夜鹤的归心,也有我久在樊笼复得返自然的欢欣。从此,停云于此,借君竹杖芒鞋,径须此去,挥洒我的书店热情……

历经将近一年的筹备建造,笨拙积累,停云书房的第一家店——停云书房杨氏大宗祠店,渐渐成形。

这座建于清道光年间的古祠堂,深邃古井,茂林修竹,还有愈百岁的参天古木环绕。在古老的庭院中,我们书房所在的东厢房,竟是珠海最早的私塾——杨氏家祠私塾的所在,如此巧合,怎不叫人欢喜赞叹!

这真是一间很美的书店呢!我们怀着敬畏的心,用心设计,没有改动任何原古建的岭南建筑特色,只将书架等软装功能布置一番,摆上好书,种上花草,书店朴素而温暖的模样,已经急不可待地呼之欲出了,于是我赶紧叫停了设计师剩余的可有可无的硬装。

呈现在眼前的一切,就是我想要的书店的模样,大隐于市,满壁书墙,满院花草与书香,朴素温暖,亲切自然。庄子曰:"朴素而天下莫能与之争美。"果然,美之真理!

春天,是停云书房祠堂店最美的时节。草长莺飞,坐在书房门口,微风拂来,头上肩上,满满的簌簌落花。书房后309岁的参天老木棉树,花开得如火如荼,如一大片笼罩在书房上空的火红云霞,树下古井里,也落满了大朵的木棉花,落花与木棉树的水中倒影相映成趣,已成北山的春天一景。

"十丈珊瑚是木棉,花开红比朝霞鲜。"待春雨一过,盛放的木棉花散落在书房的后院、瓦顶、古井和巷子里,成群的小鸟每天在树顶上飞来飞去,欢腾不休,人见人爱,甚是欢喜。

书房的前院,还有两株208岁的玉堂春,每年二三月间,满树盛放,千朵万朵压枝低,美得无法用语言形容。每当花开时,远近的摄影师必奔走相告,纷纷携长枪短炮来拍摄。

春渐深,青梅成熟。每年我都会在书房的檐下,晾晒青梅泡青梅酒,封存至来年春天,即可启封,与朋友们分享。

此时节,我们在院中种的几架百香果也成熟了,开着又美又张扬的蓝白色花朵,紫红的果子圆圆整整,一刀切开,香气扑鼻,用来做书房的果茶与调饮,非常受书友们的欢迎。

夏天,雨水,台风,还有结了一茬又一茬的百香果,书房的小哥哥们每天在院子里摘果子,他们用心数了数,只一个夏季就能采到1000多个!

青蝉长鸣,古老高大的白玉兰树,总在雨后散发着若有若无的迷人香气,水葡萄、龙眼、芒果、木瓜、番石榴也慢慢成熟,书房的院落里,真的是一年四季花果不断,让人每每心生感恩。

入秋,天黑得早,傍晚时分的停云书房尤其美,以至于每次书房打烊离开时,我总有些不舍。书房特有的旧花窗最是迷人,暖黄的灯光透过民国时期的彩色琉璃,散发出如琥珀般的流光,美得宛若幻境。

夜晚时分,在墨蓝色的天空映衬下,老祠堂屋脊硬山墙的线条更显雄美,中堂出檐下小狮子套兽的影子影影绰绰,如鲜活一般。走到书房门口,若遇上有月光,院子里洒满一地如练的月

如利水寧晴
水中藤荇交橫蕪
竹柏影
何夜無月何處

华，月影里必有低空围绕庭院盘旋疾飞的小蝙蝠，它们飞得如此迅疾，我却从未看清楚它们的模样。

一切都是那么美，我常常这么欢喜这么赞叹着打烊离开……

珠海的冬天总是温暖如春，书房院中每日的午后时光最是珍贵。屋顶上有红鹎鸟在边啄果子边唱歌，阳光透过忍冬花藤，给坐在院中看书的人披上细碎的光影。我们坐在院中，或看书喝茶，或做手工，各自不紧不慢地忙着自己的事，此时冬日时光的书房，每一寸的光阴都是金色的。

如此平常的春夏秋冬，四季更迭，日升月落，朝花夕拾，平平淡淡，却也格外珍贵。

常有人问，停云书房，为何叫"书房"，而不是"书店"呢？

我想说，书房，会是更个性化、私人化的阅读分享空间，书在书房里，不仅仅是商品，会有更多被眷爱、被珍视的意味。

慢慢地，随着时间的累积，越来越多的艺文内容，填满了停云书房所有的时间与空间，朴素的原木格书架上摆满了我们甄选的各类新旧好书，配搭着从各地旅行中搜罗带回的艺术品，每一格书架的布置自成一格，独立成为一个拥书而眠、意趣盎然的小空间。

周末，停云书房便会热闹起来，有各种阅读、艺术文化、生活美学的分享，琴棋书画、电影、艺术、旅行、摄影等的聚会，同频的人聚拢而来，令停云书房更具人文气息。

### 再燃两盏灯

2020年，我们的第二家店——停云书房斗门井岸店开业了。

停云书房斗门井岸店，是图书馆与书店叠加模式的成功尝试，已然让书店成为真正的城市角落的光与暖，这原本就是我八年前开书店的初衷，而我们竟然再次实现了！

新青工业区的停云书房井岸店，由几组帅气的白色货柜搭建而成，外表极简却内容丰富，这里是停云书房，亦是井岸图书分馆、新青工联会职工书屋，还是工会户外劳动者爱心驿站，50000册丰富藏书，60多种优秀杂志，无门槛向所有人开放，每逢周末，丰富多彩的公益活动纷沓至来，这间美轮美奂的书店早已成为工业区及附近社区男女老幼喜爱的书店。

紧接着，2021年春节，第三家店——停云书房北山因是园店接踵开业。

北山因是园停云书房新店，与北山祠堂店，其实只有一街之隔，309岁的老木棉树下，小小的白房子，素净的花园、书房、陶器展厅、茶室与天台，移步易景，处处藏着我们用心埋下的伏笔惊喜。

一楼书房，选书更为精心，文学、艺术、史哲，没有书山堆砌，我们只用心分享推荐佳作，制造读书人与好书遇见的欢喜。

二楼画室，平日里安静得可听小鸟叩窗欢歌，适逢周末，这里又是未来艺术家们自由挥洒创作的天地，优秀的艺术家导师带

山西文物日历 2024年
SHANXI WENWU RILI
2024 NIAN CAISU

着学生们在此悉心习画，学子们沉浸在绘画创作中……这是我最乐见的温暖景象。我们的停云生活美器陶艺展厅，设于二楼的如也斋。在这里，可充分沉醉在陶艺器物的美学享受中。

三楼茶室＋天台。旧时光藏书茶室，榻榻米席地而坐，茶香盈室，好书在握，四壁简朴的巧思，皆出自书房小哥哥"贫穷主义"风格的原创手作；三楼还藏着北山最美的天台花园，放眼可瞰200岁的杨氏大宗祠古建硬山墙，刚柔相济的线条在落霞时分最是迷人，近距可瞻309岁的木棉老树虬枝参天，花开时节，满树火红，这里是仅属于我们的秘境，每日都收获无数游客的赞叹。

大步跨过了最艰难的三年，停云书房从原来的一家店发展到现有的三家店，得到各方朋友与书友们的支持和鼓励，你们所有的好，我们都默默铭记于心。

八年来，我们参与策划、设计与建造了珠海与中山市政府的多个书店项目，共举办了500余场文化艺术传播及读书分享活动。通过在古祠堂内定期举办的艺术公益市集"祠市集"，募集旧书与捐款，陆续在云南阿佤山、广东信宜等地的偏僻乡村，建立了五间停云乡村公益图书馆，捐赠新旧图书25000余册，惠及3000余名偏僻乡村留守学童。

于伸手可及之处，做力所能及之事，一家书店的小小善举，带动了无数身边人参与公益，帮助乡村留守儿童建造图书馆，让孩子们在偏僻乡村也能读到好书，助力孩子们开启有宽度与深度的思考与眼界，丰富精彩人生。

坊间对独立书店的定义是：无所依附，人文关照，持之以恒。

八年来，披星戴月，筚路蓝缕，也许努力仍未被看见，但我们做了一间民营书店该做的有意义的事,并一直保持了书店经营的纯粹性,早已可堪这座城市的"独立书店"。

至于书房的未来,我们似乎并没有什么特别期待,能做好的就是,于伸手可及之处,做力所能及之事,平淡真切地存活于城市一角,且活且珍惜。

正如周作人在《知堂书话》中所说:"在现今奇迹已经绝迹的时代,若要做事,除了自力以外无可依赖,也没有什么秘密真传可以相信,只有坚忍精进这四个字,便是一切的捷诀。"

坚忍精进,只有这四字,才是活在珍贵人间的一切捷诀……

## 停雲書房

- 首店开业时间:2016年9月1日
- 书店格言:推行美好阅读,分享闪光思想,馈集与探寻文艺与生活之美
- 北山杨氏大宗祠店地址:广东省珠海市香洲区北山正街5号杨氏大宗祠内
- 北山因是园店地址:广东省珠海市香洲区北山因是园街67号
- 斗门井岸店地址:广东省珠海市斗门区井岸新青工业区新伟街1号
- 微信公众号:停云书房

25 因为有很多读书的人，
还有很多不读书的人

彭明榜　小众书坊创始人

## 上篇　小众书坊，以诗立店

前几年，遇到有人问我："小众书坊在哪儿？"我总会回答："北京东城，南锣鼓巷边上后圆恩寺胡同。"如果是加了微信的，我会随手发个位置图。

后圆恩寺胡同，虽说就在南锣鼓巷边上，胡同里有蒋介石行辕，有茅盾故居，但行人却很少。小众书坊开在后圆恩寺胡同甲1号的四合院里，要先进入四合院的朱漆大门才能找到。有一年多的时间门口没有挂店招，一副关门开店的傲娇模样。有读者偶尔走进来，总会显露出一种"发现后的惊喜"表情，然后关切地问道："这样的书店怎么活啊？"特别是看到我们是一家诗歌主题的书店，更加好奇："怎么想起要开一家这样的书店？"

### 我并不担心这家书店怎么活

因为我们对这家书店自开始就有很明确的功能定位。

2017年5月1日，在我53岁的时候，正式从中国青年出版社辞职出来，创办了北京小众雅集文化传媒有限公司。在此之前，我在中国青年杂志社和中国青年出版社做了将近24年的编辑。之所以离职创业，是因为眼看还有几年就要退休了，而我并不想退休以后整天用晒太阳来打发日子，还想延续我所热爱的编辑出版生涯。

在我的创业设计里，初衷就不想在写字楼里办公，而是要租个地方开书店，公司就在书店里办公，也就是"前店后社"，书店是公司的标配。约等于是把租写字楼办公场地的费用挪来开了一家书店。换句话说，开这家书店并不完全指望它卖多少书，能卖当然好，多多益善；不能卖，或者卖得不多，也不至于担心活不下来，就当我租了个书店来办公。

小众书坊除了一般书店的复合型经营，更多的是向内挖掘多种功能的复合和延伸，它在一个公共书店的功能之外，又叠加了公司办公、图书展示窗口、自家活动的落地空间、公司的文化客厅、北京及全国诗人（作家）聚会的场所等功能。这些功能累积在一起，使其发挥的作用相较于一个单纯书店而言，已经物超所值。也正是因此，我们才能做到以极其平和从容的心态运营作为书店的小众书坊。

## 为什么是一家诗歌主题书店

至于为什么会是一家诗歌主题书店，要从我本人的阅读和出版经历说起。20世纪80年代初，我曾是一个狂热的诗歌读者。有五年左右的时间，我阅读了很多国外著名诗人的作品，也曾手抄过《舒婷顾城诗选》、泰戈尔的《飞鸟集》等。1986年，我去重庆读研究生，记得只带了两本书，其中一本就是《叶赛宁诗选》。也是从1986年起，由于就读的研究生专业是中共党史，从

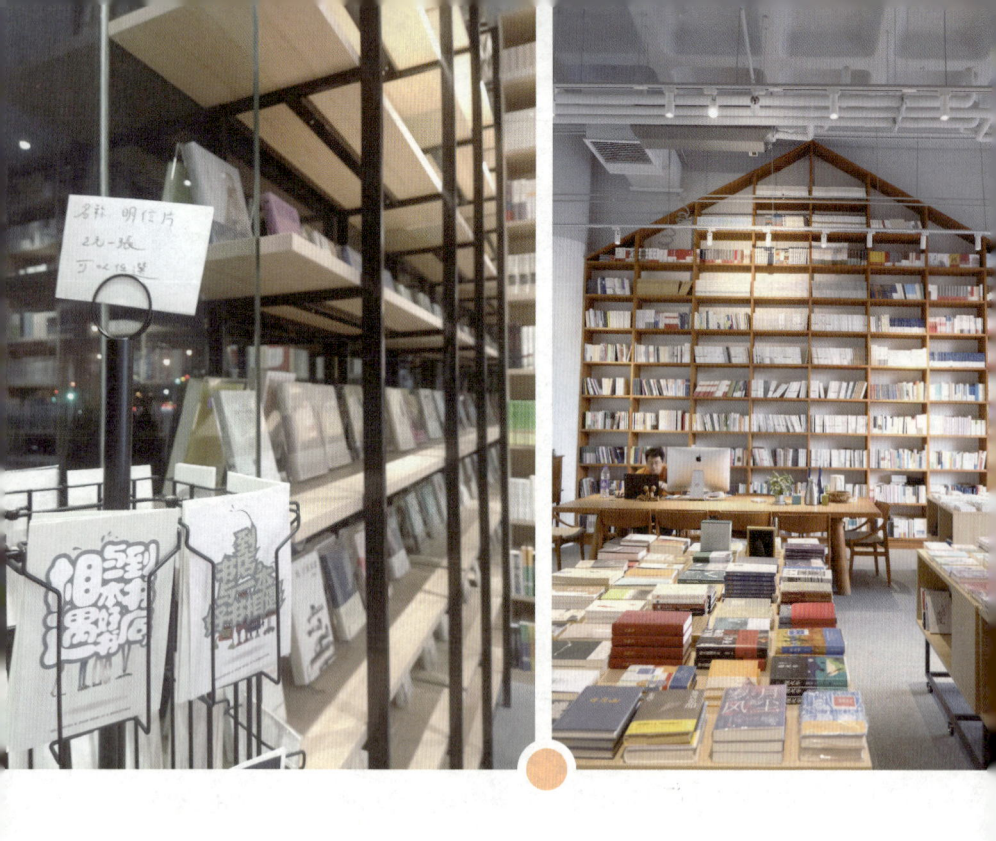

此和诗歌少了联系。

　　2015年,并不认识一个诗人的我,策划并责编了"中国好诗·第一季"(10种)和《2016天天诗历》;2016年,接着责编了"中国好诗·第二季"(10种)和《2017天天诗历》。这套丛书和诗历获得了诗歌圈和读者们的认可,从此我重新找回了年少时对于诗歌的热情。

　　因此,我将创业的公司定位为以出版中国当代诗歌为主的小众出版公司。除了基于我对诗歌的热情,也基于我对出版业的判断,在文学出版领域,小说、散文、儿童文学等领域竞争极为激烈,诗歌领域的中国古典诗歌和外国经典诗歌也已经进入大众出版范畴,竞争已有了一定的烈度,只有中国新诗的出版仍是一个洼地，多数出版机构都不屑进入，因为这个领域在大家的眼里不挣钱，事实上也挣不了大钱。而我们作为一家小众的创业公司，不挣大钱没关系。而且，从出版价值而言，诗歌对于社会整体和读者个体的精神塑造作用，是其他文学形式不能比拟的，总得有人不因其挣钱少而去做。

小众书坊的出版方向既然定位为诗歌出版，附着于公司的书店注定就是一家诗歌主题书店。在我离职创业之前，曾有一个微信公众号"小众书坊"，展示自己编辑的各类图书，并宣示像手工作坊的工匠一样的做书理念。待到要开书店，这个名字很自然地被用过来。

对于"小众书坊"的英文翻译，我坚持译为"Poetic Books"，意思有两层，一是指书店卖诗意的书，二是指要诗意地做书。我还给书店拟写了一句口号："心上没有诗，就像地上没有花朵。"现在的小众书坊，实际是两个品牌，一个是作为实体的诗歌书店的品牌，一个是作为出版的诗歌读物的品牌。细心的读者走进小众书坊都会发现，我们自主策划出品的图书上都有"小众书坊"的标识。

开书店的同行常常会想当然地以为小众书坊既然是这样一个定位，卖书似乎可有可无。其实，要真这样想就错了。小众书坊作为一家实体书店，我们对它的要求：一、必须是货真价实的好书店；二、必须多卖书，卖好书。事实上，和国内任何一家100平方米左右规模的书店相比，小众书坊在图书的有效销售上也应该是较好的。

之所以能做到这一点，原因有几个：一是明确的诗歌主题定位，使其成为国内诗歌作者和读者都知晓的主题书店，不少人从全国各地慕名而来，这些人是小众书坊的真正读者；二是极其重视图书的选品，不仅重视好的内容，还要重视好的装帧设计，使书店里的书整体呈现出一种真正有诗意的较高品位，并有足够多的品种供读者选择；三是围绕诗歌主题和文学主题高频次地开展活动，使其成为京城诗歌和文学的活动中心，并带动图书的有效销售；四是线上线下互动，不只是在实体店里销售，还通过微信公众号带动有赞商城、淘宝店和京东商城的小众雅集图书专营店的销售，服务全国的诗歌读者。

## 实体书店应做"实"，不应做"空"

实体书店，特别是独立书店，我认为适合"不大不小"。所谓"不大"，就是营业面积不宜过大，书毕竟是小本生意，支撑不起过大的营业面积。所谓"不小"，就是营业面积也不宜过小，太小了没法做活动，发挥不出书店作为公共文化空间的职能，很难产生社会影响力，也很难带来有效销售，其结果往往会挣扎在生存的困境之中。

现在图书市场品种繁多，而且大量劣质书淹没了好书，人们选择起来极其困难。这就对书店提出了精准选书、服务精准读者群的要求。主题书店或许是大城市里一些独立书店现实可行的选择。主题书店，一目了然，既划定了图书范围，也圈定了特定的读者群体，同时使自己从大量同质化书店堆中脱颖而出。

对于实体书店而言，应该做"实"，不应做"空"。实体书店之"实",应该在书上下功夫,用好书充实书店。读者到一家书店,无论是购书还是阅读,都是为了要与好书相遇。我始终相信,读者会奖励一家总是有好书的书店,市场同样也会。

## 下篇　小众书坊　尝试"书店+"

距离写下《小众书坊　以诗立店》已过去四年多,再去看那篇小文,虽然写的都是真实的,但那是彼时的真实,而现在回看,却是发生了太多变化。近三四年,作为一个书店人,应该说经历了不少"灰暗时刻",有些时刻甚至可以"至暗"言之。但总算都熬过来了,过来了便似乎可用一种云淡风轻的心态看待当下。

### 有那么一个下午,我甚至同意关掉小众书坊

三年多以前,我们就知道,小众书坊租期届满之时,就是搬离之日,续租已经不可能。2022年实体书店申报北京市扶持奖励时,因考虑到租期将至,结果难料,我们甚至放弃了小众书坊的申请。

2023年上半年,我们开始四处寻觅新址。之前的小众书坊在东城区,我们搬迁的新址一定也要在东城区。直到6月26日小众书坊6周年生日前几日,才大致敲定一处性价比还能接受的地方。于是,在6月26日晚上,我们举办了"那片屋顶空了出来——小众书坊6周年店庆暨告别季开启"活动,正式宣布小

众书坊即将迁址，由于当时尚未正式签租赁合同，我没有宣布迁往何处，而是说新址暂时保密。过了两天，突然接到电话，告知那个地方有了更理想的客户，不租给我们了。眼见租期结束之日越来越近而新址还无着落，有朋友和同事劝我，实在找不着地的话，就是天意，不让小众书坊继续开，那就关了吧，有雍和书庭就行了。

有那么一个下午，在和同事交流之后，我甚至同意关掉小众书坊。但是，那天晚上，在家里静下来左思右想，关掉很容易，可是以后我一定会后悔这个决定。这样一想，便铁了心，继续找地吧。

继续找地，便找到了北京站东街 8 号信通大厦 C 座 106 室。

我来说说这处地方的优点，首先是位置比较好，在东二环内，交通方便，距火车站只有 300 米，从地铁 2 号线 C 口出来，往东步行 5 分钟即到。对于书店做活动，邀约作者和读者都很有利。大厦有停车场，作者和读者自驾停车也方便。从这里往东约 500 米，即是明城墙遗址公园，如果有朋友们来，也可前往一游，发发思古幽情。再就是这个地方空间很高，有 6 米高，很敞亮，而且租金相对较低，性价比挺好。这些都是打动我的地方。

后来，在我们往书架上书的时候，一位朋友参观后说：这里离北京站太近了，进出北京的人，有一两个小时空闲时间的，都可以来这里歇歇脚。

受这个朋友启发，我写了一篇微信公众号文章，题目就叫

《路过北京站的朋友，请到小众书坊歇一会儿》。开业近两个月，几乎每天有人拖着行李箱走进小众书坊，或看看书，或闲坐一会儿，有的也会买一两本书在路上看。遇到这样的读者，我会问他们去往哪里，怎么知道我们书店的。他们大多是去东北、山东或河北唐山，偶尔也有去云南、贵州的，要么是从小红书上知道我们书店，要么就是在网上搜索附近的书店，查到我们是离北京站最近的，他们就来了。

## "书店+展厅"：小众书坊下一步的尝试

新的小众书坊，层高6米，空间也比之前大了许多，这使我们考虑在书店里加进展览业态成为可能。这是一个"书店+展厅"的空间。

首先，它还是一家书店，货真价实的书店。在进门左手的玻璃墙内，设计了一组透空的书架，架上摆满了书，让人们在店外就能一眼看到这里是书店。原先小众书坊的人字形大书架，也被整体搬过来，占据了室内最中心的一面墙。新店的另一面墙是弧型墙，我们定制了一面弧形的书架。所有的书架加起来，店里的存书容量比之前的小众书坊更多，品种也更丰富。从书的内容上，还是以诗歌为主，"诗是吾家事"嘛，这一点肯定要坚持。

这几年，雍和书庭积累了不少作家签名本，为丰富书店内容，也为这些签名本提供展示和售卖的场所，所以新的小众书坊里，作家签名本也占着不小的比重。在这些原有的内容之外，还增加了一些艺术书籍，毕竟，"书店+"加的是展览。

很久以来，我就一直想，在书店加进展览的内容，以书店为展览引流，以展览为书店丰富内容。而且，我们在雍和书庭做了一些尝试，前后举办过6场绘画和书法展览，效果还是不错的。但是，雍和书庭的展览环境还是有所欠缺，并没有预留出展览的空间，我们只能将作品挂在书架上、嵌入书中。这样展出当然是可以的，但效果还有待提升。有鉴于此，在新的小众书坊的设计中，我们努力做到书店和展厅二者融合，既独立又相互关联、相互成全。

从书店一进门就能看到，迎面是一面洁白的展墙，展墙旁边和后面还有展墙，构成了一个独立的展示空间，展示环境和效果得到了保证。我们计划每20—30天举办一个展览。至于展览的内容，除了常规的绘画、书法、摄影之外，更侧重于从书中引申出来的展览，比如作家、诗人的跨界艺术展，还有各种书的插画展，等等。

2023年9月初，我们举办了第一场展览——"有白鹭的风景及其他：诗人林莽画展"。林莽是一位写诗长达50多年的老诗人，同时坚持画画近50年，是一位一手写诗、一手画画的跨界艺术家。这些画展的部分作品是此前我们策划出版的诗集里的配画，是一个与书有密切关系的画展，观众除了看展，还能够看书，书和画相互构成宣传。林莽的展览之后，我们接着策划了"我的心带着你的爱与它相会——杜文涓绘泰戈尔诗意插画展"。杜文涓是清华大学美术学院的博士，她先用彩铅为泰戈尔的《飞鸟集》画了插画，后来又用水粉为泰戈尔的《新月集》画了插画。展览集中展出了她为这两本诗集创作的作品。展览现场，除了绘画，还有这两本诗集，以及插画制作的明信片和文创包。

大家一定关心这些展览有什么效益，是不是只赚吆喝。是，首先是赚吆喝，但也不只是赚吆喝。这些展览，有的可以收点场租，有的能卖点画作。不能收场租、不卖画的展览，至少部分内容可以为我所用，比如做些明信片、手账本等文创产品。我一直有个小愿景，那就是小众书坊除了诗歌，希望有一天还能是一个可以平价售卖艺术品的场所。这是我给小众书坊规划的"书店+"中的那个"+"。

### 说一说雍和书庭的"一招鲜"

2019年12月19日，雍和书庭开业，一个多月后就赶上了疫情。可以说，有点生不逢时。但5年后的今天，雍和书庭还在，而且靠签名本的"一招鲜"闯出了自己的特色。

雍和书庭的创办并不是一开始就有的计划。当时，小众书坊刚开办两年多，并不具备开办新店的成熟条件。只是因为偶然看见地坛旁边的雍和宫壹中心下沉广场正在装修一处庭院，觉得适合开办一家书店，一谈之下，竟然得到了对方的热烈响应。既然天降这样一个机会，我首先想的是取一个能配得上这处美丽庭院的店名。因为地处雍和宫壹中心，而且确实离雍和

㉕　因为有很多读书的人，还有很多不读书的人

宫很近，我想"雍和"两字必须用，又由于是一处下沉庭院，我觉得"庭"字很好，"书"与"庭"合为"书庭"，感觉很雅。定下这个店名后，我上网搜索，才发现这竟然是国内第一家用"书庭"做店名的书店。有了店名，才想到底要做一家怎样的书店。我是一个"主题书店痴迷症患者"，决定从某个主题着手。当时想过的主题有北京主题、女性主题、心理主题、艺术主题等，但总觉得这些主题虽然都成立，但还不够独特。有一天，突然就想明白了，这家新店既要和其他实体书店相区别，又要和电商有差异，要给读者一个全价买书的理由，这个理由就是"作者签名"。至此，我给雍和书庭明确了定位——全国首家签名本主题实体书店。

定位只是一个目标，要实现这个目标，还需要找到实现的路径。我的设想是，充分利用雍和书庭在北京二环边的优越地理位置，通过大量举办作者分享会，邀请作者到场，既造成社会影响，又一点点地积攒签名本，积少成多，最后达到目的。

2020年，我们仍然认定作家到场的线下活动是做成签名本书店的必由之路，所以坚持见缝插针地举办现场活动，一年举办了图书首发和分享活动约计50场。来雍和书庭举办活动的作者先后有李银河、陈彦、张莉、邱华栋、刘庆邦、陈传席、大解、余秀华、刘立云、商震、林曦、王志……至此，雍和书庭在人们心目中已初步形成其"签名本主题书店"的特色印象和影响。

2021年和2022年，线下活动受到很多限制，能举办的活动场次大为减少。这种情况下，我们开始探索不举行线下活动的签名方式。经过不断试探摸索，形成了三种方式。第一种，通过微信公众号和微信群发布签书信息，预订签名本，征订到一定数量后再进书，然后邀请作者本人来店为读者签名题款。第二种，将书快递到外地作者的家里或工作单位，请作者签名题款。第三种，工作人员借到外地出差的机会，上门拜访当地作者，送书上门，礼请签名。

现在，雍和书庭作为一家签名本主题书店受到了越来越多的关注，一个星期中几乎每天都有作者前来签书，有时候甚至一天有二三位作者前来。这些签书作者，一部分是我们邀请的，一部分是出版机构邀请的，也有作者本人主动提出前来的。三年多时间，到底有多少作者莅临雍和书庭签书，我们也没有细细统计，大致估算三四百位是有的。其中，有好几位是80多岁的老先生，还有的作者多次前来，甚至有来了十次以上的。

很多人问我，雍和书庭的签名本到底能销售多少？说实话，平均每个月销售实洋在12万元至15万元之间。这在和我们同等规模的书店中，纯书销售算能接受的了。

### 结语：因为有很多读书的人，还有很多不读书的人

在一次与读者的交流中，有人问我："现在实体书店生存不易，为什么还要开书店？"

我答："因为还有很多读书的人在。"是啊，即使大家感觉阅读纸质书的人正在减少，但还是有很多读书的人在，这些人就是我们开实体书店的理由。但回答至此，我突然意识到，这

样回答还不完全，再应加上一句："也因为还有很多不读书的人在。"不读书的人很多，这也构成了我们开书店的理由，因为不排除他们中的某些人什么时候会想读书，想买一本书，有书店在，促成他们读书的机会就会多许多，只怕当他们中有人想要买书时，身边却没有一家书店，他们真就可能成为永远不读书的人了。

你不来，我不在北京站等你了……小众书坊于2025年4月迁至北京市朝阳区甜水园北里12号"越界·朝阳里"2号楼103A。

## 小众书坊
Poetic Books

- 首店开业时间：2017年6月
- 书店格言：匠心出版，诗意生活
- 小众书坊地址：北京市朝阳区甜水园北里12号"越界·朝阳里"2号楼103A
- 雍和书庭地址：北京市东城区和平里西街雍和宫壹中心B座1层
- 读家书店地址：北京市昌平区建材西路龙乡社区商务综合楼
- 壹等书房地址：北京市海淀区吴家场路31号综合文化活动中心1楼
- 微信公众号：小众雅集
- 小红书：小众书坊　雍和书庭

## 26 这家书店里真的有光

小新　想书坊创始人

一

　　当我所在的城市济南，有太多家书店已经挣扎着死去，或者艰难地活着；当经常有人感慨我所在的城市是文化沙漠，甚至直言"还有人去书店买书吗"；当有一篇文章《白岩松：为什么我们已经堕落到要推广阅读》成为头条……

　　这是现状，很不堪，很无奈。

　　书业有句玩笑是这样说的："若是想让你的朋友破产，就让他开书店吧。"虽然是玩笑，但也道出了独立书店生存的艰难。其实，散布在城市某个角落里的某家独立书店，你跟店主随意聊一聊，都会有意想不到甚至闻所未闻的传奇。试问，哪一家书店，没有自己难以忘却的痛苦与挣扎呢？

　　对于现状，我们习惯了这样对待——看到了却视而不见，认知到了却装傻充愣，怕了却无力担当。人生本无常，何苦多情惹尘埃？

　　我在济南这座二线城市学习、生活和工作了 22 年。在中学时代，我会不定期跟妈妈要 20 元钱，去县城唯一的新华书店买书。知道家里的条件并不宽裕，也不敢经常要，通常买来一本书，洗两次手才开始翻书，后来我才知道这叫"仪式感"。

　　在大学时代，曾经有个很文艺的女孩玲玲，比我大三岁，她带着我去蕴秀书坊。那会儿，我也经常去三联书店，看到那么多书，无比眼红，因为那才叫"书的海洋"，还有致远书店，我打量着启功先生题写的招牌，很难形容内心那种莫名的澎湃……

毕业后，我成了一个媒体人，有了"山东电视台首位电视新闻评论员"的称号，成为好几家高校的客座教授，还出版了几本所谓的"畅销书"……但我总觉得，还远远不够。

我时常在想，除了在这里求学、工作、买房、结婚、生子、衰老……我们跟一个城市，还可能有什么关联？换句话说，我，一个媒体人，对一个城市能有什么贡献？这是初心，一点都不装。

## 二

2017年4月，我和《纸婚》的作者、著名作家叶萱老师，以及我认识了十年的兄弟华子，计划共同做一家书店。我们分析了这个城市"死"去的N个书店的短板，又充分畅想了我们能够做好一家书店的长板，之后，我们做了一个理智的决定——放弃。

我们喏喏地说，要不就算了吧。我们都是平时买菜都算不清楚价钱的人，何苦庸人自扰。叶老师当好她的作家，我做好我的媒体人，华子做好他的生意人，各归其位，不是很好吗？

只隔了一天，我们就反悔了。

做！马上做！

我在微信上发了我要众筹一家书店的消息，瞬间，微信就炸开了锅。"怎么打款？""一起呀！""带上我。"他们当中，有媒体人，有作家，有高校教师，有画家，有歌手，有生意人，有律师，还有银行出纳……我反复跟他们谈到书店在不少城市的冷遇，但他们大多数谈到了"理想"和"梦想"。

点亮理想的那一束光，我们只需要一个火种。

"我们也盘算一下卡里还有多少存款。"我说。

我和叶萱老师、华子达成了共识，一旦书店真的倒闭了，我们便用自己的钱补上窟窿。很多缘分，无非是遇上一双真诚的眼睛。

也许这是一次理想的狂欢，但也可以理解为是心灵的放飞。我可以想象到，我们是一家书店，又不单纯是书店。我们出售的不仅仅是书，还有梦想、回忆和期许的温暖。再不疯狂，我们就真的老了；再不谈理想，我们就真的颓了。既然有理想，有梦想，还有美丽的畅想，那么这家书店就叫"想书坊"吧。

"想"这个字眼，涵盖了太多我们期冀抵达但尚在奔波的内涵。只有"想"，才是我们面对这个陌生世界，唯一的疑惑与全部的底气。

要想，才发现所想世界的未知与庞大；要想，才知道自己的渺小与坚定；更要想，才懂得怎么选择远方，怎么扬帆起航。所以，想，才是我们能够送给自己最好的礼物。这是山东首家"作家书店"——想书坊的灵魂。

在济南的城市空间里，跳广场舞的大妈占据了泉城广场，忙着为子女相亲的长辈占据了千佛山，周末被父母领过来的孩子占据了不同的培训机构……独立书店，是还给文艺青年一方精神栖息地的重要所在，而济南的独立书店却少得可怜。

想书坊第一家店选在了济南千佛山路1号的CCPARK文化创意港四楼，彼时的CCPARK文化创意港自身就是文艺青年的

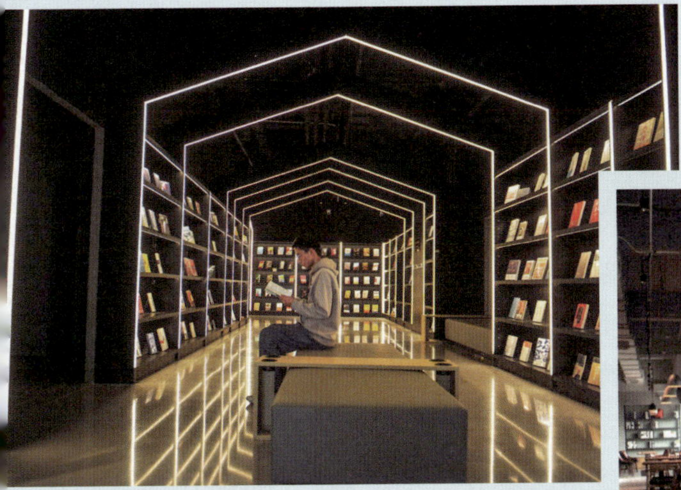

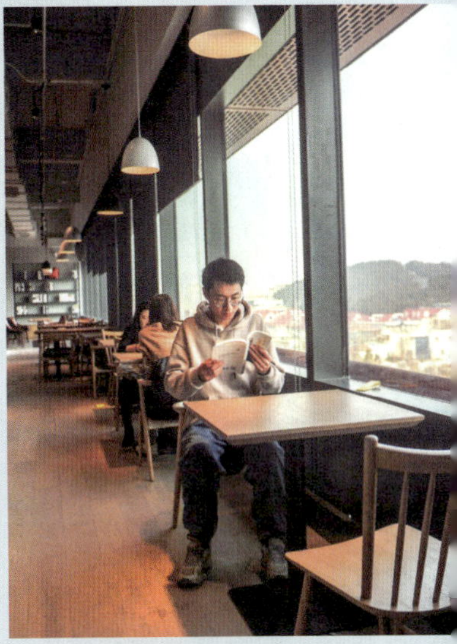

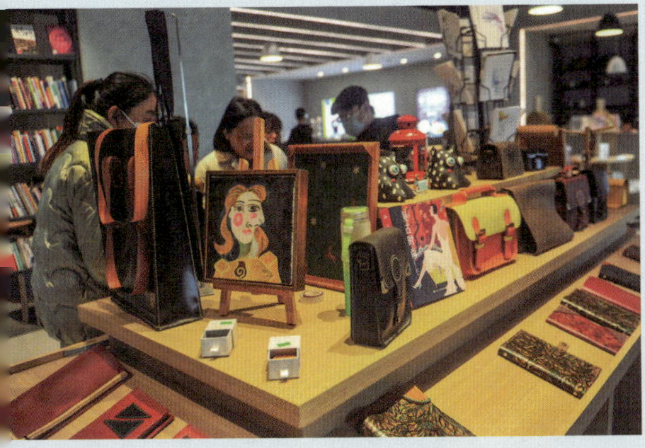

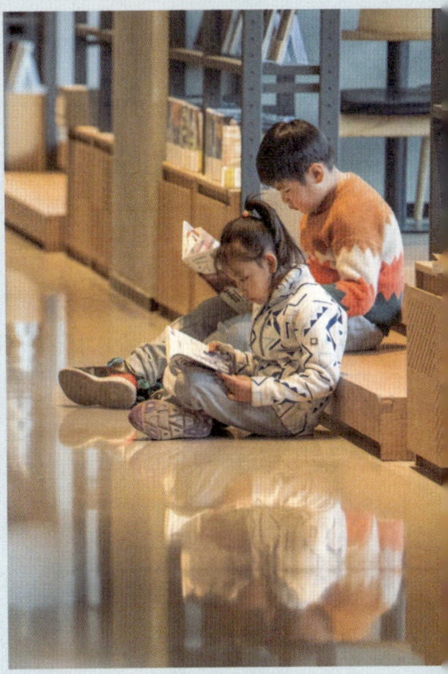

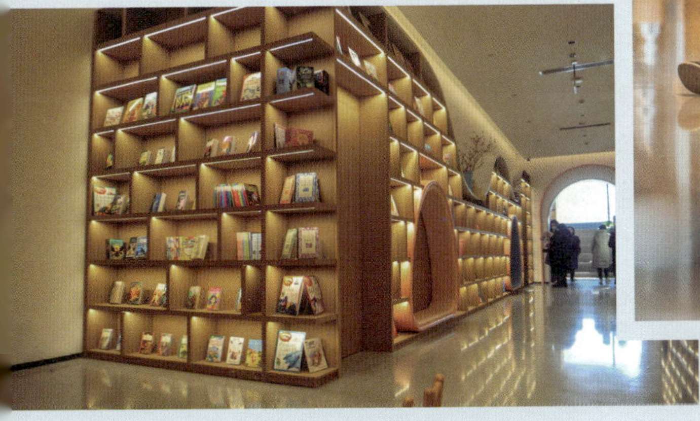

聚集地。

我曾在书里写过一句话：远方，总是让人神往。而心坚定了，又何惧远方？那个远方，跟金钱地位无关，跟长腿"欧巴"无关，跟美女无关，跟学区房无关。我在畅想，翻开一本书，恨不能把脸贴上，在书里做梦。

希望有朝一日，你到这家书店，我可以给你倒一杯酒，你给我讲个鲜衣怒马或特立独行的梦想故事。

一间房子，一杯咖啡，一本书，一群朋友，一种温暖。

## 三

2017年4月4日，我第一次在朋友圈发出预告，我要跟两个朋友开一家书店，那条信息的点赞数是355，评论数是286，有人欢呼，有人鼓掌，有人观望，有人问我疯了吗？

2017年5月5日，我收到本地报纸的样刊，记者用了一个标题《"城市良心"的梦想接力》，还引用了我们对想书坊的诠释："想，是一个充满了发散性的词——理想、梦想、畅想、冥想、想象，这些都可以在一家书店找到答案和归属。"

2017年6月7日，叶萱老师、华子和我在夜里去盯书店装修。我们身后一片空旷，我清晰地记得叶萱老师穿了一身黑色运动装，不算优雅。

2017年6月25日，华子给我发了一段书店装修收尾的视频。他哑着嗓子说："新哥，当你看到这一切，是不是觉得值了。"就是他这句话，我直接泪崩。

2017年7月1日，叶萱所说的"大明湖的荷花开放的时候"，想书坊在没有任何前期宣传的情况下试营业。

"我们想测算一下自然流量，以及我们的特色能不能留住客人。"带领运营团队的华子接受记者采访时说，"很幸运，我们初级挑战成功，而且前期效果是很可喜的，大家很难想象，我们还没有正式营业，一天居然卖了200多本书。"

造价几万元的"多肉景观区"，成了90后、00后最喜欢的拍照区域；近百人的捐赠承载着70后、80后记忆的"回到过去"的怀旧区，很多读者在这里寻宝；集国外众多绘本馆之所长，拥有独家原创设计的"亲子绘本区"，更成为孩子和父母在书店里的不二选择。

在国外，很多小型独立书店都会形成自己的特色，它们可能深耕某一类书籍——读者们不到这里便买不到，也可能涉足出版、广告、影视等行业，以现代传媒的手段来做文化传播。这也是未来想书坊要做的，我们已经开始布局。

后来，我们有了自己的原创图书，当这些图书的后勒口或封底印着想书坊LOGO的时候，"作家书店"的原创性才真正体现出来。一年半之后，我们拥有了四家想书坊商场店、两家想书坊社区图书馆。通过想书坊，更多作家成为我们股东团队的一分子，作家驻店、作家沙龙、作家分享、作家原创图书，这些都成了现实。

很显然，我们对想书坊的想象，还有很多，是想象，更是理想。

而最难忘的，自然是那些可爱的客人们。

有一位退休多年的大学教授，75岁的奶奶，每个工作日都会坐在书店的一角，最可爱的是她还做笔记。看到我走近她，她的眼睛就眯起来："老板啊，你叫啥来着，我又忘了。""奶奶，我叫小新。""对对对,小新小新,我又忘了。"

有一家四口人,准确地说,一年之前还是一家三口人,妈妈大着肚子,他们会点一壶水果茶,每个人都看着自己手里的书。一年之后,爸爸专程来到书店,跟我们报喜说家里的第四个小成员出生了。盼望小四同学能够早一点来书店看书。

张广顺是一个年轻的写作者,他在微博上给我留言,希望到想书坊做兼职店员。他对书有着难得的热忱,无比关心他的《少年不惧岁月长》的销量,只可惜这个文艺少年总是算错账,少年只惧算数难。

还有那些专门来想书坊打卡的我的听友和读者们,他们拿着我的书,在书店门口合影,做着鬼脸,并给我留言:小新,我到你的书店来了,感觉跟你的距离又近了一步。

我在心里也做了一个鬼脸：谢谢你们，谢谢每一个原本陌生的你。

## 四

这一切，当然不是全部。

比如，你想象中的书店里的店员，应该是坐在阳光中的玻璃房间里，慵懒地打开一本书，当你走进书店，她向你微笑致意，甚至会跟你聊一聊风花雪月。

而现实是，店员基本成了杂工，要会选书、录入图书、写书评、做海报、拍视频、写小便笺，要打扫卫生、端茶送水、修水管、接电线、换门锁……

店长秀秀不止一次跟我撂挑子："新哥，我真的撑不住了。"我只能再一次给她灌鸡汤："不惧万人阻挡，只怕自己投降，只要你撑住了，你就又进阶了，想不想试试看？"秀秀的眼珠转了转，点了点头。半年之后，昨日重现。

想书坊的省吃俭用，可以"丧心病狂"到什么程度呢？有两年多的时间，都靠创始人免费提供自家房子作为员工宿舍，并默默承担网费、水电、物业费等费用；嘉宾活动需要延请众筹股东担任嘉宾，给不起出场费，请嘉宾从书店里挑几本书当纪念品，自家股东经常摆摆手，连本书也不忍心拿；创始人和众筹股东们打通各自的资源购入很多全新畅销书直接捐献，自己买书还主动结账；与嘉宾活动结束后的聚餐，也是在创始人开办的日料店里蹭吃蹭喝……那时候小小的想书坊啊，就像是个小小年纪却不得不学会早当家的孩子，还没有灶台高就已经学会了踩着小板凳给自己煮碗糊了的面条。能撑住它的，不过是很多很多人善意的目光与爱。

## 五

一个书店老板，时刻经历着暴击。第一家店刚开了几个月就面临过年，所有店员都要回老家。大年初三，我和华子两个人守在店里，他负责做饮品，我负责卖书，没有客人的时候就大眼瞪小眼。

想书坊第三家商场店开业当天的凌晨三点钟，我和叶萱老师还穿梭在店里调整书的摆放位置，华子指挥工人搬这做那。叶萱老师咬着后槽牙说："怎么回到最初开店的样子了？"是的，如果没有持之以恒的信念，真的很难坚持。

为书店的活动免费站台，为书店项目的有效推进被迫应酬，明明一生不羁爱自由自认为是一个神采飞扬的人却为了想书坊时常灰头土脸……因为疫情，仿佛一夜之间，好不容易聚集起人气的书店，一个顾客都没有了。我们的店长秀秀每天孤零零在店里摆书、擦地，把怀旧区的地板擦得能照见人影，然后在员工群里求助：小伙伴们，要不要买点牛奶喝？咱们店里做咖啡用的牛奶质量特别好，因为没有顾客快要过期了，进货价清仓，大家伸出援手买盒牛奶喝吧，喝牛奶对身体好……

后来的故事大家都知道了，各城市都有书店歇业、撤店。江湖上从来不缺曲终人散的殇情，缺的不过是雪中送炭的硬撑。在很长一段时间里，想书坊第一家店里，只有店长秀秀，没有员工。这个陪我们走过最艰难日子的姑娘,我们要谢谢她。2020年夏天,当书店所在综合体的走廊上打出"一切如常才是生活理想"的口号时,我站在那幅巨大的海报前,热泪盈眶。

我们到底图什么?这是太多书店创始人或主理人必须思考的问题。放在我的身上,不图名,不图利,如果说真的图点什么,那么大概就是一个城市的气质。

一座城市的气质依靠什么塑造?除了鳞次栉比的摩天大楼,也不能缺少那些零星散布的文化载体,而书店更是其中非常重要的一环,它们静谧地散落在城市的角落,寻溯着城市的味道。如果有一天,我所在城市里的人说,济南不仅有把子肉,不仅有烧烤,不仅有烤地瓜,还有一家叫作想书坊的书店,那才真的"死而无憾"了。

我想起有记者曾经问过叶萱老师一个问题:叶老师,在没有任何收益的情况下,你们为什么还在开书店?你觉得最大的收获是什么?那应该是暑假里的某一天,叶老师的女儿咚咚和儿子叮叮坐在靠窗的座位上,弟弟在写作业,姐姐在看一本长篇小说。温柔的光影穿过白色百叶窗洒进来,落在他们安静的侧脸上,叶老师无比温柔地回答:"我觉得开书店以来,最大的收获就是,我的孩子们可以在书店里长大。"

## 六

2022年1月2日,想书坊2000平方米的旗舰店试营业第二天,我在新书店里遇见这样一位外婆——于人山人海中,她拽着我问儿童阅读区在几楼,说小外孙女今年五岁了,等她幼儿园放寒假,就带她每天来书店。我开心地给这位外婆也顺便给周围的顾客介绍:开业期间全场8折,带特殊标签的图书全年全场3.8折,还有很多亲子阅读分享会和英文绘本分享会……这位外婆拉着我的手,开心地说:"太好啦,我家就住旁边的小区,我们一定会常来的。我一直盼着家门口能有个这样的好地方!"是的,阿姨,我也盼着能遇见更多像您这样的好外婆。

其实,我的耳边时常充斥着这样的声音:某某书店倒闭了,某某书店关门了,你做什么不好偏偏要做书店?你逞什么英雄?一个城市的文化氛围,本就不是一个人或者一家书店能够承担的,我也无意成为有些人口中的"英雄"。

我知道,当没有多少人愿意从事这个行业,当这个行业意味着巨大的风险时,开书店仿佛成了我——一个媒体人的责任担当;我更加知道,遭受残酷的资金压力,面临各种成本核算,哪怕长夜痛哭,我和我的伙伴们也从未想过撒手不干。

也许,这只是一种执拗。作为一个爱书人,我深深地知道读书的意义:每个人都只能活一部分的人生,但读书可以让我们拥有另外的人生可能。知人,阅世,方能见天地。

那样煎熬的寂寞的艰难的日子,我们都挺过来了。如果你来到一个有想书坊的城市,可以过来转转,因为这家书店里真的有光。

我想,陪你走过很多的长街小巷,

我想,和你度过更多的春夏秋冬。

我想,带你辗转却不流离,

我想，给你热烈而又安稳。

这里是想书坊概念书店。

## 想书坊 THINKING HOUSE

- 首店开业时间：2017年7月
- 书店格言：一盏灯，一本书，一群朋友，一种温暖
- 济南书苑广场店地址：山东省济南市市中区二环南路书苑广场四楼
- 济南神武店地址：山东省济南市历城区港沟街道神武社区东门91号
- 青岛店地址：山东省青岛市黄岛区滨海大道2000号
- 潍坊店地址：山东省潍坊市寒亭区通亭街亚星路口北500米
- 德州店地址：山东省德州市齐河黄河大道与309国道交汇处北100米
- 滨州邹平店地址：山东省滨州市邹平市黄山街道西王美郡
- 烟台店地址：山东省烟台市高新区绿地德迈
- 万象新天店地址：山东省济南市历城区工业北路东段天鸿公园大道
- 春风书社地址：山东省济南市槐荫区杨柳春风生活美学馆
- 微信公众号：想书坊概念书店

## 后记 实体书店如何提供情绪价值

飒帆 书业观察者

一直关注实体书店，关注有关实体书店方面的图书，而《书见》系列恰巧是我从第一季出版就读过的，目前已经出版了三季，这一季没有叫第四季，而称为致敬版，其中深意，各位读完后必有体会。而我想说的是，实体书店以及图书，除了阅读，还能给各位读者提供什么，那就是情绪价值。

情绪价值是近年来很热的词语，被《咬文嚼字》杂志评选为 2023 年十大流行语。情绪价值能给人带来感受美好的能力，能引发正面情绪，但情绪价值也包括负向的。

近年来，情绪价值在现实生活中大多是具体物化的，比如寄托在某一个物品上。最典型的就是 jELLYCAT，这个诞生于 1999 年的毛绒玩具品牌，虽然已经售卖了很多年，但突然火起来。仔细想想，品牌的年龄和目前拥趸们的年龄正好差不多。

名创优品创始人叶国富有一句话：零售业正在回归，实体零售通过不断的创新和突破，重新靠品质和体验赢得了市场。

消费需求在最近几年有一个非常突出的变化。消费的目的是什么？是开心，是美好，更是愉悦的体验。消费者不只看商品的功能，更会看重这件商品带给他的情感和情绪上的价值。

那么，实体书店能否带来情绪价值呢？这个答案是肯定的。但是，也不要把这个问题想得太简单。我们需要注意情绪价值的实现过程：感知可爱、实现拥有、展示分享。情绪价值明显受到从众行为的影响，满足消费者内心占有和炫耀心理。

实体书店如何提供情绪价值，至少可以通过四个维度来实现：一是商品维度；二是空间维度；三是活动维度；四是交流维度。

## 一、商品维度

书店提供情绪价值的商品不是满店满墙的书，因为图书馆也可以做到；也不是单指书店内售卖其他品牌的情绪价值产品，这是商品的概念，别的零售企业也能提供，并不独特，放在书店的场景中不具有特殊意义。

书店提供的情绪价值产品，应是书店精心挑选并布置出来的极少数商品或者商品组合，及其展示效果，可以让消费者一目了然地感受到愉悦，或者感知到价值。消费者不仅可以理解，而且愿意购买、模仿、传播，最终成为相关产品创作及传递情绪价值的重要一环。

这不是简单地选几本书，写一小段推荐语，做个小主题展陈就可以的。大多数图书其实常带有严肃及说教的意味，而说教是容易令人反感或厌恶的，无法提供情绪价值。同时，图书产品蕴含的知识和信息需要通过阅读才能感知,这也增加了消费者体会和理解的难度。

因此,让消费者通过视觉能够直接感知、感受到快乐、可爱、愉悦,至少能够引发他们驻足、观看及思考,至关重要。

那么,书店中的什么产品可以让消费者产生情绪价值呢?其实还是离不开图书本身,小红书上"薯友"的一些创意令人深受启发。比如,几本书的书名拼起来的书架拼贴诗,将图书的书封拼贴起来成为新的书封相框,等等。

## 二、空间维度

现在,很多书店设计精良,从空间角度已经可以提供最基础的情绪价值,消费者愿意前来打卡、拍照并展示,也就是我们通常说的"网红书店"。但是,这种情绪价值并没有对书店本身带来什么特别作用,因为消费者打卡拍照之后就走了,很可能不会再来,相当于书店的一种单向输出。书店不能只从这个维度提供情绪价值。

在大多数人的心目中,书店给人的感觉是安静、陈列着很多图书、能够阅读和学习的场所,虽然这个作用和图书馆类似,而且这种场景可能并不有利于书店经营;但是,就大多人的认知而言,安静和阅读一定是书店的重要标签。人头攒动、举着手机拍照等,肯定是不符合这种认知想象的。

这种场景其实也是目前社会面非常稀缺的,至少很多一二线城市的公共图书馆都已人满为患。所以,"繁华闹市中,独取一

后记 实体书店如何提供情绪价值

隅宁静",是一种可以被具象、被定价的场景。尤其在大城市中,会有消费者为了这种安静的场所去付费,不管是学习、工作,还是只想离开家的独处。

很多书店都提供了咖啡区和阅读区,但大多数并不特别具备这种场景功能,只是兼顾部分阅读和学习的功能,这种场景其他的咖啡馆也能提供,并不具有独特性。

茑屋的 SHARE LOUNGE 项目已经正式进入中国大陆市场,提供的场景包括社交、商务、学习、工作等。虽然是计时付费制,但是价格也不是难以承受的,因为配套提供了咖啡、饮料和小吃,目前的价格是每小时 56 元,一天 188 元。如果价格机制稍微再灵活一点,比如设半天的定价,这种场景还是有很大想象空间的。

至少,我非常喜欢这种场景。如果我有比较集中的学习、研究或写作任务,又不想待在家里或办公室,那么 SHARE

LOUNGE 是一个很好的去处。特别是假定你在这里能够待上一整天的话，还是值得的。

什么是空间维度，再说一个亲身经历的场景。我去北京出差，顺便考察了五棵松万达广场。由于要从万达广场直接到北京南站返程，因此我需要把行李带着，一个很重的双肩包。没有到达万达广场前就检索过有没有寄存柜。所幸，寄存柜是有的，但是不多，摆放位置在一楼的某处通道里。

我需要寄存我的双肩包和厚外套，然后轻松地去逛万达广场，不管付费多少，我都是愿意的。但是，在一个十多万平方米的购物中心里，有且只有一处这样的寄存柜。同时，任何一家店铺都不提供寄存服务，至少你需要先买了他们的产品后才有讨论的可能。

### 三、活动维度

实体书店经常举办各种活动，比如讲座、签售（作家见面会）、读书交流会等。现在很多书店还常搞研学活动，甚至开办夜校课程，这些都很好。就参加活动的人群而言，他们在参加活动的同时，是能感知到情绪价值的。

在我的工作经历中，也举办过很多与图书相关的活动。现在想想，效果最好的还是"大咖"见面会及签售活动，这种"大咖"往往是消费者认知层面的"大咖"，而不是学术或专业层面的"大咖"。简单一点理解就是"追星"吧，只是他们不是演艺界的明星。

除了"大咖"本身，这些活动为什么会受到欢迎？可能因为形式比较简单，"大咖"随便聊聊，然后进入提问和回答环节，随后就是签售，也没有什么说教的场景。在一两个小时活动中，甚至没有座位，还要排队签售。这种场景中，消费者肯定不是来听说教的，他们关注的是"大咖"这个人，以及自己能从活动本身获得什么。比如获得"大咖"在图书上的签名，再争取拍一张与"大咖"的合影，这就是他们在活动中获得的情绪价值。

如果把知识分享和生活体验融合在一起，实体书店能做什么类型的活动？我想到了小红书上的"捡秋"。这是一个蕴含博物知识在内的体验型活动，虽然需要走进大自然，但其形式是可以参考借鉴的。小红书"热点薯"提供了一个活动流——低头捡个秋。

有的时候，简单一点、轻松一点、生活一点，可能消费者会更加喜欢。因为，生活中不只有图书和阅读，至少这两者的排位是比较靠后的。如果把知识和生活联结在一起，实体书店在其中大有可为。

## 四、交流维度

交流维度，这一点很难做到，但更有价值。在实体书店的绝大多数场景中，店员和消费者之间是没有互动和交流的。消费者自己挑选商品，最多询问一下摆放位置，最后在收银台可能有几句简单的对话，或者消费者没有购买行为就直接离开了。

在这种场景下，实体书店与一个超市或便利店没有任何差别，只是售卖的产品不同而已。虽然图书是蕴含着知识和信息的产品，但是没有经过再次的加工和分享，始终只是个商品。

很多独立书店在这方面具有很大优势。因为店面不大，店员或者书店老板可以和进店的消费者进行直接交流，为消费者推荐和介绍图书，与消费者交换各种信息。在这种一来二去的交流中，书店的"人文"属性也就体现出来了。越是小书店，越应该多交流。

当然，交流也是有要求的。首先，你得是个 E 人，愿意交流；其次，你肚子里得"有货"，有东西可谈，通过交流传递给消费者。比如内蒙古包头的留神书店老板胡掌柜。

书店业的朋友大都知道苏州文学山房的江澄波老先生，是经营着一家古旧二手书店的近百岁的老爷子。他在店的时候，能和读者交流各种关于古旧二手书的知识，赢得了读者的尊重。

当今社会的各种压力之大，很多人连去书店的时间或者心情都没有了。那么，仍然还去书店的人，我们是不是应该更加善待他们，通过产品、空间、服务、交流，给他们提供更多的情绪价值呢？

书和店，就是实体书店留给大家的印象。喜欢是没有理由的，喜欢是愿意付出的，这才是一种双向奔赴。

向实体书店致敬，向书店人致敬！

该文首发于微信公众号"書和店"（Book-and-Store）

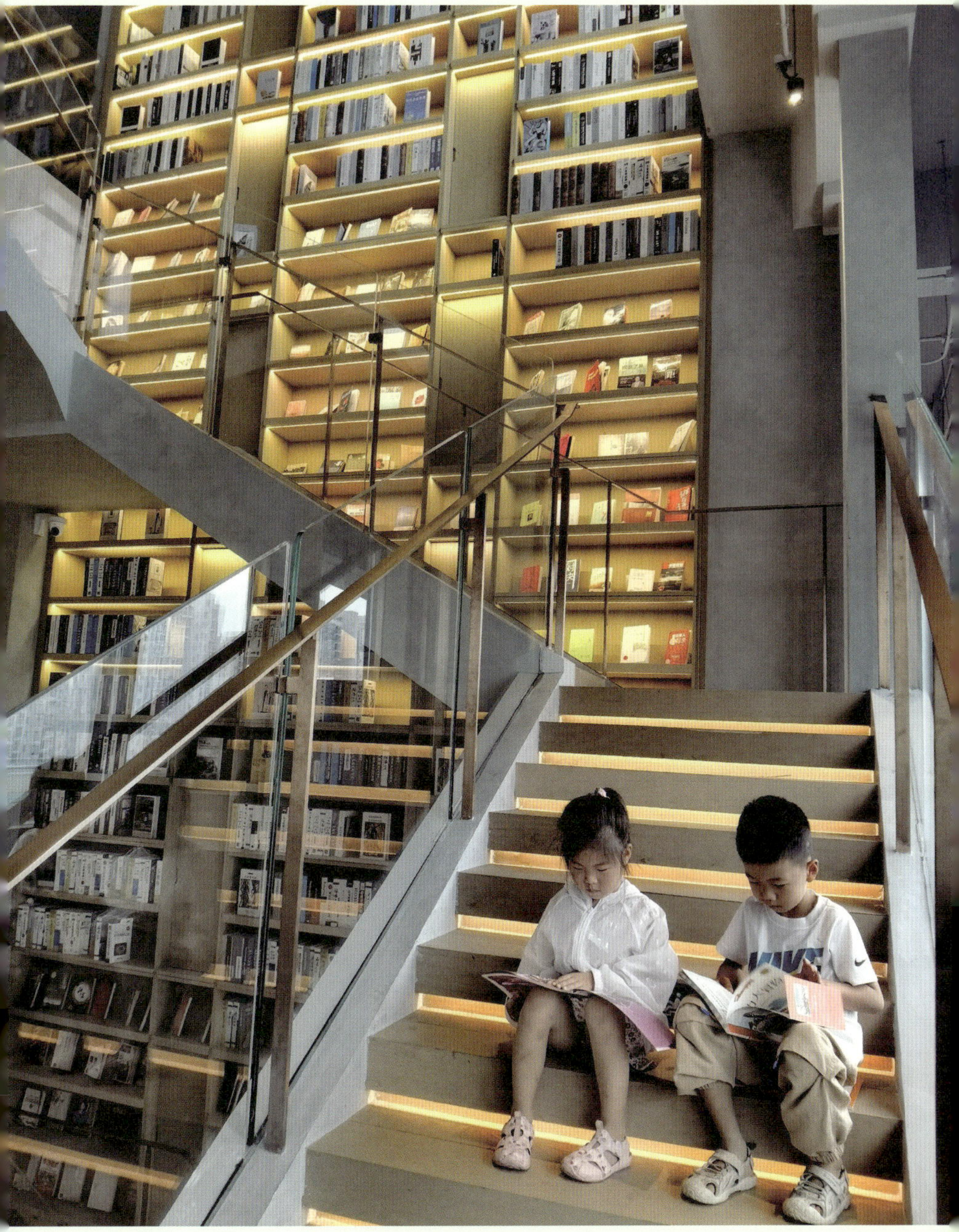

纯真年代

1200bookshop
GUANGZHOU

枫林晚

晓风书屋

左边右边
BOOKSTORE

学而优
书店

DOLPHIN ADE BOOKS
海豚阿德书店

LEKAIBOOKS
乐开书店

龍媒書店
LONGMEI BOOKSTORE

唐寧書店
TANGNING BOOKS

停雲書房

書店
since 2014

# 书见

## 推荐的100家品牌书店

金城出版社
GOLD WALL PRESS

西苑出版社
XIYUAN PUBLISHING HOUSE

1．晓风书屋
漳州店地址：福建省漳州市芗城区古城青年路112号
厦门店地址：福建省厦门市思明区大学路162-116号

2．青苑书店
地址：江西省南昌市青山湖区洪都北大道299号金域名都1-21号

3．学而优书店
地址：广东省广州市海珠区新港西路93号（近中山大学西门）

4．众目书房
地址：广西壮族自治区桂林市七星区穿山路6号兴进繁花里1栋2层12-19号

5．先行书店
垂虹路店地址：广东省佛山市禅城区垂虹路27号
环宇城店地址：广东省佛山市南海区中海环宇城2层
岭南天地店地址：广东省佛山市禅城区祖庙街道岭南天地龙塘诗社内

6．龙媒书店
地址：河北省秦皇岛市海港区太阳城商业中心广场银海大厦312室

7．左边右边书店
创始店地址：新疆维吾尔自治区乌鲁木齐市沙依巴克区长江路25号新疆果业大厦17楼
新世界店地址：新疆维吾尔自治区乌鲁木齐市高新区长春中路818号新世界广场2楼

8．万邦书店
蓝海风漫巷店地址：陕西省西安市未央区凤城二路37号蓝海风中心
中大国际南大街店地址：陕西省西安市碑林区南大街30号5F西侧
古旧书房地址：陕西省西安市雁塔区兴善寺东街6号蓝溪花园7B-012

银座店地址：陕西省宝鸡市经二路银座负一层
高新天下汇店地址：陕西省宝鸡市渭滨区高新大道天下汇商街
留坝书房地址：陕西省汉中市留坝县城关老街 34 号

9．纯真年代书吧
宝石山店地址：浙江省杭州市西湖区保俶塔前山路 8 号
杨柳郡店地址：浙江省杭州市上城区杨柳郡杨柳荟 18 幢

10．枫林晚书店
月湖店地址：浙江省宁波市海曙区金汇小镇内青石街 36 号
南塘店地址：浙江省宁波市海曙区南塘老街二期南塘河街 133 号
江北店地址：浙江省宁波市江北区环城北路西段 222 号
党校店地址：浙江省中共宁波市委党校 5 号楼明德楼 B 栋 1 楼

11．蓝月亮书店
地址：重庆市綦江区九龙大道 11 号附 36 号

12．唐宁书店
四海城店地址：广东省广州市番禺区汉溪大道东 390 号四海城商业
　　　广场东区 L1 层 37 号铺
无限极广场店地址：广东省广州市白云区云城西路无限极广场 B 座
　　　L203-207 二楼
顺联公园里店地址：广东省佛山市南海区季华东路 27 号顺联公园里
　　　南座 3 楼
保利天珺店地址：广东省佛山市南海区东信北路保利天珺展示中心 2 楼

13．尚书吧
地址：广东省深圳市福田区福中一路中心书城南区首层

14．拾得书屋
地址：江西省南昌市青山湖区新桃路世纪风情一期底商 6-401

15．想像书店
洛阳店地址：河南省洛阳市涧西区蓬莱路国家大学科技园 B7-103A
景德镇店地址：江西省景德镇市陶阳里旅游区龙缸弄 9 号—2 三好社区内

16．MeLibrary& 小茶書園
地址：上海市黄浦区复兴坊 37 号前门

17．乐开书店
文定路店地址：上海市徐汇区文定路 218 号画家街 B 座 2M 层
今潮 8 弄店地址：上海市虹口区四川北路 989 弄今潮 8 弄 5 号楼 106 室 2 楼

18．慢书房
地址：江苏省苏州市姑苏区观前街蔡汇河头四号

19．海豚阿德书店
地址：云南省大理市大理古城苍坪街 56 号床单厂艺术区 D 栋 2 楼

20．境自在书店
地址：湖北省武汉市江汉区解放大道 557 号中山广场写字楼 1925 室

21．1200bookshop
总店地址：广东省广州市天河区体育东路 27 号
正佳 Hi 百货店地址：广东省广州市天河区天河路 228 号正佳广场四楼 Hi 百货
北京路店地址：广东省广州市越秀区北京路 168 号天河城 5 楼 A506-A507
嘉禾望岗店地址：广东省广州市白云区嘉禾望岗云门 New Park 云里 B1 层下沉广场
荔湾湖公园旗舰店 1200Book&Bed 地址：广东省广州市荔枝湾区荔湾湖公园泮塘五约外街 116 号

22．留神书店
留神书店地址：内蒙古自治区包头市昆区前进道甲 139 号底店
今天书店地址：内蒙古自治区包头市昆区俄罗斯风情街院内

23．遇见理想书店
遇见书店地址：河北省张家口市桥西区长青路 10 号世贸广场小区
　　　　　　　4 号楼商铺 67 号 127-128
理想书店地址：河北省张家口市桥西区长青路 10 号世贸广场小区
　　　　　　　2 号楼商铺 22 号

24．停云书房
北山杨氏大宗祠店地址：广东省珠海市香洲区北山正街 5 号杨氏大
　　　　　　　　　　　宗祠内
北山因是园店地址：广东省珠海市香洲区北山因是园街 67 号
斗门井岸店地址：广东省珠海市斗门区井岸新青工业区新伟街 1 号

25．小众书坊
小众书坊地址：北京市朝阳区甜水园北里 12 号"越界·朝阳里"
　　　　　　　2 号楼 103A
雍和书庭地址：北京市东城区和平里西街雍和宫壹中心 B 座 1 层
读家书店地址：北京市昌平区建材西路龙乡社区商务综合楼
壹等书房地址：北京市海淀区吴家场路 31 号综合文化活动中心 1 楼

26．想书坊
书苑广场店地址：山东省济南市市中区二环南路书苑广场四楼
神武店地址：山东省济南市历城区港沟街道神武社区东门 91 号
青岛店地址：山东省青岛市黄岛区滨海大道 2000 号
潍坊店地址：山东省潍坊市寒亭区通亭街亚星路口北 500 米
德州店地址：山东省德州市齐河黄河大道与 309 国道交汇处北 100 米
滨州邹平店地址：山东省滨州市邹平市黄山街道西王美郡
万象新天店地址：山东省济南市历城区工业北路东段天鸿公园大道

27．万圣书园
地址：北京市海淀区成府路五道口购物中心3层

28．彼岸书店
地址：北京市海淀区花园路2号牡丹科技大厦一层

29．码字人书店
地址：北京市东城区和平里北街6号远东科技文化园15号楼一层109室

30．稻诚及所
地址：北京市西城区复兴门外大街15号长安商场2-218号

31．邺架轩阅读体验书店
地址：北京市海淀区清华大学图书馆北楼G层

32．旁观书社
地址：北京市朝阳区酒仙桥路2号大山子798艺术区东街拐角

33．豆瓣书店
地址：北京市海淀区成府路262号

34．钢铁月球书店
西单华威店地址：北京市西城区西单华威三楼（超级可爱市场内）
春熙路店地址：四川省成都市春熙路大科甲巷43号购次元K88商场3楼
方圆LIVE店地址：重庆市江北区观音桥方圆LIVE LG层002
小寨银泰城店地址：陕西省西安市雁塔区小寨西路26号银泰城2层

35．单向空间
檀谷店地址：北京市门头沟区京潭中路7号院1号楼
郎园Station店地址：北京市朝阳区半截塔路53号郎园Station D3-1
阿那亚店地址：河北省秦皇岛市阿那亚南区小镇8号楼一层

乐堤港店地址：浙江省杭州市拱墅区丽水路远洋乐堤港二期
顺德ALSO店地址：广东省佛山市顺德区北滘怡和路6号ALSO F座
东京银座店地址：日本东京都中央区银座1丁目6-1

## 36．佳作书局
UCCA｜佳作书局地址：北京市朝阳区798艺术区UCCA尤伦斯当代
　　　　　　　　　艺术中心商店二层
宋庄店地址：北京市通州区宋庄镇小堡文化广场A201号
如是海店地址：河北省秦皇岛市北戴河新区滨海新大道东侧
芝加哥店地址：美国芝加哥西35街1029号Zhou B艺术中心

## 37．SKP RENDEZ-VOUS 书店
SKP总店地址：北京市朝阳区大望桥SKP4F
DT51店地址：北京市朝阳区北苑路98号院1号楼DT513F
武汉SKP店地址：湖北省武汉市武昌区沙湖大道18号SKP4F
西安SKP店地址：陕西省西安市碑林区长安北路261号SKP10F
成都SKP店高新区地址：四川省成都市高新区天府大道北段成都
　　　　　　　　　SKP1-2F

## 38．言book
青年路店地址：北京市朝阳区青年路润枫水尚8号楼底商05号
金山岭阿那亚店地址：河北省承德市滦平县金山岭阿那亚社区二期
　　　　　　　　　20号楼102
郎园Station店地址：北京市朝阳区半截塔路53号郎园Station C11-6

## 39．内山书店
鲁能城店地址：天津市南开区鲁能城购物中心B1F
和平大悦城店地址：天津市和平区南京路189号和平大悦城4F
未来天地店地址：天津市北辰区宜兴埠镇天津未来天地购物中心1F
香港中文大学（深圳）店地址：广东省深圳市龙岗区龙翔大道2001
　　　　　　　　　号香港中文大学（深圳）下园下沉
　　　　　　　　　广场106号

## 40．一書书店
天津店地址：天津市南开区南开大学西门学者公寓底商
重庆店地址：重庆市九龙坡区科园一街九龙意库 B 栋底商
成都店地址：四川省成都市锦江区 TGIF 玉成巷 25 号

## 41．一见图书馆
碧云馆地址：上海市浦东新区碧云路 633 号 1D2
保利滨江馆地址：上海市徐汇区瑞平路 230 号保利时光里购物中心 B1
瑞虹馆地址：上海市虹口区瑞虹路 188 号月亮湾 2 楼 207

## 42．之禾空间
地址：上海市闵行区合川路 2570 号科技绿洲三期 2 号楼 1-2F

## 43．犀牛书店
地址：上海市静安区北苏州路 1040 号

## 44．神兽之间
龙华会店地址：上海市徐汇区龙华路 2758 号龙华会 C2 幢 LONGLONG CENTER
玉湖店地址：浙江省杭州市余杭区玉湖公园上岸市集 1F

## 45．大夏书店
地址：上海市普陀区中山北路 3651 号

## 46．复旦旧书店
地址：上海市杨浦区伟德路 88 号

## 47．精典书店
地址：重庆市南岸区南滨路东原 1891 时光道 D 馆

## 48．匿名书店
地址：重庆市江北区鲤鱼池四村 7 号楼 101

49．之外书店
汇中广场店地址：河北省衡水市红旗大街与人民路交叉口西北角汇中广场C座
怡然城店地址：河北省衡水市大庆东路369号怡然城五楼
爱琴海店地址：河北省衡水市滏阳路与育才南大街交叉口东北角爱琴海购物公园三楼

50．汲古书店
地址：河北省唐山市路南区文化路南路书刊市场2202号

51．城市之光书店
地址：河南省郑州市二七区桃源路28号

52．目录书店
地址：河南省郑州市郑东新区农业东路天瑞街民航花园西门25号

53．普禾书吧
学而书房普禾旗舰店地址：山东省滨州市滨城区奥体东路舜和国际酒店东门南侧
滨州店地址：山东省滨州市滨城区黄河五路大学饭店1楼
黄岛店地址：山东省青岛市黄岛区香江二路三美云街76号

54．如是书店
地址：山东省青岛市崂山区海尔路与海口路交叉口

55．阡陌书店
山东博物馆店地址：山东省济南市历下区经十路11899号山东博物馆二楼
579百工店地址：山东省济南市历城区华龙路579号20号楼
百花洲店地址：山东省济南市历下区大明湖路271号百花洲书香胡同1号
老商埠店地址：山东省济南市市中区经三路108号皇宫照相馆二楼

周村古商城店地址：山东省淄博市周村区古商城大街 95 号
老舍旧居店地址：山东省济南市历下区南新街 58 号
山东大学主题邮局店地址：山东省济南市历城区山大南路 27 号
胶济铁路青岛博物馆店地址：山东省青岛市市南区泰安路 2 号

56．理想书店
美术博物馆店地址：山东省烟台市芝罘区东山街道海岸路 20 号美术博物馆 1F
朝阳街店地址：山东省烟台市芝罘区向阳街道朝阳街 12 号

57．境中书店
地址：湖南省长沙市岳麓区白云路 99 号省委党校旁道坡巷向上 200 米

58．NOART 无艺术书店
地址：湖北省武汉市江岸区汉口江滩公园三期 148-1 号

59．视觉书屋
地址：湖北省武汉市武昌区中山路 368 号

60．物外书店
地址：湖北省武汉市汉阳区汉阳人信汇 B 座四楼

61．卓尔书店
总店地址：湖北省武汉市江岸区惠济路 3 号
南锣鼓巷店地址：北京市东城区板厂胡同 12 号
新加坡店地址：新加坡乌节路德丰广场

62．德芭与彩虹书店
地址：湖北省武汉市江汉区黄孝西路西北湖公园

63．尤利西斯书店
地址：浙江省杭州市龙头坝街公园里 5 幢二层

64．普通读者书店
地址：浙江省杭州市萧山区市心北路归谷国际中心 1F

65．会饮书店
地址：浙江省杭州市西湖区宝嘉誉府 8 幢 109

66．牡蛎书店
地址：浙江省杭州市上城区海月路 18 号

67．四莳雅集
地址：浙江省杭州市滨江区闻涛路 2888 号

68．王小波书店
地址：浙江省杭州市下城区延安路 468 号

69．杭州晓风书屋
体育场总店地址：浙江省杭州市西湖区体育场路 529 号
钱塘书房地址：浙江省杭州市钱塘区学林街 463 号东公园内
中国丝绸博物馆店地址：浙江省杭州市西湖区玉皇山路 73-1 号中国
　　　　　　　　　　丝绸博物馆内锦绣廊
浙大紫金港店地址：浙江省杭州市西湖区浙大紫金港校区图书馆一楼
运河店地址：浙江省杭州市拱墅区小河路拱宸桥街道桥西直街 34 号
杭师大店地址：浙江省杭州市余杭区杭塘路 2318 号杭州师范大学图
　　　　　　　书馆一楼
省人民医院店地址：浙江省杭州市拱墅区上塘路 158 号浙江省人民
　　　　　　　　医院 1 号楼大厅

70．无料书铺
西爽楼店地址：浙江省温州市鹿城区人民西路 292 号
南塘店地址：浙江省温州市鹿城区南塘街 1 号楼
字趣店地址：浙江省温州市瑞安市嘉宁路 19 号
富阳店地址：浙江省杭州市富阳区富闲路 9 号银湖创新中心 9 号楼

## 71．先锋书店

五台山总店地址：江苏省南京市鼓楼区广州路 173 号
颐和书馆地址：江苏省南京市鼓楼区江苏路 39 号
骏惠书屋地址：江苏省南京市秦淮区老门东历史文化街区边营 2 号
汤山矿坑店地址：江苏省南京市江宁区汤山街道美泉路 11 号
沙溪白族书局地址：云南省大理白族自治州剑川县沙溪镇北龙村
陈家铺平民书局地址：浙江省丽水市松阳县四都乡陈家镇村
西南联大店地址：云南省红河哈尼族彝族自治州蒙自市南湖公园东门内 10 米
怒江大峡谷店地址：云南省怒江傈僳族自治州泸水市六库镇排路坝村委会阳坡村

## 72．可一书店

地址：江苏省南京市栖霞区仙林大学成杉湖东路 9 号

## 73．万象书坊

地址：江苏省南京市鼓楼区金银街 8 号

## 74．学人书店

地址：江苏省南京市鼓楼区汉口路 48 号

## 75．野百合书店

地址：江苏省扬州市邗江区国展路京华城 RMALL 全生活广场 C 座汇通大厦

## 76．器曰书坊

地址：江苏省扬州市刘集镇盘古村 82 号（需微信公众号预约）

## 77．草木书店

地址：江苏省南通市海门区临江镇洞庭湖路 99 号

78．大热书馆
地址：江苏省常州市天宁区通江南路 261-5 号

79．东大书店
华元店地址：江苏省苏州市相城区小外滩 6 号楼中厅
元和之春店地址：江苏省苏州市相城区元和之春日间照料中心二楼
依云水岸店地址：江苏省苏州市相城区依云水岸 0 号 113 室
朱巷店地址：江苏省苏州市相城区朱巷社区服务中心三楼
众泾店地址：江苏省苏州市相城区众泾水岸花园 6 号楼便民服务
　　　　　中心二楼

80．心田里书房
地址：江苏省苏州市吴中区横泾街道上林村西林渡 38 号

81．书式生活书店
南市河店地址：江苏省常州市钟楼区青果巷 259 号
武进吾悦广场店地址：江苏省常州市武进区武进吾悦广场 3 楼

82．读本屋
少城店地址：四川省成都市青羊区斌升街 18 号附 3 号
光环店地址：四川省成都市锦江区东大街东大路段 333 号成都光环购
　　　　　物公园

83．寻麓书馆
麓湖馆地址：四川省成都市双流区天府大道南一段麓湖生态城艺展
　　　　　中心 6F
麓山馆地址：四川省成都市双流区麓山大道麓镇山顶广场

84．有杏书店
地址：四川省成都市成华区建设北路三段 132 号萌想星球 107 文创园
　　　6 号楼 1 楼 103 室

85．雪山书集
地址：黑龙江省哈尔滨市道里区通江街106号

86．众创书局
地址：黑龙江省哈尔滨市南岗区中兴左街2号金爵万象6-7层

87．门洞里书店
门洞里书店地址：辽宁省本溪市平山区新城路65号
打盹儿书店地址：辽宁省沈阳市沈河区十一纬路111号十一号院艺术区C座1层

88．悦庐书店
地址：宁夏回族自治区银川市西夏区西夏古城109号

89．读旧书店
地址：广东省广州市荔湾区恩宁路永庆坊1期至宝大街7号

90．局外人空间
地址：广东省佛山市禅城区季华四路33号佛山创意产业园10号楼108室

91．自在观书店
地址：广东省湛江市霞山区友谊街友谊路5号保利原景花园3栋一层01号

92．联合书店本来艺文馆
地址：广东省深圳市福田区深业上城三楼小镇3065号

93．野山书店
地址：广西壮族自治区桂林市七星区环城南一路21号

94．刀锋书店
地址：广西壮族自治区桂林市秀峰区秀峰街道滨江路18号

95．璞玉书店
地址：云南省昆明市盘龙区东风东路 86 号 C86 山茶坊一层

96．无用空间
地址：福建省福州市鼓楼区三坊七巷文儒坊 39 号

97．琥珀书店
地址：福建省厦门市思明区厦港街道大学路沙坡尾中华儿女美术馆一楼左侧靠海

98．不在书店
地址：福建省厦门市思明区环岛南路 2695 号

99．小渔岛旧书店
厦港店地址：福建省厦门市思明区大学路 3 号
厦大店地址：福建省厦门市思明区大学路 205 号
时光店地址：福建省厦门市思明区大学路艺术西区一楼
滨水店地址：福建省厦门市集美区滨水五里 3 号 102

100．书想所
新华店地址：福建省泉州市鲤城区新华北路 356 号之一
南益店地址：福建省泉州市丰泽区丰泽街南益广场购物中心 3 楼

因篇幅原因，部分品牌书店分店未全部列出

不可高声语
恐惊读书人

书店信息更新至 2025 年 3 月 28 日